Mensch, was wollt ihr denen sagen?

Katholische Feldseelsorge im Zweiten Weltkrieg

Mensch, was wollt ihr denen sagen?

Katholische Feldseelsorge im Zweiten Weltkrieg

herausgegeben vom
Katholischen Militärbischofsamt

PATTLOCH VERLAG

Umschlagbilder:

Katholischer Feldgottesdienst (oben)

Kriegspfarrer Prof. Dr. Alois Beck notiert im Kessel von Stalingrad die letzten Grüße sterbender Soldaten (unten)

Pattloch Verlag 1991

Redaktion: DOC, Film- und Verlagsges. mbH, München
Umschlaggestaltung: Peter Engel, Grünwald
Herstellung: H + G Lidl, München
Druck und buchbinderische Verarbeitung: Kösel, Kempten
Printed in Germany

ISBN 3 629 00660 4

Inhaltsverzeichnis

Zwischen Weltflucht und Anpassung

Zur Geschichte der Militärseelsorge und ihrer Rolle im Zweiten Weltkrieg

HANS JÜRGEN BRANDT

Auch nach fast einem halben Jahrhundert seit dem Zusammenbruch 1945 lastet die Bewältigung des Dritten Reiches mit dem Zweiten Weltkrieg als eine schwer zu verkraftende Hypothek auf der Gegenwart. Wer die Frage nach der Rolle der beiden großen Kirchen in der politischen Geschichte zwischen 1933 bis 1945 stellt, faßt ein heißes Eisen an und darf sich damit eines breiten öffentlichen Interesses gewiß sein. Das gilt besonders für die weithin unbekannte Feldseelsorge (lat. castrum = Feldlager) der beiden großen Kirchen im Zweiten Weltkrieg. Zur Geschichte der Militärseelsorge in Deutschland sind in jüngerer Zeit eine Reihe beachtenswerter Einzelstudien erschienen. Im Unterschied zum älteren Forschungsinteresse, das sich fast ausschließlich in einer kirchenrechtlichen Fragestellung erschöpfte, setzen sich die neueren Arbeiten über diese besondere Art der Pastoral vor allem die Erhellung der kirchenpolitischen, ideologischen und biographischen Hintergründe und Zusammenhänge als Ziel. Die dabei gewonnenen Erkenntnisse und aufgeworfenen Fragen lassen die Abfassung einer noch ausstehenden monographischen Darstellung der Seelsorgegeschichte im Militär um so wünschenswerter erscheinen.

Militärseelsorge im Kreuzfeuer der Kritik

Die Problematik liegt auf der Hand. Unangefochten von der öffentlichen Meinung gibt es z. B. eine Krankenhausseelsorge oder eine Gefängnisseelsorge. Hier scheint der diakonische Auftrag der Kirche eindeutig. In dem einen Fall dient Religion einem unverschuldeten, im anderen – nach dem Wortlaut des Gesetzes und dem Urteilsspruch im Namen des Volkes – einem verschuldeten Individuum, das – jedes auf seine Art –der Hilfestellung zur Resozialisierung bedarf. Religion bleibt hier sozialbezogene, gewissermaßen therapeutische Privatsache. Anders verhält es sich mit dem Institut der

Militärseelsorge. Schon der Begriff ist angesiedelt im politisch-gesellschaftlichen Bereich mit höchst brisanten Stichworten etwa wie Staat und Kirche, Krieg und Frieden, Gehorsam und Widerstand. Muß hier die staatskirchenrechtlich verankerte und militärisch eingebundene Religion nicht notwendigerweise Instrument des je aktuellen Sicherheits- und Wehrkonzeptes und – im Krisenfall – der herrschenden Kriegsideologie werden? Diese Frage geht an den Nerv des christlichen Sendungsauftrages und des theologisch-politischen Selbstverständnisses der Kirche. Es hieße Eulen nach Athen tragen, eigens zu betonen, daß nicht nur leidenschaftliche Kirchengegner, sondern zunehmend auch kritische Stimmen im innerkirchlichen Raum eine militärkirchliche Institution grundsätzlich in Frage stellen. Dabei wollen nicht wenige von ihnen gerade in der jüngeren Geschichte der deutschen Militärseelsorge den verräterischen Hahn abermals krähen gehört haben wie damals bei der Verleugnung Jesu durch Petrus im Pilatushof. Die überaus reservierte Haltung kirchlicher Stellungnahmen aus dem Bereich der ehemaligen DDR zur Frage, ob die staatskirchenrechtlich institutionalisierte Militärseelsorge der bisherigen Bundesrepublik Deutschland auch in die neuen Bundesländer übernommen werden soll, aktualisiert das Thema nach dem Mauerfall von 1989 im gegenwärtigen deutschen Einigungsprozeß.

Die frühchristliche Soldatenfrage und die Anerkennung des Wehrstandes durch die alte Kirche

Den Soldatenstand als solchen betrachteten die ersten Christen nach Ausweis der neutestamentlichen Schriften nicht als grundsätzliches Problem ihres universellen Sendungsauftrages in dieser Welt. Als z.B. »auch Soldaten« zu Johannes dem Täufer kamen, verwies er sie auf die allgemein verpflichtenden ethischen Prinzipien (Lk 3,14). Den römischen Hauptmann zu Kapernaum lobte Jesus – ohne jegliche diskriminierende Berufsanspielung – als einen exemplarischen Gläubigen, wie er keinen aus den Reihen der Israeliten kenne (Mt 8,10). Als Grundlage früher christlicher Staatstheorie stand die Überzeugung, daß die irdische Obrigkeit von Gott gegeben ist (Joh 19,11; Röm 13,1–7). Dementsprechend galt als Kurzformel christlicher politischer Ethik das Herrenwort: »So gebet dem Cäsar, was des Cäsars ist, und Gott, was Gottes ist« (Mt 22,17). Bezeichnenderweise spitzte sich die Soldatenfrage im frühen Christentum – bis hin zum Martyrium – nicht in der prinzipiellen Ablehnung des Militärs an sich, sondern an dem unannehmbaren sakral-rituellen Cäsarenkult zu. Der von Tertullian (ca. 160–220) im Sinne eines sich ausschließenden Dualismus leidenschaftlich vorgetragene Rigorismus, nach dem sich für Christen die gleichzeitige Zugehörigkeit zur »militia Christi«, zur Soldatenschaft Jesu Christi (2Tim 2,4), und zum römischen Militär verbietet, ist von der frühen Kirche ebenso wenig wie die Zivilisationsflucht des frühen Mönchtums als allgemeinverbindliches Prinzip geteilt worden. Dem römischen Militär müssen vielmehr, wie die Forschung heute annimmt, schließlich Christen in sehr erheblicher Zahl angehört haben. Denn sonst ließe sich schwerlich das Phänomen erklären, wie Konstantin der Große (ca. 285–337) im Jahre 312 seine Truppen widerspruchslos – anstatt mit dem traditionellen Adler auf den Feldzeichen – unter dem Christusmonogramm in die für ihn und die weitere Geschichte des Christentums entscheidende Schlacht an der Milvischen Brücke bei Rom führen konnte.

Das Christentum entschied sich damals in Absage an die Weltflucht für eine weltoffene Katholizität. Dabei ließ es sich von der Grundüberzeugung leiten, daß der Staat Teil der zwar gefallenen, aber erlösungsfähigen Schöpfung ist. Mit der Übernahme politischer Verantwortung durch die Kirche rückte auch das zweischneidige Kapitel der ethisch verantwortbaren Handhabung von Gewalt mit dem Problem der Bewältigung von Konflikten – kulminierend in der Kriegsfrage – in das Blickfeld theologischer Überlegungen. Ausschlaggebende Bedeutung für die nachfolgende mittelalterliche und neuzeitliche Friedensethik mit der Diskussion eines sittlich gerechtfertigten Krieges (de bello iusto) erlangten die diesbezüglichen Darlegungen des abendländischen Kirchenvaters Aurelius Augustinus (354–430). Sie entstammen in ihren Grundzügen dem klassischen Gedankengut der antiken griechisch-römischen Philosophie. Wenn auch historisch von Impulsen des Christentums getragen und bezogen auf den von der Offenbarung erhellten biblischen Entwurf der Schöpfungsordnung, fußt Augustins Lehre grundsätzlich auf offenen Vernunftgründen und den allgemein nachvollziehbaren Regeln der Güterabwägung mit der Suche nach Vermeidung größeren Übels unter Inkaufnahme des geringeren. Die einzelnen Glieder der Beweiskette für die sittliche Rechtfertigung eines – wenn überhaupt dann – Verteidigungskrieges im Sinne sozialer Notwehr blieben der rote Faden auch der einschlägigen späteren Erörterungen des Themas bis zur Gegenwart: Die Abschätzung und Gewichtung der Kriegsursache (Schuldfrage), der Stellenwert des Staatsterritoriums (Vaterland, Nation), die Bedeutung der legitimen Kriegserklärung und der rechten Kriegsführung (Oberbefehl, Strategie) sowie die eines entsprechenden Soldatenethos im Spannungsfeld von Befehl und Gehorsam (Disziplin, Verantwortung, Verweigerung und Widerstand).

Augustinus faßte in seinem Brief an den Offizier Bonifatius die bis zum 5. Jahrhundert gewachsene positive Haltung der Kirche zur Soldatenfrage nach Art von Katechismussätzen zusammen, als er ihm versicherte: »Glaube nicht, es könne niemand Gott gefallen, der Kriegsdienst leistet!« Der Stand der evangelischen Räte, Klerus und Mönchtum, stehe in der Wertehierarchie des christlichen Kosmos zwar über dem des Soldaten, doch bildeten beide keine Gegensätze. Mit je eigentümlicher Berufung (1 Kor 7,7) seien beide vielmehr einander zugeordnet. Wie der geistliche Stand mit der Waffe des Gebetes Posten stehe gegen die diabolischen, unsichtbaren Feinde der Christenheit, so halte es der Soldatenstand mit dem Schwert zur Abwehr der Barbaren auf Erden. Ein und derselbe Glaube müsse beide Stände beseelen. Augustinus Modell der Zuordnung von »Mönch und Soldat« wurde Leitbild des mittelalterlichen Ritters und gipfelte schließlich in der Idee der geistlichen Ritterorden der Kreuzfahrerzeit. Auch Martin Luther brach in dieser Hinsicht nicht mit der altkirchlichen, augustinischen Tradition, wenn er 1524 in einer u.a. für die spätere preußische Militärethik maßgeblichen programmatischen Flugschrift klipp und klar den »seligen Stand« für die »Kriegsleute« theologisch bestätigte.

Die organisierte Militärseelsorge seit Konstantin dem Großen

Eine geordnete christliche Militärseelsorge bestand im römischen Heer seit dem Mailänder Toleranzedikt von 313. In jeder Legion gab es ein Kirchenzelt für den Gottesdienst mit diensttuenden Priestern und Diakonen. Die kaiserliche Besatzung von Civitavecchia/Italien z.B. erhielt vom Ortsbischof Laurentius (+ 560) nach Rücksprache mit Papst Pelagius I. (556 bis 561) ständige Feldseelsorger. Ebenso werden nach der Christianisierung der germanischen Völker Priester in deren Heeren als Seelsorger erwähnt. Im fränkischen Reich organisierte Bonifatius (+ 754), der Apostel Deutschlands, im Jahre 742 die Militärseelsorge mit Feldbischöfen und -priestern für den Kriegsfall in Austrien. Dabei wurde das Waffentragen den Feldgeistlichen ausdrücklich verboten. Entsprechende Bestimmungen erließ Karl der Große im Jahre 769. Wie in den Söldnerheeren des Mittelalters so blieb die Feldseelsorge auch nach der Reformation – jetzt je nach der Konfession des Territorialherren katholisch oder evangelisch – unangetastet. Ab dem 16. Jahrhundert zog der Hl. Stuhl die Aufsicht über die Militärseelsorge in der katholischen Welt an sich und ging vermehrt dazu über, sie exemt (lat. exemtio = Befreiung, d.h. von der Jurisdiktion des Ortsbischofs) mit einem unmittelbar dem Papst unterstellten Feldpropst (lat. praepositus = Vorgesetzter) im Rang eines Bischofs in den einzelnen Ländern zu organisieren. Bayern erhielt z.B. eine solche exemte Militärseelsorge bereits im Dreißigjährigen Krieg (1618–1648), die dann ab 1841/52 bis zum Ende des Ersten Weltkrieges der jeweilige Erzbischof von München und Freising im Kriegsfall leitete. Wie Bayern, so wahrten auch Sachsen und Württemberg bis 1919 ihre Militärhoheit mit entsprechender Regelung der Soldatenpastoral. Die übrigen deutschen Länder hatten sich Preußen unterstellt. Für Preußen genehmigte der Hl. Stuhl 1849 eine zunächst dem Breslauer Fürstbischof übertragene Militärseelsorge, der ab 1868 ein exemter Feldpropst mit Bischofsweihe vorstand. Im Ersten Weltkrieg zählte die katholische Militärseelsorge in Preußen neben dem Feldpropst neun Militäroberpfarrer, 52 Divisions- und Garnisonspfarrer, einen Kadettenhauspfarrer, vier Militärhilfsgeistliche sowie 239 Zivilgeistliche als Militärgeistliche im Nebenamt und 53 Militärküster.

Die Neuordnung der katholischen Militärseelsorge im Reichskonkordat 1933 und ihr Ausbau bis 1938

Die laut Versailler Vertrag auf 100 000 Mann beschränkten Streitkräfte des Deutschen Reiches trugen von 1919 bis 1935 die Bezeichnung Reichswehr. Als die nationalsozialistische Regierung unter Adolf Hitler 1935 die Wehrhoheit wiederherstellte, wechselte sie den Namen in Wehrmacht. Die Militärseelsorge in der Reichswehr stand nach der Resignation des Feldpropstes Heinrich Joeppen 1920 unter der Leitung des Feldgeneralvikars Paul Schwamborn. Von ihm übernahm sie 1929 Franz Justus Rarkowski, der spätere Feldbischof der deutschen Wehrmacht, auf den noch die Rede kommt. Während 1929 eine »Evangelische militärkirchliche Dienstordnung für das Reichsheer und die Reichsmarine« in Kraft treten konnte, kam eine solche für die katholische Militärseelsorge weder im Reichsheer noch in der Wehrmacht zustande. Eine vertragliche Neuordnung erfolgte für die katholische Seite dann im Reichskonkordat von 1933 mit kirchlichen (!) Statuten durch das päpstliche Breve »Decessores Nostros« von 1935, die 1936 in Kraft traten.

Die in Artikel 27 des Reichskonkordates von 1933 zugestandene katholische Militärseelsorge für die deutsche Wehrmacht knüpfte in ihrer exemten Rechtsform an die in Preußen seit 1849 bzw. 1868 geläufige Tradition an. Danach stand an der Spitze der katholischen militärkirchlichen Personaldiözese der (ab jetzt nicht mehr Feldpropst, sondern sogenannte) Feldbischof mit dem von ihm bestellten Feldgeneralvikar als Leiter einer eigenen Verwaltungsbehörde an der Bischofskirche St. Johannes in Berlin. In seiner dienstrechtlichen Stellung war der Feldbischof in militärkirchlichen Angelegenheiten ausführendes Organ des Reichskriegsministeriums, ab 1939 des Oberkommandos der Wehrmacht und schließlich des Führers und Reichskanzlers Adolf Hitler. Das ab 1937 erschienene »Verordnungsblatt des katholischen Feldbischofs der Wehrmacht« mit seinen turnusmäßigen Hirtenbriefen ist nicht zuletzt unter diesem Gesichtspunkt der militärischen und später der nationalsozialistischen Zensur kritisch zu lesen.

Weltflucht oder Anpassung? Die Antwort auf die Frage, ob sich die katholische Kirche mit der Militärseelsorge vor den ideologischen Karren der Nationalsozialisten hat spannen lassen, muß zwei zeitliche Eckdaten berücksichtigen, 1933 und 1938. Die rechtliche Neuregelung der katholischen Militärseelsorge erfolgte, wie gesagt, im deutschen Schicksalsjahr 1933 mit der politischen »Kapitulation des Katholizismus« (Klaus Scholder). Insofern haftete ihr, wie ja auch dem ganzen Vertragswerk des Reichskonkordates in der zeitgenössischen und späteren Kritik, das Odium des kirchenpolitischen Opportunismus an. Zu bedenken ist auch, daß die diesbezüglichen diplomatischen Verhandlungen naturgemäß geheim verliefen und das Thema »Militärseelsorge« sich innerkirchlich keines allgemeinen Interesses erfreute. Der anschließende Ausbau der Militärseelsorge kam mit der Ernennung und Weihe des Feldbischofs der deutschen Wehrmacht erst im Jahre 1938 zu einem vorläufigen Abschluß. Zwischen 1933 und 1938 klärten sich die ideologischen und kirchenpolitischen Fronten aber so, daß der Begriff Anpassung nicht als Nenner für die Positionsbestimmung der Kirche gegenüber dem Nationalsozialismus – das gilt sowohl für die katholische wie die evangelische Kirche – auch nur entfernt taugt. Sicher, es gab seit 1933 die dominierenden Deutschen Christen mit einem Reichsbischof Ludwig Müller in Berlin an der Spitze der verfaßten evangelischen Kirche, die unter NS-Einfluß die vermeintliche »Volks- und Weltfremdheit« des deutschen Protestantismus zu überwinden anstrebten. Aber es gab seit demselben Jahr 1933 unter Martin Niemöller in Berlin auch den Pfarrernotbund in der evangelischen Kirche, aus dem sich 1934 in Barmen die Bekennende Kirche über ganz Deutschland hin als Protestbewegung konstituierte.

Der katholischen Kirche blieb eine solche innerkirchliche Zerreißprobe zwar erspart. Sie war aber keineswegs der unbewegliche Monolith, wie sie von ihrer hierarchiebetonten Struktur her bis hinauf zum Papst erscheinen mochte. Dies sei beispielhaft apostrophiert an zwei herausragenden Kirchenpersönlichkeiten dieser Zeit. Da ist einmal Papst Pius XI. (1922–1939), der 1933 im römischen Vertrauen auf die Kraft geschlossener

Verträge Hitler mit dem Abschluß des Reichskonkordates zu völkerrechtlicher Anerkennung verhalf. Der gleiche Papst aber brüskierte und entlarvte 1937 ohne alle diplomatischen Rücksichten den NS-Vertragspartner vor aller Welt durch die in deutscher Sprache abgefaßte und am 21. März des Jahres von allen katholischen Kanzeln in Deutschland verlesene päpstliche Enzyklika »Mit brennender Sorge«. Die Aufkündigung des Konkordates schien in greifbarer Nähe. Oder Clemens August Graf von Galen, der spätere »Löwe von Münster«. Bei seiner Weihe und Inthronisation 1933, an der auch die SA samt Standarte eskortierte, verriet noch nichts, daß er einmal brüllen würde und nach dem Endsieg auf dem münsterschen Domplatz gehängt werden sollte. Das Wenige, das man bis dahin von ihm gedruckt lesen konnte, ließ sich eher anders deuten. Es war aber derselbe Galen, der dann mit den drei deutschen Kardinälen Adolf Bertram von Breslau (1914–1945), Michael von Faulhaber aus München (1917–1952) und Karl Joseph Schulte von Köln (1920–1941) sowie Konrad Graf von Preysing, dem Berliner Bischof (1935–1950), vom Papst zur Endredaktion der demaskierenden Enzyklika von 1937 in den Vatikan gebeten wurde. Man mag dem Vatikan und den deutschen Bischöfen für das Jahr 1933 politische Blauäugigkeit vorwerfen. Als 1938 der erste katholische Feldbischof der Wehrmacht durch den Apostolischen Nuntius Cesare Orsenigo (1930–1945) unter Assistenz der Bischöfe Graf von Galen und Graf von Preysing in Berlin geweiht wurde, waren ihnen aber spätestens die Augen aufgegangen und die Fronten zwischen Kirche und NS-Staat eindeutig geklärt.

Feldbischof Franz Justus Rarkowski, sein Generalvikar Georg Werthmann und die Wehrmachtseelsorger bis 1945

Wie konnte man noch 1938 einen Rarkowski zum Bischof weihen? Die Frage drängt sich in der Rückschau auf. Denn es ist ja allgemein bekannt, welche hohen Maßstäbe das Kirchenrecht an Bischofskandidaten anlegt und welche Sorgfalt sonst der Vatikan im sog. Informativprozeß auf deren Auswahl verwendet. Führungs- und Integrationspersönlichkeit soll der Bischof sein, unbescholten und fromm, ein Zeuge des katholischen Glaubens ebenso wie der christlichen Tradition und wissenschaftlich gebildet wie ein Doktor der Theologie. Nur wenig von diesen Qualitäten vermag man in der Biographie des Franz Justus Rarkowski, des ersten und einzigen Feldbischofs der deutschen Wehrmacht, zu erkennen. Der Sohn eines Gutsbesitzers aus Allenstein/Ostpreußen (Jahrgang 1873) konnte sich bildungsmäßig weder durch ein Abitur ausweisen noch das Vertrauen des Klerus seiner ermländischen Heimat erwerben, wo er als ehemaliger Maristenpater wieder Fuß zu fassen suchte. In mehrfacher Hinsicht ein Außenseiter, sah er schließlich seine geistliche Zukunft in der Militärseelsorge und meldete sich 1914 freiwillig in den Ersten Weltkrieg. Ab 1916 war er Divisionspfarrer und im Reichsheer nach 1919 dann Divisions- bzw. Oberpfarrer in Koblenz, Königsberg, Breslau und schließlich in Berlin. 1929 beauftragte ihn die Fuldaer Bischofskonferenz auf Vorschlag der Heeresleitung mit der Leitung der katholischen Seelsorge in der Reichswehr und 1936 Papst Pius XI. mit der kommissarischen Leitung des katholischen Feldbischofsamtes der Wehrmacht. Seiner endgültigen Ernennung und Weihe zum Feldbischof ging ein langes personelles Tauziehen zwischen dem Vatikan und der Fuldaer Bischofskonferenz mit der deutschen Reichsregierung und der Wehrmacht voraus, bei dem sich die militärischen Stellen letztlich durchsetzten. Rarkowski kam erst im Januar/Februar 1938 zu Amt und Würden, d.h. vier Monate vor Erreichung seiner Pensionsgrenze im Juni des Jahres. Die Suspendierung derselben bedeutete dann bei dem staatlichen Interesse an seiner Person selbstverständlich keine Schwierigkeit. Als bischöflichen Wahlspruch wählte Rarkowski das Motto: Deo et militi (Für Gott und den Soldaten)!

Wie soll man auf diesem biographischen Hintergrund und der ideologischen Frontenklärung durch die päpstliche Enzyklika »Mit brennender Sorge« von 1937 die hochprominente Bischofsweihe Rarkowskis im Berlin des Jahres 1938 plausibel deuten? Hauptkonsekrator war, wie erwähnt, der Apostolische Nuntius persönlich, assistiert von Graf Galen, dem baldigen »Löwen von Münster«, und von Graf Preysing aus Berlin, dem von Anfang an kompromißlosesten Gegner des Nationalsozialismus im deutschen Episkopat. Zunächst sollte damit offenbar dem Militär und der politischen Öffentlichkeit die hohe kirchliche Einschätzung des Feldbischofsamtes an sich demonstriert werden. Sie war aber sicherlich auch die Verleihung einer Art kirchlichen Feigenblattes für einen mehr als dürftig ausgestatteten geistlichen Kandidaten, den man überdies seitens des deutschen Episkopats allerhöchst in Pflicht nehmen wollte, weil man ihm nicht traute. Denn Feldbischof Rarkowski wurde nicht zuletzt wegen seiner »geistigen Mittelmäßigkeit« und wegen befürchteter Indiskretion gegenüber der NS-Partei (Ludwig Kaas) nie zur Fuldaer Bischofskonferenz eingeladen.

Einem Vergleich mit dem der Bekennenden Kirche nahestehenden evangelischen Feldbischof Franz Dohrmann (1934–1945) hielt Rarkowski schon im zeitgenössischen Urteil nicht stand. Zu plakativ deckten sich seine Hirtenworte passagenweise mit Parteiparolen und NS-Floskeln. Aber war Rarkowski deshalb schon ein vorbehaltloser, blinder Parteigänger? War seine »literarische Anpassung« vielleicht nur kirchenpolitische Taktik, wie die kritische Forschung sie heute manch einem seiner Zeitgenossen zugute hält? Rarkowski glaubte nach seinem Selbstzeugnis bis an die Grenze des Vertretbaren gehen zu müssen, um größeres Übel zu vermeiden. Die Urteile der Historiker über sein Verhalten klaffen je nach Standpunkt zwischen einem Verdikt als Judaspreis bis hin zu dem eines letzten Rettungsringes für die Existenz der damaligen Militärseelsorge überhaupt auseinander. Wer den derzeitigen Kenntnisstand zur Geschichte der katholischen Militärseelsorge von 1933 bis 1945 nüchtern abschätzt, wird aber kaum dazu neigen, Rarkowskis Person und Rolle im Gesamtbild zu hoch anzuschlagen. Das würde nämlich u.a. heißen, die Wirkung bischöflicher Hirtenbriefe wie allgemein auf die tatsächliche Praxis der Pastoral, hier auf die der Soldaten, zu überschätzen. Rarkowski war zunehmend auch physisch überlastet. Im Frühjahr 1944 verließ er Berlin, um sich in Bayern gesundheitlich behandeln zu lassen. Hier erlebte er das Kriegsende und starb 1950 in München.

Nach dem übereinstimmenden Urteil aller in der Militärseelsorge tätigen Geistlichen lag die eigentliche Führung des Berliner Feldbischofsamtes in den Händen von Prälat Georg Werthmann. Er war seit 1936 Rarkowskis Generalvikar und vertrat ihn vollständig ab 1944 bis zum Zusammenbruch 1945. Der ein Vierteljahrhundert (Jahrgang 1898) jüngere Werthmann aus Franken teilte bei aller Gegensätzlichkeit biographische Gemeinsamkeiten mit dem Ostpreußen Rarkowski. Wie dieser hatte nämlich auch er als Freiwilliger am Ersten Weltkrieg teilgenommen und vor seiner Berufung auf die geistliche Führungsebene zuletzt, wie auch Rarkowski, als Militärseelsorger in Berlin gewirkt. In Berlin hatte Werthmann 1935 auch seine Schrift »Wir wollen dienen! Glaubenskraft als Quelle unserer Wehrkraft« veröffentlicht, die ihn als ebenso redegewandten Theologen wie auch Patrioten auswies. Er gewann Rarkowskis ganzes Vertrauen, so daß dieser ihn während der Verhandlungen zur endgültigen Besetzung des Feldbischofsamtes 1936 sogar als geeigneten Kandidaten in Vorschlag brachte. Rarkowski mochte an Werthmann vielleicht gerade die Eigenschaften schätzen, die ihm mangelten, wie Kontaktfreude und rasche Auffassungsgabe, sicheres Urteilsvermögen und Entschlußfähigkeit bis zur Härte.

Georg Werthmann – er starb 1980 – hat dem Historiker eine abschließende Beurteilung seiner Person und Rolle für die Jahre 1936 bis 1945 schwer gemacht. So verfügte er testamentarisch, daß seine in dieser Zeit minuziös geführten Tagebücher nach seinem Tod vernichtet werden sollten, was auch geschah. Der Verlust ist angesichts der Vernichtung auch der Archivbestände des Berliner Feldbischofsamtes um so herber. Andererseits hatte sich Werthmann 1945 nicht wie Feldbischof Rarkowski zur Ruhe gesetzt, sondern noch einmal, zunächst als leitender Geistlicher der deutschen Arbeitsgruppen im Labor-Service der US-Streitkräfte und dann von 1955 bis 1962 als erster katholischer Militärgeneralvikar der Deutschen Bundeswehr, Verantwortung getragen. Selbstredend können seine späteren persönlichen Äußerungen zur Frage seiner Einstellung und Rolle vor 1945 historisch-kritisch nur bedingt in ihrer Aussagekraft gelten. Denn Werthmann sah sich in den 60er Jahren zeitweise unter erheblichem öffentlichen Rechtfertigungszwang.

Wie stand der Feldgeneralvikar Werthmann zum Nationalsozialismus? Trotz des erwähnten Fehlens einer breiteren Quellenbasis kann die neuere Forschung belegen, daß Werthmann – so widersinnig es klingt – deshalb 1935 zur Militärseelsorge abgeordnet wurde, weil er als provokativer Antinationalsozialist in der ordentlichen Seelsorge seines Heimatbistums nicht mehr tragbar schien. Als Bezirkspräses der Sturmschar in Bamberg und als Religionslehrer am dortigen Institut der Englischen Fräulein hatte er sich so eindeutig exponiert, daß die Leitung des kirchlichen Gymnasiums bei seiner Weiterbeschäftigung um den Bestand fürchtete. Sein Bischof schlug ihn deshalb als Standortpfarrer für Bamberg vor, wo er Kontakt zu den Jugendlichen seines bisherigen Wirkungskreises hätte halten können. Der bischöfliche Plan wurde aber vereitelt, weil Rarkowski den Kandidaten Werthmann nach der obligatorischen Probepredigt gleich in Berlin behielt und ihm so einen weit verantwortungsvolleren Radius der Tätigkeit eröffnete. Nicht zuletzt die übereinstimmenden Aussagen von ehemaligen Militärgeistlichen, die ihm ab 1936 unterstanden, bestätigen, daß Georg Werthmann »gut deutsch und erst recht katholisch, aber nicht und auf keinen Fall nationalsozialistisch« (Heinrich Missalla) eingestellt war.

Der einschlägige Artikel im Lexikon für Theologie und Kirche von 1935 enthielt sich jeglicher Äußerung über die Problematik der Militärseelsorge. In Anlehnung an die sog. ordentliche Pastoral umschrieb er die Aufgaben der Militärseelsorger wie folgt: »Die Tätigkeit der Militärgeistlichen im Frieden umfaßt den Sonntagsgottesdienst mit Predigt, Gelegenheit zur hl. Beicht und Kommunion, die Seelsorge in den Lazaretten und Gefängnissen, Abendvorträge in den Kasernen (die sog. Kasernenstunden, das sind religiöse Unterweisungsstunden), Anregungen zur Teilnahme an den Soldatenexerzitien, eventuell Verwaltung der Garnisonskirchen...auch Taufen, Trauungen, Begräbnisse.« Wegen der »eigenen Bedürfnisse« der Militärseelsorge, so heißt es abschließend über die Vollmachten des Feldbischofs, werden diese durch besondere Vollmachten erweitert. Letztere betrafen vor allem den Ernstfall, die Herausforderung der Militärseelsorge im Krieg.

Nach einer Verfügung von 1935 gliederten sich die Militärgeistlichen in Heeresoberpfarrer und Heerespfarrer sowie Standortpfarrer im Hauptamt (i.H.) und Standortpfarrer im Nebenamt (i.N.). Die Zahl der Planstellen für evangelische und katholische Wehrmachtgeistliche betrug zusammen 1 342. Ihre Inhaber gehörten zur Gruppe der Wehrmachtbeamten mit allgemeinem Offiziersrang und trugen Dienstkleidung, d.h. Uniform. Mit Ausbruch des Krieges 1939 traten die Bestimmungen bezüglich der Feldseelsorge in Kraft, nach denen den einzelnen Divisionen und Feldlazaretten sog. Feldgeistliche zugeordnet wurden. Sie waren in der Regel personengleich mit den planmäßigen Wehrmachtpfarrern. Im Bedarfsfall wurden außerdem sog. Kriegspfarrer bestellt, d.h. außerplanmäßige Feldgeistliche mit dem Rechtsstatus eines Angehörigen der Wehrmacht und Beamten auf Kriegsdauer. Im Unterschied zum Heer und zur Marine gab es bei der Luftwaffe keine ordentlichen Planstellen für Militärgeistliche. Ihre Angehörigen wurden samt ihren Familien ab 1935 den entsprechenden Militärkirchengemeinden von Heer oder Marine vor Ort zugeteilt. Da weder alle ordentlichen Planstellen für Wehrmacht- bzw. Feldgeistliche besetzt werden konnten noch genügend Kriegspfarrer zur Verfügung standen, wurden mit fortschreitender Kriegsdauer auch die ins Feld eingezogen Geistlichen, die sog. Priestersoldaten, zur Mithilfe in der Seelsorge herangezogen. Am Schluß des Krieges soll die Zahl jener Divisionen, die keinen Feldgeistlichen besaßen, größer gewesen sein, als jene mit einem solchen.

Zwischen Weltflucht und Anpassung? Mehr als es eine statistische Erhebung hergäbe, vermittelt das Mosaik der in diesem Buch zusammengetragenen Interviews, daß die Wehrmacht- und Feldgeistlichen, die Kriegspfarrer und Priestersoldaten im Zweiten Weltkrieg Gratwanderer sein mußten. In ihrem geistlichen Dienst bewegten sie sich nicht selten am Rande der Legalität und zwischen allen Fronten. Eine Nachkriegsheroisierung hat wohl keiner von ihnen erwartet. Aber die Achtung vor der Bewältigung ihrer nicht selbst gesuchten Aufgabe, menschlich bis zur Zerreißprobe und priesterlich ohne Pastoralanweisung in Extremsituationen Balance gehalten zu haben, verdient die Erinnerung.

Literaturhinweise zu diesem Aufsatz siehe Seite 201

Wilhelm Bayerl

Geboren 1909 in Obereichstätt.
In Freising 1935 zum Priester geweiht.
Ab Februar 1939 kommissarischer Wehrmachtpfarrer in Salzburg, ab September 1939 als Divisionspfarrer mit der 2. Gebirgsdivision in Lothringen und Norwegen.
Seit Januar 1940 Wehrmachtpfarrer.
Ab Januar 1941 Fronteinsatz in der Sowjetunion und Italien.
Drei Monate in amerikanischer Kriegsgefangenschaft.
Pfarrer Wilhelm Bayerl war bis 1971 Seelsorger in der Erzdiözese München und Freising und bis 1979 Religionslehrer an einer Realschule.

Ich war dem Ganzen nicht gewachsen

»Der ist aber noch jung!« Das waren die ersten Worte des Münchner Wehrmachtdekans Lang, als ich ihm als Kandidat für einen Posten als Militärpfarrer vorgestellt wurde. Und er hatte recht. Ich war jung in jeder Beziehung. 1935, nur zwei Jahre zuvor, war ich mit 26 Jahren zum Priester geweiht worden. Ich hatte meine erste Stelle als Dorfkaplan in Frasdorf angetreten, einer 1100-Seelen-Gemeinde bei Rosenheim. Ich war unerfahren, ein Wald- und Wiesenkaplan. Aus meiner bayerischen Heimat war ich bis dahin noch nie herausgekommen. Als ungeschickter, wenig weltgewandter Bursche war ich der straff und stramm ausgerichteten Welt beim Militär, noch dazu einer nationalsozialistischen, nicht gewachsen.

Dabei hatte ich von Kindheit an einen starken Bezug sowohl zum Priesterberuf als auch zum Militär. Mein Vater, zu dem ich eine starke Beziehung hatte und der starb, bevor ich sieben Jahre alt war, war ein sehr religiöser Mensch. Ich kann mich noch gut erinnern: Ich ging noch gar nicht zur Schule, da mußte ich ihm schon das Vaterunser aufsagen, das Ave-Maria und das Credo. Als er starb, war das in jeder Hinsicht ein bedeutsamer Einschnitt in meinem Leben. Unter anderem weckte dieses Erlebnis eine starke Tendenz zum Jenseitigen in mir. Während meiner ganzen Kindheit, die ich als »Schlüsselkind« verbringen mußte, war ich mir immer sicher, daß mein Vater »drüben« auf mich wartet. Ich hatte auch ganz hervorragende

Katecheten an der Oberrealschule, die ich sehr bewunderte, nicht zuletzt wegen ihrer stattlichen Erscheinung in dem knielangen, dunklen Gehrock. Der Wunsch zum Priesterberuf lag also nahe.

Andererseits reizte mich auch das Militär. Ebenso stark, wie das Religiöse in meiner Kindheit Spuren hinterließ, prägten mich die Erlebnisse zu Ende des Weltkriegs. In der Schule mußten wir Aufsätze über militärische Themen schreiben, wie etwa die Schlacht bei Ypern. Wir mußten Brennesseln sammeln, damit daraus Jutesäcke gemacht werden konnten. Das ganze Leben war vom Krieg überschattet. Aber eben nicht von einem wirklichen, einem blutigen Krieg draußen im Feld, sondern von einem für das Lesebuch. Aber auch später, als ich den wirklichen Krieg mit all seinen verabscheuungswürdigen Grausamkeiten kennenlernte, war ich doch beeindruckt von der riesenhaften Organisation und von der Leistung der Soldaten, die in den sechs Kriegsjahren zum Teil unter den kümmerlichsten Bedingungen, mit schlechter Ausrüstung, schlechter Verpflegung und ohne Munition ihren Mann stehen mußten.

Einen Widerspruch zwischen diesen beiden Neigungen verspürte ich zunächst nicht. Die Entscheidung wurde mir ohnehin vom Leben abgenommen. Ich war kein guter Schüler. Zudem hatte ich als Oberrealschüler nicht die nötigen Latein- und Griechischkenntnisse für den Priesterberuf, und meine besten Noten hatte ich in Sport. Also bewarb ich mich bei der Reichswehr. Aber obwohl ich ansonsten körperlich in guter Verfassung war, wurde ich wegen meiner fortschreitenden Parodontose nicht genommen. Meine Zähne hatten nämlich, bald nach dem Tod meines Vaters, aus undurchschaubaren Gründen auszufallen begonnen. Und damit erübrigte sich erst einmal jedes Liebäugeln mit dem Soldatenleben. Ich ging dann zu meinem Religionslehrer und schilderte ihm meine Situation und meine Schwierigkeiten mit den alten Sprachen. Er machte mir Mut, und es gelang mir tatsächlich, das Latinum und das Graecum auf dem Freisinger Gymnasium nachzuholen. Es dauerte zwei Jahre und war ein hartes Stück Arbeit, doch am Ende wurde sie belohnt. Das war der Beginn meiner Priesterlaufbahn.

Daß sie dann doch noch ihren Weg ins Militärische nehmen würde, konnte ich damals nicht absehen. Das kam auf ebenso unvorhergesehene Weise zustande wie alles andere zuvor. In Frasdorf, meiner Pfarrei, war nämlich ein alter Militärpfarrer zu Hause, der Oberpfarrer und Wehrmachtdekan Gmeiner. Der sah mich in der Kirche, hörte mich predigen und sprach mich dann beim Frühstück im Pfarrhof an: »Du wärst eigentlich etwas für uns!« – »Wieso?« – »Ja, als Militärpfarrer. Willst du nicht Militärpfarrer werden?« – »Ich war ja nie Soldat.« – »Das macht nichts. Wir brauchen junge Pfarrer. Jetzt wird die Wehrmacht aufgebaut. Wir sind ja schon alt.« Er hatte den ersten Krieg bereits als Offizier mitgemacht, war dann erst Priester geworden und suchte jetzt geeigneten Nachwuchs. Ich zögerte nicht lange, denn irgendwie war es mir eine Genugtuung, auf diese Weise quasi durch die Hintertür doch noch zum Militär zu kommen. Und so kam es zu diesem Vorstellungsgespräch, von dem mir noch so eindringlich in Erinnerung geblieben ist, daß mich der Dekan für zu jung hielt. »Der wird schon noch älter«, entgegnete Gmeiner, und das schien dem Dekan einzuleuchten.

Diese Bemerkung ist mir auch deshalb so in Erinnerung geblieben, weil ich sie nach dem Krieg aus dem Mund eines anderen noch einmal hörte. Der Kriegsrichter meiner Einheit kam nämlich zu mir und wollte von mir einen Persilschein zur Vorlage bei der Entnazifizierungskommission der Amerikaner. Diesen Richter kannte ich gut. Er war zwar mit Sicherheit kein Nazi, aber doch ein »scharfer Hund«. Sie nannten ihn wegen seiner lockeren Hand beim Unterzeichnen von Todesurteilen den »Blutrichter«. Als ich einmal Schwierigkeiten wegen einer Bemerkung über den »Endsieg« bekam, rührte er keinen Finger für mich, sondern meinte bloß: »Dir kann keiner helfen«, was mir allerdings nicht sehr geholfen hat. Aber als er nach dem Krieg vor mir stand und meinte, daß er eben viel zu jung für sein Amt gewesen sei, habe ich darin auch meine Situation wiedererkannt und wurde doch sehr nachdenklich. Sein Alter entschuldigte sein Verhalten natürlich nicht. Aber man muß die Dinge doch von allen Seiten sehen.

Den anfänglichen Erfolg des Nationalsozialismus etwa. Das war ein Sog, dem man sich besonders als junger Mensch kaum entziehen konnte. Natürlich waren wir keine Nazis. Auch hat es schon zu Anfang wirkliche Gegner gegeben. Aber dieser Sog war da und hat die meisten doch einige Zeit mit sich gezogen. Selbst Leute, die weltanschaulich ganz anders lagen. Das hört sich heute abgedroschen an, aber es war eben so: Mit einemmal gab es keine Arbeitslosen mehr, die Autobahnen wurden gebaut. Ein Arbeiter bekam in der Stunde fünfzig Pfennig, was damals noch viel Geld war. Er bekam billiges Essen und konnte in der Baracke schlafen. Da stand Hitler plötzlich groß da. Und danach, man denke nur an das Münchner Abkommen, schien es so, als seien auch die Politiker des Auslands von Hitler beeindruckt; nicht nur Mussolini, sondern auch Männer wie Chamberlain und Daladier. Die Olympiade in Berlin war eine einzige Propagandaveranstaltung für das Deutschland Hitlers, und man hatte den Eindruck, daß diese Anerkennung allmählich international war.

Auch unsere geistlichen Vorgesetzten gaben da kein anderes Bild ab. Der katholische Militärbischof Rarkowski zum Beispiel – ich habe ihn ein-, zweimal persönlich zu Gesicht bekommen – war einer, der zu allem einfach Ja und Amen sagte. Man sagt von ihm, er sei ein verkappter Nazi gewesen. Ich bin mir da nicht sicher. Ich glaube eher, er war naiv und eben keine besonders hervorragende Persönlichkeit. In seinen Hirtenbriefen schrieb er sinngemäß, Gott habe dem deutschen Volk eine große Aufgabe auferlegt, aber der Führer werde sie schon meistern, und dergleichen. In unserem Feldgesangbuch stand sogar bei »Großer Gott, wir loben Dich« in der vierten oder fünften Strophe »Schütze unseren Führer«. Das entdeckte ich erst sehr spät, weil wir immer nur die ersten zwei Strophen gesungen haben. Von oben kam also kein Impuls zu einer eingehenden und kritischen Auseinandersetzung mit unserer Situation. Das war insofern sogar von Vorteil, als die Seelsorge in der Armee deshalb weiter geduldet wurde. Wäre an Rarkowskis Stelle eine Persönlichkeit vom Range Faulhabers gewesen, hätte die Militärseelsorge wohl die längste Zeit bestanden.

Ich habe diesen Mist – denn dafür habe ich es schon damals gehalten – nicht nachgebetet. Aber ich bin mir dennoch nicht sicher, ob das, was ich statt dessen gesagt und getan habe, der Lage so viel angemessener war. Im Feld war man dermaßen mit dem Gegenwärtigen beschäftigt, daß es keinen Platz, keine Zeit, keine Kraft und kein Verlangen nach eingehenden Reflexionen über weitergehende Fragen gab. Jeder Tag brachte seine neuen Aufgaben und Plagen. Man hatte das Gefühl, die Zeit sei ungeheuer verdichtet, so intensiv war damals die Bedeutung des Augenblicks, der ständige Kontakt mit dem Schrecken.

Einmal, in Rußland, im Juni '41 während des Vormarsches, wir waren furchtbar müde und dreckig und verschwitzt, wurde ich durch Zufall Augenzeuge einer Erschießung von Zivilisten. Ich nehme an, daß es Juden waren. Die SS zog ja hinter der Wehrmacht her und hinterließ eine blutige Spur im Land. Ich beobachtete es von weitem. Ich stand allein in einem Fluß und wollte mich waschen. Plötzlich ging ein Schreien und Weinen los, dann kamen die Schüsse. Und dann schwamm auch noch eine Leiche an mir vorbei. Mir war hundeelend zumute. Ich redete mit keinem darüber. Am nächsten Tag zogen wir dann in aller Frühe weiter. Da ist es eben einfach weitergegangen.

Ich weiß heute nicht mehr, über was ich während der Kriegszeit eigentlich predigte. Es wird wohl nach dem Kirchenjahr gegangen sein: Weihnachten, Ostern, Pfingsten – was sich gerade angeboten hat. Aber mir kommt es vor, als wäre es viel zu oberflächlich gewesen und dieser unglaublichen und hochdramatischen Situation nicht gemäß. Ich fand mich da mit meinem

Feldkoffer, mit dem Kelch, der Hostienbüchse, einem Weinfläschchen, einem wendbaren, ganz leichten Meßgewand und dem Altartuch darin, plötzlich inmitten von Grabenkämpfern, Fliegerangriffen, Erschießungen, Artilleriefeuer, zwischen Verwundeten und Sterbenden und verteilte Medaillons, Rosenkränze, Bibeltexte. Ich tat mein Bestes, aber fühlte mich dem Ganzen letztlich doch nicht immer gewachsen.

So erfuhr ich die Spannung zwischen Militär und Priesteramt im Laufe der Zeit sehr deutlich, ohne daß ich sie hätte lösen können. Als ich, nachdem ich in Oslo in der Olafskirche zelebriert hatte, in die Sakristei kam, stand da ein holländischer Priester. Ich war gerade dabei, mich auszukleiden, da sprach er mich an und fragte: »Sie sind katholischer Priester?« – »Ja, das sehen Sie doch!« – »Und Sie marschieren mit Hitler? Wie können Sie das tun?« Da antwortete ich: »Ich marschiere nicht mit Hitler. Ich marschiere mit gläubigen Soldaten.«

Ich habe viel über meine Zeit im Krieg nachgedacht, und ich denke, ich würde heute ebenso antworten.

Johann Georg Schmutz

Geboren 1908 in Bargen bei Konstanz.
In Freiburg 1932 zum Priester geweiht.
September 1938 bis Dezember 1939 Standortpfarrer in Rastatt, dann Ernennung zum Kriegspfarrer.
Mit verschiedenen Divisionen in Frankreich, Bulgarien, Griechenland, Kreta, Finnland, Norwegen, Albanien und Jugoslawien.
Mai 1945 bis Dezember 1948 Kriegsgefangenschaft in Jugoslawien.
Msgr. Johann Georg Schmutz war bis 1977 Pfarrer in Staufen, Dekan in der Erzdiözese Freiburg und Vorsitzender verschiedener Caritas-Einrichtungen.

Als wir kamen, war die Kirche leer

Ich wurde ohne mein Zutun Militärpfarrer. Vor 1938 war ich in Furtwangen Bezirkspräses für die männliche Jugend. Eine Arbeit, die mich immer wieder in Konflikt mit den Nazis brachte. Das wußte auch Erzbischof Gröber von Freiburg, der mich von klein auf kannte. Da er schwerwiegende Konsequenzen für mich vermeiden wollte, fragte er mich: »Willst du nicht Militärpfarrer werden?« Ich besann mich einen Augenblick und erwiderte: »Wenn Sie mich so fragen, Exzellenz, weiß ich, was ich antworten muß.« Meinen Vorgänger hatte die Gestapo bereits ins Gefängnis gebracht, und mein Heimatpfarrer von Mühlhausen saß im Konzentrationslager Dachau – seine Vorsicht war also keineswegs unbegründet. Es war also nicht so, daß man Militärpfarrer wurde, wenn man den Nazis nahestand. Oft war das genaue Gegenteil der Fall. Ich habe später unter den Militärpfarrern kaum einen Nationalsozialisten getroffen, weder bei den katholischen noch bei den evangelischen Mitbrüdern.

Meine neue Aufgabe stellte mich vor einige Probleme – schließlich hatte ich nie eine militärische Ausbildung durchlaufen. Mein erster Weg führte mich deswegen zu einer befreundeten Familie eines Wachtmeisters der Artillerie. Ihn bat ich, mich wie einen Rekruten einzuweisen und mir den Aufbau des Militärs und die Dienstgrade zu erklären. Ich saß Stunden bei ihm und hörte mir seine Informationen an. Das war meine ganze »Spezialausbildung«. Ich denke jedoch, daß sie mir mehr vermittelt hat, als es acht Wochen auf dem Kasernenhof vermocht hätten.

Der Mobilmachungsbefehl erreichte mich ein Jahr später. Gleichzeitig wurde ich zum Divisionspfarrer ernannt. Da kannte ich mich also schon ein wenig aus. Aber der Krieg änderte die Lage doch erheblich. Meine Aufgaben wurden andere, und sie wurden bedrückender. Der Umgang mit dem tausendfachen Tod war die augenfälligste Veränderung. Wir Divisionspfarrer waren oft gleichzeitig auch Gräberoffiziere. Das heißt, uns mußten die einzelnen Einheiten ihre Toten melden und den Ort, wo sie beerdigt wurden. In der Regel war das auf dem Kampffeld oder hinter dem Verbandsplatz. Nachträglich wurden dann ordentliche Friedhöfe angelegt. Ich fotografierte jedes Grab und schrieb den Angehörigen – was dem Gräberoffizier erlaubt, dem Pfarrer dagegen verboten war. Manchmal schickten uns die Angehörigen Erde, einen Kranz oder ähnliches, das wir aufs Grab legten. Selbstverständlich schrieben wir auch für die Verwundeten – oder für die zum Tode Verurteilten – Briefe an zu Hause.

Ich verbrachte mit Soldaten vor ihrer Erschießung manche Nacht im Gefängnis. Oben im Murmansk-Abschnitt war das berüchtigte Strafbataillon 999. Von hier versuchten immer wieder einige Soldaten zu fliehen, meist erfolglos. Sie wurden dann zum Tode verurteilt. Eine Kiesgrube in Kirkenes war der Erschießungsplatz. Ein Todesurteil traf einen 21jährigen jungen Kerl, der an Weihnachten 1941 die Päckchen der Kameraden gestohlen hatte. In einem anderen Fall hatte sich ein junger Unteroffizier auf Posten ein bißchen nach hinten verdrückt, um eine Zigarette zu rauchen. Urteil: Tod durch Erschießen wegen Feigheit vor dem Feind. Zuletzt mußte ich sieben Österreicher betreuen. Das war in Sarajevo. Sie glaubten, wie wir alle ja auch, daß der Krieg verloren sei, und waren beim Versuch, nach Hause zu fliehen, gefangen und zum Tode verurteilt worden. Die Angelegenheit war absurd: Man konnte sie so gut verstehen und ihnen doch nicht mehr helfen. Ich war die ganze Nacht zum Osterdienstag 1945 bei ihnen in einer kahlen Gefängniszelle – eine furchtbare Nacht. Sie baten mich: »Gell, Sie bleiben doch bis zuletzt?« Das tat ich dann auch.

Zu solchen Erlebnissen kamen manche Schwierigkeiten mit den militärischen Vorgesetzten. Der Kommandeur der 6. Gebirgsdivision war der spätere Generalfeldmarschall Schörner, Tapferkeitsoffizier des Ersten Weltkrieges und bekannt als der »Durchhaltegeneral«. Er war gefürchtet, und das nicht ohne Grund, denn er setzte sich unbedingt durch. Mein Vorgänger hatte seinetwegen entnervt aufgegeben. Schörner hatte beispielsweise die Anordnung getroffen, daß Gottesdienste ausschließlich sonntags gehalten werden dürften. Samstags erteilte er den Befehl, am kommenden Sonntag sei kein Gottesdienst, sondern es müsse zum Dienst angetreten werden. Der Gottesdienst fiel also wieder aus. Zu seiner Teilnahme an einer Beerdigung kündigte er an: »Zuerst spreche ich, und wenn ich gesprochen habe, dann gehe ich. Der Pfarrer soll nach mir kommen.« Von meinem Vorgänger wurde ich, neu angekommen, über alles unterrichtet und war ziemlich deprimiert. Aber ich bin ein Mensch, der nicht so schnell aufgibt. Unser Armeepfarrer, Professor Walter, hatte bereits den Korpsgeneral von Hansen, einen überzeugten evangelischen Christen, auf die Situation aufmerksam gemacht. Daraufhin lud uns dieser zu einem Gespräch und dann den General Schörner zu einer Jagd ein. Bei dieser Gelegenheit muß er ihm wohl einiges vorgetragen haben. Jedenfalls kam der General heim, bestellte uns zu sich und fragte: »Was haben Sie für Sorgen?« Wir gaben ihm klar und deutlich zu verstehen, daß sich seine Anordnungen gegen die Heeresdienstvorschrift und die Seelsorge richteten. Er antwortete: »Wir werden die Gottesdienste in Zukunft mit Divisionsbefehl bekanntgeben, und dann können Sie sie halten.«

Dieses Versprechen hielt er tatsächlich ein. Mitunter wurden solche Divisionsbefehle nicht vollständig weitergegeben, weil einige Übereifrige den Hinweis auf den Gottesdienst eigenmächtig unterschlugen. Mein evangelischer Kollege und ich standen dann vor leeren Bänken. Einmal geschah das an Weihnachten. Da sind wir zwei auf die Straße, haben jeden Soldaten angehalten und gefragt: »Welche Kompanie? Wohin gehörst du? Warst du heute morgen beim Appell?« – »Ja.« – »Wurde der Gottesdienst bekanntgegeben?« – »Nein, es wurde nichts bekanntgegeben.« Wir schrieben uns alle Antworten auf. Nach den Feiertagen konnten wir uns ein wenig freimachen und fuhren oben auf dem Semmering Ski, mein evangelischer Kamerad und ich. Da kam auf einmal der General vorbei, auch auf den Skiern, stockte und sagte: »Das freut mich, daß meine Pfarrer sich auf die Skier begeben haben. Wie waren Ihre Weihnachten? Wie waren die Gottesdienste?« Ich antwortete: »Herr General, ich habe den Eindruck, in soundso vielen Kompanien wurde der Gottesdienst nicht bekanntgegeben. Als wir hinkamen, war die Kirche leer. Wir waren die Blamierten und mußten unverrichteter Dinge abziehen.« Da sagte er: »Machen Sie eine Meldung, wo und wer den Gottesdienst nicht bekanntgegeben hat.« Das machten wir. Und was machte General Schörner? Abends um acht gab er den folgenden Befehl an die Kompanien, in denen der Gottesdienst nicht bekanntgegeben worden war: »Der Hauptwachtmeister hat sich sofort auf den Marsch zum Semmering zu begeben und sich dort am anderen Morgen um acht Uhr beim General zu melden. Wegen Mißachtung eines Divisionsbefehls. Der Anmarsch muß zu Fuß erfolgen, wir lassen durch Feldgendarmerie den Anmarsch überwachen.« Die mußten – feldmarschmäßig – den Rucksack auf den Bukkel nehmen, die Nacht durchmarschieren und sich am anderen Morgen um acht Uhr bei ihm melden. Natürlich hat sich das in der Division herumgesprochen, und wir hatten keine Schwierigkeiten mehr.

Solche Vorfälle gehörten zum Alltag eines Kriegspfarrers. Es gab auch Zeiten, wo man überhaupt keine Messe halten konnte, weil die Truppe im Anmarsch oder im Angriff war. Da mußte man improvisieren, konnte hie und da in aller Eile ein paar wenige Leute erreichen und mußte sich mit wenigem begnügen. Manchmal wurden die Geistlichen jedoch auch von den Einheitsführern ausdrücklich um einen Gottesdienst gebeten – das waren für uns die schönsten und sinnvollsten Einsätze. Ich war auch vorn im Schützengraben. Bis sieben Meter vor den Russen durften wir singen und Messe lesen.

Neben den Gottesdiensten arbeitete ich auch immer im Lazarett, das gehörte dazu. Im Belasicagebirge an der griechisch-bulgarischen Grenze half ich einmal eine ganze Nacht über bei Operationen. Sonst gab es in den Lazaretten und an den Hauptverbandsplätzen ja die Mithilfe der Priestersoldaten. Ich selbst setzte auch Priestersoldaten zum Beichtehören oder zum Messelesen ein, obwohl es verboten war. Mein Küster, selbst Pfarrer, hatte auf einer Liste alle Priester und Theologen erfaßt, die wir immer wieder anschrieben. Wir hatten acht Meßkoffer in der Division verteilt, und so konnten die Sterbenden jederzeit die Sakramente empfangen. Am Anfang des Krieges standen uns ein Fahrzeug und ein Fahrer zur Verfügung, aber dann wurde der Transport immer schwieriger. Entweder gab es kein Benzin, oder es durften nur noch bestimmte Offiziere fahren. Beerdigungen waren ein Sonderfall, da war die Anwesenheit eines Pfarrers immer willkommen.

Wir sind zumeist gut angenommen worden, auch wenn es manchmal schwierig war mit den Soldaten. In Norwegen predigte ich ab und zu vor fast leerem Haus. Die ganze Truppe lag seit dem Norwegenfeldzug bis zum Ende als Besatzungsmacht da. Keiner hatte einen scharfen Schuß gehört, man vertrieb sich die Zeit mit gutem Essen, und die Norwegerinnen waren auch nicht abweisend gegenüber den deutschen Soldaten. Das war für den Seelsorger keine leichte Zeit … Allerdings waren solche Erfahrungen selten.

Allerdings konnte man auch nicht immer helfen, wo man gefordert gewesen wäre. Da kam beispielsweise nach der vernichtenden Niederlage in Kreta der Befehl von Göring, in einer Reihe von Orten sollten alle Männer ab 16 Jahren erschossen und die Häuser abgebrannt werden. Nachts um zwei oder drei Uhr kam der Pionierleutnant zu mir, weckte mich und sagte, er hätte einen solchen Befehl erhalten. Er hätte gern, daß ich dabei bin. Ich sagte, ich ginge nicht mit; mit diesen Sachen wolle ich nichts zu tun haben. Da klagte er, er wisse nicht, was er tun solle. Sein Vater sei Pastor, er komme aus einer evangelischen Pfarrersfamilie. Ich konnte ihm auch keinen Rat geben. Bei einer Befehlsverweigerung würde er morgen an die Wand gestellt. Ich konnte ihn bloß bitten, die Sache so menschlich wie nur möglich zu erledigen. Aber abnehmen konnte ich ihm diese Gewissenslast natürlich auch nicht.

Kontakt zu den Christen in den besetzten Gebieten aufzubauen, war eigentlich nicht erlaubt. Aber darum kümmerten wir uns nicht. Wenn wir zum Beispiel Gottesdienst halten wollten, gingen wir in die Pfarrhäuser. In Norwegen wurden uns die Kirchen gerne zur Verfügung gestellt. In Murmansk gab es ein orthodoxes Kloster, wo man uns als Befreier von den Sowjets wohlwollend aufnahm. Da gab es keine Probleme. Beim Patriarchen von Serbien war ich einige Male eingeladen, in Bulgarien einmal von einer Gruppe Deutschstämmiger aus Siebenbürgen. Die Bischöfe von Albanien kannte ich alle und hatte Verbindung zu ihnen. So gab es Kontakte genug, meist jedoch von kurzer Dauer.

Selbstverständlich gab ich auch die Verbindung zur Heimat und zu meiner Jugendseelsorge nicht auf. Ich hielt Briefkontakt, und immer wenn ich heimkam, besuchte ich meinen Diözesanbischof Gröber. Ich war dadurch selbstverständlich im Bilde, was zu Hause vorging. Zum Beispiel über den Heimatpfarrer von Mühlhausen. Weil er einen Gottesdienst mit Polen gehalten hatte, lud ihn die Gestapo das erstemal ohne weitere Folgen vor. Als er es dann aber wagte, mit seiner Jugendgruppe bei einem Wallfahrtsort zu zelten, wurde er festgenommen und kam nach Dachau. Von den Vorgängen in Deutschland erfuhr ich also schon. Das ganze Ausmaß der Katastrophe, besonders was die Juden anging, kannte ich jedoch nicht. Das Militär bildete ja eine Art weltanschaulicher Enklave. Die eigentliche Konfrontation mit der nationalsozialistischen Weltanschauung, mit dem Atheismus, fand dort kaum oder gar nicht statt. Es gab ab und zu einmal einen Vortrag der NS-Führungsoffiziere, aber das war für die Männer von keiner sichtbaren Bedeutung. Nächstenliebe in der Sorge um die Gefallenen und Verwundeten war wichtiger. So habe auch ich meinen Auftrag verstanden. Unsere Aufgabe war nicht, die Soldaten ideologisch aufzurüsten, sondern ihnen in dieser schweren Zeit seelsorgerisch beizustehen.

Als das Ende abzusehen war, holte mich mein damaliger Divisionskommandeur, General Wojtasch, und sagte: »Bitte bleiben Sie hier. Wir vom Stab werden sicher wegkommen. Bleiben doch wenigstens Sie da.« Natürlich hatte ich das ohnehin vorgehabt. Die Zeit der Gefangenschaft war furchtbar, und die Jugoslawen waren rücksichtslos. Ich hatte meinen Wäschebeutel mit dem Kelch und allem Zubehör für die Messe 1200 Kilometer mitgeschleppt. Im Gefangenenlager bauten wir ein Lazarett auf, weil auf diesem Marsch viele krank waren. Es gab nichts zu essen, und bald lagen da die ersten Toten. Die meisten starben an Typhus, Fleckfieber oder Ruhr. Ich beerdigte jeden Tag 15 bis 20 Soldaten, von Mai bis November 1945 etwa 1300. Ich notierte von allen die Namen. In die Baracke stellte ich einen Tisch und las die Messe. Die Männer lagen um mich herum, und anschließend erhielt ich die Nachricht: »Schau, da ist schon wieder einer tot, der ist auch gestorben.« Das waren furchtbare Zeiten.

Später war ich im Steinbruch, in der Zementfabrik, beim Wegebau und beim Eisenbahnbau. Aber arbeiten mußte ich dort nicht viel. Ich hielt Gottesdienste oder war in der Verwaltung. Auf dem Friedhof in Esseg war die Leiterin eine Partisanin, die immer eine Maschinenpistole mit sich trug. Sie besorgte mir aus einem katholischen Pfarrhaus Weihwasser und Stola. Bei der ersten Beerdigung, die ich hielt, stand sie plötzlich mit dem Weihwasserkessel neben mir und assistierte. Und lud mich nachher in ihre Wohnung zu einem Täßchen Tee und ein paar Brötchen ein. Auch die anderen Kameraden, die auf dem Friedhof arbeiteten, hingen sehr an ihr. Sie sorgte für alle. Es gab zu essen, ich konnte Verpflegung mit ins Lazarett nehmen, und im Winter beschaffte sie Brennholz. Ich durfte damals auch raus nach Belgrad, ging dort zum Bischof und las verbotenerweise in seiner Kirche eine Messe.

Schließlich war es soweit: Wir Soldaten durften nach Hause. Am Weihnachtstag 1948 kam ich nach Ulm und in der Weihnachtsnacht nach Immendingen. Werthmann wollte mich dann nach dem Krieg als aktiven Militärpfarrer einsetzen. Ich hatte schon alle Unterlagen komplett, überlegte es mir dann aber doch anders. Zehn Jahre, so fand ich, waren nun doch genug. Diesen Entschluß habe ich nicht bereut. Aber ich sehe diese Zeit im nachhinein dennoch als einen persönlichen Gewinn. Ich stand da stets vor der Notwendigkeit, meine Entscheidungen allein und in eigener Verantwortung zu treffen. Das gab mir auch später immer eine große Sicherheit.

Georg Paulus

Geboren 1910 in Kirchenthumbach (Oberpfalz).
Im März 1937 zum Priester geweiht.
1940 bis 1942 im Sanitätsdienst. 1942 bis 1945 Kriegspfarrer in Finnland, Lappland und Nordnorwegen.
Nach Kriegsende Seelsorger in Gefangenenlagern. Im September und Oktober 1945 betreute er als einziger katholischer Geistlicher das Gebiet von Narvik bis Tromsö und Kvängenpass, südlich Alta.
Geistlicher Rat Georg Paulus war Religionslehrer, dann Jugendseelsorger und Pfarrer in der Diözese Regensburg.

Ich hatte keine Illusionen

Ich wurde am 10. April 1942 zum Kriegspfarrerlehrgang abkommandiert. Da war ich schon fast zwei Jahre als Sanitätssoldat im Krieg. Zuerst an der Westfront, Rouen, Boulogne, Dieppe, und später mit der 9. Armee im Osten. Das war Fronteinsatz, das heißt, nahezu ständig Feindberührung und heftige Fliegerangriffe mit Toten und Verwundeten. In Rußland kamen die Flieger jede Nacht. Ich war der einzige Pfarrer, und in meiner Einheit hat, denke ich, keiner an irgend etwas geglaubt. Besonders die Unteroffiziere waren ungehobelte Kerle. Die meisten waren Ostpreußen, hatten mit der süddeutschen Mentalität ebensowenig am Hut wie mit der katholischen Kirche und machten mir das Leben nicht gerade leicht.

Ich war allein verantwortlich für einen Raum mit 16 Betten. Vorher waren ein Unteroffizier und zwei Mann damit betraut gewesen. Alle fünf bis sechs Tage kamen neue Schwerverletzte zur Betreuung hinzu. Wir pflegten sie bis zum Weitertransport in die Heimat. Insgesamt waren es während meiner Zeit 290 Mann. Im Grunde war das von einem allein gar nicht zu schaffen. Die erste Woche kam ich überhaupt nicht zum Schlafen. Immer war mindestens ein Mann wach und brauchte mich. Schließlich begann ich damit, am Abend Heimatlieder anzustimmen. Da haben die meisten mitgesungen und schliefen darüber ein. So fand auch ich endlich auf meiner Trage ein paar Stunden Schlaf.

Meine Situation war also von vornherein nicht einfach. Als dann aber auch noch das Fernschreiben mit meiner Kommandierung zum Kriegspfarrerlehrgang kam, schikanierte man mich regelrecht. Ich erinnere mich noch gut an den 8. April 1942, also zwei Tage vor dem Lehrgang in Berlin: Ich arbeitete in der Sanitätsstube in einem Holzhaus in Subzow, etwa 100 Kilometer vor Moskau. Ich war der einzige Sanitätsdienstgrad mit zwei Krankenträgern und einem kriegsgefangenen Ukrainer. Den ganzen Tag hatte ich alle Hände voll zu tun und war mit meinen Kräften am Ende. Am Abend kam der UvD und gab mir den dienstlichen Befehl, die Aborte sauberzumachen. Natürlich eine reine Schikane. Meine Einwände halfen nichts. Eine Befehlsverweigerung wäre undenkbar gewesen. Es blieb mir gar nichts anderes übrig, als zu gehorchen.

Die Abkommandierung nach Berlin kam überraschend für mich. Ich hatte gar nicht erst versucht, einen diesbezüglichen Antrag abzugeben, weil das bei dieser Einheit sinnlos gewesen wäre. Der wäre sicher gar nicht erst weitergegeben worden, sondern in den Papierkorb gewandert. Die Kommandierung verdanke ich wohl der Fürsprache des Divisionspfarrers Dr. Jakubasch, den ich Anfang August 1941, anläßlich dreier Wehrmachtsgottesdienste in Polock, besucht hatte. Er fragte mich, ob ich nicht Kriegspfarrer werden wolle, und notierte sich daraufhin meinen Namen und meine Einheit. Als das Fernschreiben dann kam, hat mich das ausgesprochen gefreut. Der Unterarzt fragte mich zwar, ob ich nicht doch bleiben wolle, aber ich sagte nur: »Sehen Sie, bei diesen Unteroffizieren, in diesem Klima, bin doch ich der weiße Rabe. Das hat keinen Sinn. Als Kriegspfarrer bin ich wenigstens in meinem Beruf. Ich gehe schon ganz gern nach Berlin.«

Am Tag meiner Abreise wartete mein Zugführer, ein Feldwebel, der mir immer wohlgesinnt gewesen war, an der Haustüre auf mich. Zum Abschied erzählte er mir, daß er mich zum EK vorgeschlagen habe, der Vorschlag aber abgelehnt worden sei, weil nach einem Führerbefehl katholische Priester kein EK erhalten dürften. Dann drückte er mir ganz fest die Hand und sagte: »Auf Sie konnte ich mich halt immer verlassen.« Dabei liefen diesem sonst so harten Mann die Tränen über beide Wangen, so sehr tat es ihm weh, wie man mich verabschiedete. Ich antwortete: »Dieses Wort von Ihnen ist mir lieber als das Eiserne Kreuz.« Von den anderen Kameraden ist keiner gekommen.

Am Bahnhof hörte ich dann, wie zwei meiner Kameraden zum Unteroffizier sagten: »Den Paulus steck in den Wagen mit den Fleckfieberkranken.« Auch das war reiner Mutwille, denn ich hatte ja eine Kommandierung zum Kriegspfarrerlehrgang und keinen Befehl als Sanitäter zum Krankentransport. Wir erlebten zu dieser Zeit gerade eine ungewöhnlich harte Kälteperiode mit Temperaturen bis zu 52 Grad unter Null, und es war bitter kalt. Bei dem Waggon, es war ein Viehwagen, mußte die Türe offenbleiben, weil er keine Fenster hatte. Ich wärmte mich notdürftig mit einem Feuer und kümmerte mich um die Kranken, zwei Tage und zwei Nächte lang. Nur ein einziges Mal sah ich einen Sanitäter, der Verpflegung brachte.

Der Lehrgang in Berlin dauerte dann nur ganze acht Tage. Wir mußten eine Soldatenstunde und eine Predigt über das Christuswort »Ich kenne die Meinen, und die Meinen kennen mich« ausarbeiten. Die beiden Militärbischöfe, der evangelische und der katholische, hielten Ansprachen. Vom evangelischen habe ich einen guten Eindruck behalten. Der katholische sagte irgend etwas über Treue und Ehre. Das war eigentlich fast schon alles. Viel wichtiger für meine Tätigkeit als Kriegspfarrer war ohnehin, daß ich das Soldatenleben schon vorher gründlich kennengelernt hatte. Man mußte bei dieser Aufgabe den richtigen Ton treffen, mußte seine Leute kennen, ihren Alltag, ihre Sorgen und Hoffnungen. So etwas ist eine Sache der Einfühlung und der Erfahrung und kann nicht auf Lehrgängen vermittelt werden.

Mein erster Einsatz als Kriegspfarrer führte mich gleich wieder in ein Kriegslazarett, diesmal nach Oulu, der nördlichsten Stadt Finnlands. Ich blieb dort bis Anfang 1944, also über eineinhalb Jahre. Zu meinem Bereich gehörten neben der Standortseelsorge in Oulu selbst auch noch zwei große Flugplätze. Der eine, Pori, lag 900 Kilometer südlich, der andere, Lieksa, 600 Kilometer östlich der Stadt; also ein von den Entfernungen her riesenhaftes Gebiet. Während meiner Rundfahrten mußte immer einer der drei Geistlichen, die als Sanitätssoldaten in Oulu stationiert waren, dort aushelfen. Bei meiner Ankunft hatte das Lazarett 600 Betten. Aber schon nach wenigen Monaten war es wegen der heftigen Kämpfe auf das Doppelte angewachsen und war nun auf sechs große Gebäude innerhalb und außerhalb der Stadt verteilt. Die Schwerkranken besuchte ich natürlich täglich, die anderen alle ein bis zwei Wochen. In jedem der Häuser wurde wöchentlich einmal Gottesdienst gehalten, meist in einem der Krankenzimmer oder im Speisesaal. Zusätzlich gab es jeden Sonntagvormittag den Standortgottesdienst in der Kapelle der evangelischen Kirche, die uns zu diesem Zweck vom Bischof von Oulu zur Verfügung gestellt worden war. Für die Kameraden, die von der Front zum Heimaturlaub fuhren oder wieder zurück an die Front mußten, hielt ich sonntags noch einen zweiten Gottesdienst am Nachmittag. Im Schnitt wurden im Laufe eines Monats 25 bis 30 Gottesdienste gehalten, vor 800 bis 900 Soldaten. Besonders dankbar waren dafür natürlich die Soldaten in den Stellungen an der Front. Die hatten innere Aufrich-

Kriegspfarrer Emil Weis bei einem Feldgottesdienst in Bogdanowo.

Die wichtigste Aufgabe der Feldseelsorger war es, Gottesdienste zu halten. Nach einem Erlaß des katholischen Feldbischofs war es strengstens verboten, die Messe ohne liturgisches Gewand zu feiern.

Divisionspfarrer Emil Weis ließ Vorbereitung und Durchführung eines Feldgottesdienstes dokumentieren. Die Fotos wurden in Saint-Jean-de-Luz im Juni 1941 aufgenommen.

In einigen Einheiten haben die Offiziere zum Gottesdienst befohlen. Offiziell war die Beteiligung an den Feldgottesdiensten freiwillig (unten).

Auch bei der Marine gab es Planstellen für Kriegspfarrer. Nur bei der Luftwaffe gab es – offiziell – keine Seelsorger.

Marinepfarrer Eich läßt sich auf einem Schlauchboot übersetzen, um auf einem Minensuchboot in der Nordsee Gottesdienst zu halten.

Die Marinesoldaten tragen musikalisch zur Gestaltung ihrer Gottesdienste bei. Der Hafenkapitän gab die Gottesdienste bekannt, die regelmäßig im »Gottesdienstraum« am Hafen stattfanden.

tung wirklich nötig. Sie mußten teilweise auf Händen und Füßen in bitterer Kälte und bei schneidendem Wind auf ihre Posten kriechen. Drei Monate war es stockdunkle Nacht, drei Monate ununterbrochen taghell und den Rest des Jahres düster. Und dazu kam das ewige Warten in steter Angst vor einem Angriff. Das hat die Männer zermürbt. Viele sind Opfer des Polarkollers geworden. Im Kriegslazarett in Oulu gab es sogar ein Nervenkrankenhaus für solche Fälle. Auf die Gottesdienste freuten sich die Frontsoldaten schon lange vorher. Mit rührender Hingabe schmückten sie ihre Bunker für den Gottesdienst. Es wurde Beichtgelegenheit geboten, die Messe gelesen und Kommunion gehalten.

Im Lazarett war das manchmal anders. Da lagen mehrere SS-Leute, und natürlich fürchteten sich manche Soldaten, sich vor deren Augen als gläubig zu erkennen zu geben. Ich habe aber auch erlebt, daß SS-Leute in ihren Krankenuniformen zum Gottesdienst erschienen und die Sakramente empfingen. Besonders in Erinnerung geblieben sind mir die beiden Weihnachtsgottesdienste 1942 und 1943. Da ist es mir beide Male gelungen, einen vierstimmigen Männerchor auf die Beine zu stellen, mit dem ich die Schubertmesse einstudierte. Zu den Gottesdiensten kamen über 200 Mann.

Überhaupt hatte ich als Kriegspfarrer keine Probleme mehr mit den Mannschaften, eigentlich auch kaum mehr mit den Unteroffizieren. Ich war einfach zu lange selbst dabeigewesen, als daß ich mir irgendwelche Illusionen gemacht oder den falschen Ton getroffen hätte. Ich drängte mich auch niemals auf. Ich wollte ja nicht missionieren, sondern helfen. Einmal besuchte ich im Feldlazarett 680 (mot) in Karasjok, wo nur mehr einige sehr schwer Verletzte lagen, einen Hauptmann, der mit schwerer Sepsis bis zum Hals in Gips lag. Ich war ja ausgebildeter Sanitäter und sah gleich, daß ihm nicht mehr viel Zeit blieb. Da konnte ich nicht einfach hingehen und sagen: »Hallo, ich bin der Pfarrer.« Also fragte ich den armen Kerl, ob er irgendeinen Wunsch habe. Und er bat mich um eine Tasse heiße Schokolade. So klein waren die Wünsche damals. Ich ging zum Fourier, habe ihm eine Tafel Schokolade abgedungen und dem Mann seine Schokolade gekocht. Ich war dann drei-, viermal bei ihm, ohne daß ich mich als Geistlicher zu erkennen gegeben hätte. Erst als wir etwas besser Kontakt hatten, rückte ich damit heraus, aber auch da, ohne ihn zu bedrängen. Am nächsten Morgen sprach er mich dann von selbst darauf an und bat um die Beichte. Er empfing dann täglich die hl. Kommunion. Nachdem ich ihm die Gnadenwirkung der hl. Krankensalbung erklärt hatte, bat er auch um die Letzte Ölung. Einige Tage darauf starb er. Ich beerdigte ihn ehrenvoll. Natürlich war das ein Sonderfall, weil ich zufällig etwas mehr Zeit hatte als gewöhnlich und mich eingehend mit ihm beschäftigen konnte. Andererseits war es, glaube ich, eben gerade diese Haltung, die von den Kameraden honoriert wurde.

Mit den Offizieren dagegen hatte ich manchmal meine Schwierigkeiten. Die älteren unter ihnen, die alle schon den ersten Krieg mitgemacht hatten, waren sehr umgängliche Menschen. Aber die jüngeren, die aus den nationalsozialistischen Kadern stammten, konnten ausgesprochen unangenehm werden. Zum Beispiel nahm mir der Quartiermeister, ein Oberst, einmal einfach den Wagen weg. Ich sprach bei ihm vor und erklärte ihm, daß ich den Wagen für die Verwundetenbetreuung bräuchte und nicht für private Zwecke. Er blieb stur. Als ich nicht lockerließ und ihn auch telefonisch noch einmal anging, meinte er ganz knapp: »Herr Pfarrer, Jesus hatte auch nur einen Esel.« Ich antwortete: »Wenn Sie mir einen besorgen, Herr Oberst, wäre ich Ihnen sehr dankbar.« Am nächsten Tag marschierte ich dann, zusammen mit meinem Küster, kilometerweit zu den verstreuten Stellungen. Den schweren Meßkoffer trugen wir abwechselnd. Trotzdem waren wir einige Stunden zu spät dran. Aber die Kameraden draußen hatten auf uns gewartet, und das hat mir den Fußmarsch im nachhinein mehr als vergolten.

Auch beim Feldlazarett 680, wo ich dann später stationiert war, stieß ich bei einigen Offizieren auf Widerstand. Der Oberstabsarzt, ein hundertfünfzigprozentiger Nazi, wollte mir Schwierigkeiten machen. Er achtete immer darauf, daß ich abends mit den anderen Sanitätsoffizieren in der Offiziersmesse war. Das war deshalb unangenehm für mich, weil die Offiziere die ganze Zeit über politisierten, und ich da auf einem Pulverfaß saß. Ich wäre natürlich viel lieber bei meinen Verwundeten gewesen. Jedenfalls forderte mich dieser Oberstabsarzt vor allen Offizieren heraus und fragte: »Herr Pfarrer, was machen Sie denn nach dem großen Sieg?« Das war am 25. November 1944. Ich bin langsam aufgestanden, um ein wenig Zeit zu gewinnen. Die Antwort hat mir der Heilige Geist eingegeben. Ich sagte nur: »Wissen Sie, Herr Oberstabsarzt, die Kirche ist fast 2000 Jahre alt. Man hat uns bisher gebraucht, und man wird uns wieder brauchen.« Das brachte ihn zur Raserei. Er brüllte wie ein Stier und gab mir den Befehl, mich in Zukunft bei Besuchen im Feldlazarett bei jedem einzelnen Abteilungsarzt zu melden, bevor ich zu den Verwundeten dürfe. Ich hörte mir das schweigend an. Am anderen Tag machte ich telefonisch dem Armeepfarrer, Oberpfarrer Bartsch, Mitteilung. Daraufhin wurde ich sofort zur 270. Infanteriedivision nach Tromsö versetzt. Natürlich besuchte ich vorher noch einmal die verwundeten Kameraden.

Diese Versetzung war in jeder Hinsicht mein Glück, entkam ich doch auf diese Weise der ständigen Gefahr politischer Fangfragen. Der Nationalsozialismus war mir innerlich ja immer schon zutiefst zuwider gewesen. Ich stamme aus einer gut katholischen Familie; wir haben die Bayerische Volkspartei gewählt. Den Nationalsozialismus hatten wir zur Genüge bei uns zu Hause am Ort erlebt. Ich hatte nie die geringste Illusion darüber, daß dieser Krieg ungerecht war, und diese Ansicht hat sich im Laufe meiner Armeezeit nur noch verstärkt. Aber was hätte es genutzt, wenn ich mich hätte provozieren lassen? Die geringfügigste Bemerkung konnte einen das Leben kosten. Ich erlebte mehrere solche Fälle. In Tromsö besuchte ich, kurz vor Kriegsende, mindestens dreimal wöchentlich den Marinepfarrer Möbius in der Arrestanstalt. Er war wegen defätistischer Äußerungen zweimal zum Tode verurteilt worden. Das eine Mal hatte er einem Soldaten, der während eines Fliegerangriffs auf die »Scheiß-Briten« schimpfte, geantwortet, daß die ja wohl jetzt nicht da wären, wenn nicht zuvor die »Scheiß-Deutschen« dagewesen wären. Das andere Mal hatte er die Wirksamkeit der sogenannten »Wunderwaffen« bezweifelt. Das genügte schon für eine Hinrichtung. Man muß sich das einmal vorstellen! Glücklicherweise setzte der zuständige Kriegsrichter, der später gerade wegen seiner Tätigkeit als Kriegsrichter so in Verruf geratene Hans-Georg Filbinger, seine Überführung nach Deutschland durch, wo er schließlich von Dönitz begnadigt wurde. Aber das war ein glücklicher Ausnahmefall. In der Regel wäre die Hinrichtung wohl vollstreckt worden. Und was wäre dann erreicht gewesen? Ich selbst jedenfalls war der Ansicht, daß ich für die Soldaten da sei, und da konnte und durfte ich politisch nicht in die Schußlinie geraten. Das heißt nicht, daß ich meine Meinung verleugnet hätte. Aber ich überlegte mir zweimal, wo und wie ich sie vertreten sollte. Auch der heilige Paulus brauste nicht auf, als er nach Athen kam und auf dem Areopag die vielen heidnischen Götterstatuen sah, und hat sich mit den Menschen nicht überworfen. Er sah die eine Götterstatue, die dem unbekannten Gott gewidmet war, und anstatt die Athener als Heiden zu beschimpfen, lobte er sie für ihre Gottesfurcht und sagte, er wolle ihnen gerade über diesen unbekannten Gott etwas erzählen. Das versuchte ich auch. Und deshalb tat ich weiterhin das, was ich auch schon als Kaplan getan hatte und tun wollte – die Kranken betreuen, meinen Nächsten zuhören, versuchen, ihnen nach Kräften Mut zu machen und ihnen in dieser schlimmen Zeit Gottvertrauen zu geben. Ich spendete die Sakramente und nahm mich der Toten an. Ich war für die evangelischen Kameraden in gleicher Weise da wie für die katholischen. Ich hatte das Gefühl, daß ich damit ein echtes Bedürfnis befriedigte, daß die Soldaten mich nötig hatten und daß sie es mir auch dankten.

Jakob Schlafke

Geboren 1912 in Köln.
In Köln 1938 zum Priester geweiht.
1940 Sanitätsschule in Olmütz.
1941 Standort- und Lazarettpfarrer in Nantes, dann Pfarrer in Brüssel für Strafanstalten in Belgien und Nordfrankreich. Ab Mai 1942 Standort- und Lazarettpfarrer in Kiew, dann in Witebsk.
1944 Versetzung zur Volksgrenadierdivision in Litauen.
April 1945 bis August 1948 in russischer Kriegsgefangenschaft.
Prälat Dr. Jakob Schlafke war als Kirchenrechtler an verschiedenen Selig- und Heiligsprechungsprozessen beteiligt. 1966 Domkapitular in Köln.

Ideologisch getrimmt waren wir nicht

Im Mai 1940 wurde ich Soldat. Ich hatte schon mehrere Jahre als Kaplan in der Pfarrei Herz Jesu in Leverkusen und in Wiesental/Baden hinter mir. Zunächst wurde ich zur Sanitätsabteilung 5 in Ulm einberufen. Teile von ihr lagen bereits in Prag, wohin dann auch ich sofort versetzt wurde. Dort erhielt ich eine umfassende militärische und medizinische Ausbildung. Nach diesen sechs Wochen Grundausbildung kam ich zu weiteren Lehrgängen in das Kriegslazarett nach Brünn und auf die Sanitätsschule in Olmütz. Geschmückt mit dem Sanitätsabzeichen, kam ich zu einer Flakbatterie in Mährisch-Ostrau.

Während meines Jahres als Soldat begegnete ich nur ein einziges Mal einem Kriegspfarrer. Es war ein sehr netter, tatkräftiger Mann namens Haller. Auch den Namen des Feldbischofs Rarkowski hörte ich damals zum erstenmal. Ich lernte ihn aber erst später persönlich kennen, während eines Kriegspfarrerlehrgangs in Paris. Er erschien mir als ein ruhiger, vornehmer, sehr behutsamer Mann. Und er hatte einen sehr, sehr schwierigen Posten. Später besuchte ich Rarkowski zweimal in Berlin, wie auch Feldgeneralvikar Werthmann, einen sehr strengen, aber objektiven Mann, der sich immer und überall für unsere Belange einsetzte. Wir hatten ja gerade im Episkopat viele, die eher durch kluges Taktieren überzeugten als durch »Bollern«.

Im Mai 1941 wurde ich nach Paris zum Kriegspfarrerlehrgang kommandiert. Die Motivation war dieselbe wie früher, als ich Jugendkaplan geworden war: Ich wollte seelsorgerisch wirken. Und mich forderte auch die Verantwortung gegenüber den Familien und Frauen unserer Soldaten heraus. Natürlich war ich mir, zusammen mit meinen Mitbrüdern, darüber im klaren, daß bei dieser Arbeit Gefahr bestand, in die Propagandamaschine des Nazi-Regimes zu geraten. Doch wir waren vorrangig Priester, Seelsorger, auch wenn wir Uniform und ein Pistölchen trugen und ab und zu an Schießübungen teilnahmen (bei denen wir nicht die Schlechtesten waren). Ideologisch getrimmt wurden wir nicht. Man brachte uns lediglich praktische Dinge bei. Zwei Wochen dauerte der Lehrgang. Dann wurden wir ins kalte Wasser der praktischen Arbeit geworfen.

Ich wurde Standortpfarrer in Nantes, bei der 7. Armee, die in Bordeaux lag. Mein Abschnitt reichte von St. Nazaire bis La Rochelle, der Basis der deutschen U-Boote für den Atlantik und berühmt geworden durch die Sprengung der U-Boot-Schleuse.

Bei der Truppe wurde ich im allgemeinen freundlich und wohlwollend aufgenommen. Priestersoldaten erging es nicht immer so. Da hieß es: »Was sind Sie von Beruf? Kaplan? Ja, gibt es so was noch? Dann gehen Sie mal den Lokus reinigen.« Ich habe dies als Sanitätssoldat selbst erlebt. Das war aber natürlich nicht die Regel. Ich führte damals schon sehr fruchtbare seelsorgerische Gespräche mit manchem Unteroffizier.

Als Kriegspfarrer konnten wir uns bei der Durchführung der Gottesdienste auf die Dienstvorschriften berufen. Auch wenn uns manch einer scheel anschaute, wie jener Chefarzt, der sagte: »So gut wie die Pfarrer möchte ich es auch einmal haben. Nur sonntags arbeiten müssen.« Mein evangelischer Mitbruder konterte: »Ob Ihnen das nicht zu mühsam wird?« Er hatte die Lacher auf seiner Seite.

Doch es gab damals in Frankreich Dinge, die nun keineswegs zum Lachen waren. Geiselnahmen, Geiselerschießungen, das war fürchterlich. Nachdem etwa der Standortkommandant von Nantes von der Résistance erschossen worden war, wurden einfach 50 Geiseln aus der Bevölkerung genommen, Gaullisten genauso wie Kommunisten. Kein einheimischer Geistlicher durfte sie betreuen. Das war dann unsere Sache. Für einen Priester darf es keine Rolle spielen, ob ein zum Tode Verurteilter Belgier, Franzose oder Deutscher ist. Da heißt es: Da ist einer, dem man helfen muß. Bei den Erschießungen mußte man immer aufpassen, daß man rechtzeitig zur Seite trat. Denn auch das Exekutionskommando war nervös. Das war auch für diese Soldaten keine Kleinigkeit.

Wenn es also heißt, in zwei Stunden, in einer Stunde, in zehn Minuten stehst du vor der Ewigkeit, dann war das eine schwierige Aufgabe für uns Priester. Wir durften – dank der Großzügigkeit der deutschen Vorgesetzten – meist die ganze Nacht mit den Delinquenten verbringen. Aber diese Betreuung war oft ein harter Kampf. Ich denke noch an einen, bei dem ich bis zum Schluß auf verlorenem Posten stand. Ich sagte nur noch zu ihm: »Denken Sie doch daran, was Ihre Mutter Ihnen an Liebe mitgegeben hat.« Da antwortete er, die Zigarette zwischen den Lippen: »Meine Mutter hat mich nur gelehrt, die Menschen zu hassen.« Natürlich hatte ich auch Verurteilte, die mein Kreuz bis zum allerletzten Augenblick festhielten.

Deutsche waren selten unter den Verurteilten. Wenn, dann waren es meist solche, die den Kriegsdienst aus Gewissensgründen abgelehnt hatten. Es erforderte viel, viel Kraft, gerade diesen Menschen zu helfen. Man mußte sie sprechen lassen, immer wieder sprechen lassen, um ihnen dann klarzumachen: Die nächsten Stunden und Minuten entscheiden über das ewige Leben. Ich glaube aber, daß die meisten in Gnade gestorben sind. Nur ein einziges Mal sagte einer noch: »Und ich glaube an den Führer.« Da konnte man nur noch beten: »Herr, vergib ihm, denn er weiß nicht, was er tut.«

Von Frankreich aus wurde ich 1942 nach Rußland abkommandiert, und zwar nach Kiew. Dort war für 10000 Verwundete eine Lazarettbasis für den großen Angriff auf den Kaukasus eingerichtet worden. Wir hatten dann auch täglich einen Durchgang von durchschnittlich 3000 Verletzten. Das war eine ganz andere Arbeit als in Frankreich. Selbst den Schwerstverwundeten Trost zu spenden war einfacher, als bei den Verurteilten zu sein.

Während meiner ganzen Zeit als Kriegspfarrer hatte ich kaum Schwierigkeiten mit Vorgesetzten. Ganz im Gegenteil. Beim 53. Armeekorps, während der Kesselschlacht um Witebsk, war mir der Chef des Stabes, Oberst Schmied, sogar eine große Hilfe. Die Not war groß, es gab kaum mehr Sprit, und so hatte man mir einen Wagen verweigert, um zu den Truppen zu gelangen. Als Oberst Schmied das erfuhr, tobte er los, wer denn dem Pfarrer das Auto verweigert hätte, und bot mir an, bei ihm mitzufahren. Er riet mir letztlich, ein Pferd zu nehmen; wir hatten noch sehr kostbare Tiere im Korpsstab. Also nahm ich Reitunterricht und trabte dann los zu meinen Soldaten.

Anders war das mit den Leuten von den nationalsozialistischen Lehranstalten. Die wollten den Kaplan schon einmal »fertigmachen«. Doch die Kameraden standen zu mir; sie waren froh, wenn ich zu kontern wußte und mich nicht »unterbuttern« ließ.

Andererseits bekam ich zwangsläufig viele geheime Kommandosachen mit. So zum Beispiel, daß diese oder jene Truppe in drei Tagen einen schweren Einsatz hätte. Oberst Schmied sagte mir dann: »Halten Sie doch für die noch einen Gottesdienst.«

Bei meinen Predigten versuchte nie ein Vorgesetzter, Einfluß zu nehmen. Wir hatten ja die Freiheit der Glaubensverkündigung und konnten sagen, was wir dachten; wir hatten das Recht dazu – anders als die Priestersoldaten, die hier wesentlich vorsichtiger sein mußten.

Die meisten Vorgesetzten waren sehr bemüht, an Weihnachten und zu ähnlichen Anlässen den seelischen Bedürfnissen ihrer Männer Rechnung zu tragen. Natürlich sang man auch »Hohe Nacht der stillen Sterne«, ein Lied, in dem kein einziges Mal das Wort Christus vorkommt. Doch einmal fing – mitten in solch einem Parteitheater – ein evangelischer Stabsarzt ganz laut und deutlich zu singen an: »Stille Nacht, heilige Nacht«. In diesem Moment war alles andere wie weggespült.

Das Verhältnis zu den evangelischen Amtsbrüdern war meist ausgezeichnet. Wir teilten nicht nur Quartier und Wagen, ich habe auch dank großartiger evangelischer Pfarrer deren Frömmigkeit und den ganzen Ernst dieser Glaubensverkündigung kennen- und schätzengelernt. Nur ein einziges Mal war das Verhältnis getrübt: Bei diesem Kollegen handelte es sich um einen im unangenehmen Sinn »Deutschen Christen«. Sonst aber feierten wir sehr oft gemeinsam Gottesdienste. Bei mir betete der evangelische Kollege auch vor, wenn sonst keiner da war, der es konnte. Bei solch einem Gemeinschaftsgottesdienst diente der evangelische Wortgottesdienst quasi als Vor-Liturgie zur katholischen Meßfeier.

Es kam nur selten vor, daß einer Division oder einem Regiment die Teilnahme am Gottesdienst befohlen wurde. Meist fragten wir die Vorgesetzten, wann wir unsere Messe halten konnten. Oder ein Offizier bat uns, der großen Not wegen, zu seiner Einheit zu kommen. An der Front passierte es dann schon, daß wir unsere Feier wegen zu starken Beschusses abbrechen mußten.

Ich hatte allerdings kaum Schriftenmaterial für die Gottesdienste. Einiges kam von der »Kirchlichen Kriegshilfe« in Freiburg. Wir waren dankbar, daß man sich bemühte, uns beizustehen. Gerne verwendete ich solche Schriften für meine Predigten. Da entfalteten sich ganz andere Gedanken; ich empfand dies als sehr wertvolle Hilfe. Auch die Predigten des Grafen von Galen verbreiteten wir unterderhand. Eine nicht ungefährliche Sache: Die durften den NS-Leuten nicht in die Hände fallen. Herzlichen Kontakt pflegte ich während des Krieges zu Kardinal Frings, der sich um uns sehr bemühte. Er forderte mich immer wieder auf, ihm zu berichten, wie es bei uns so zuginge.

Wir suchten, wo es ging, das Gespräch mit den Soldaten. Sie brauchten unsere Hilfe. So hielten wir kleine Gottesdienste auch direkt an der Front. Wir waren oft so nahe am Feind, daß der unser Singen gehört hätte, hätten wir solche Feiern nicht immer ganz leise zelebriert. Die Beichte nahmen wir unter solchen Umständen meist mit einer allgemeinen Gewissenserforschung und anschließender Absolution ab. In einer kleinen Büchse hatte ich immer die hl. Kommunion bei mir.

Auch Krankensalbung und Letzte Ölung gehörten zum Alltag eines Kriegspfarrers. Doch am wichtigsten war das Gespräch. Und dies ergab sich nicht nur am Krankenbett oder im Schützengraben, sondern manchmal auch beim Kartenspielen. Beim Skat wurde mancher Kontakt geschlossen, der dann zum offenen Meinungsaustausch führte.

Über das Wort »Widerstand« wurde natürlich so gut wie nie geredet. Auch wenn der Gedanke dazu nicht von der Hand zu weisen war. Nachdem etwa die große Schlacht der Heeresgruppe Mitte verloren war, wußte jeder: Jetzt wird es ernst. Da faßten auch die Leute um Stauffenberg den Plan, Hitler umzubringen.

Von den Praktiken der Wehrmacht, von den Greueltaten und Massakern, erfuhr ich erst hinterher. Ich weiß auch nicht, ob man das alles so glauben muß. Daß es KZ gab, wußte wohl jeder, aber nicht, was sich dort abspielte.

Nach meinem Einsatz beim 53. Armeekorps in Witebsk kam ich zu einer Volksgrenadierdivision im Baltikum. Wir wurden bis Königsberg zurückgedrängt und dort eingeschlossen. Hier geriet ich dann in russische Gefangenschaft. Über mehrere Durchgangslager kam ich zunächst ins Lager Jelabuga an der Kama, zwischen Wolga und Ural, und dann in den Norden an die Murmanskbahn. Von dort wurde ich als einer der ersten Pfarrer 1948 wieder entlassen.

Im Lager konnte ich mein Priesteramt kaum ausüben. Zumindest nicht offiziell. Wir führten viele intensive Gespräche mit Mitgefangenen und, vor allem im berühmten Lager Grasowez, mit den insgesamt 40 Priestern. Hier konnten wir auch sonntags zelebrieren. Dies war mehr die Zeit des Nachdenkens, ob denn dieser Krieg nun gerecht war oder nicht. Oder ob wir vielleicht nicht nur der geschickten Propaganda »Volk ohne Raum« aufgesessen waren. Denn ein Soldat ist ja zunächst überzeugt von der Gerechtigkeit seines Einsatzes. Dazu wurde er herausgerissen aus seiner Familie, aus seiner Heimat.

Wir haben erlebt, in welche Selbstzweifel diese Menschen geraten konnten. Für uns Priester stellte sich das Problem allerdings anders: Wir hatten, als der Krieg ausbrach, nicht zu fragen, ob das ein gerechter Krieg sei oder nicht. Wir hatten bei den Soldaten zu sein wie ein Arzt bei den Verwundeten. Und die Uniform war dafür die Voraussetzung.

Rückblickend auf meine Zeit als Kriegspfarrer steht für mich heute fest, daß die Kirche mit ihren Priestern immer präsent sein muß: egal, ob im Feld oder auf der See, im Geschäftsleben oder bei Olympischen Spielen – oder eben im Krieg.

Josef Buslay

Geboren 1910 in Oberhoppen (Westerwald).
In Trier 1936 zum Priester geweiht.
Ab März 1940 Sanitätsdienst in Lodz (Polen).
1940 Kriegspfarrer in Frankreich und in Belgien.
1941 in Germersheim Gefängnisseelsorger für deutsche Soldaten.
August 1941 bis Ende 1944 mit verschiedenen Divisionen in Frankreich, der Sowjetunion und im Breisgau.
Ab April 1945 in amerikanischer und französischer Kriegsgefangenschaft.
Pfarrer Josef Buslay war ab 1948 Pfarrer in Gemeinden der Diözese Trier.

Au revoir, garçons, au revoir!

Ich habe nie bewußt die Entscheidung getroffen, Militärpfarrer zu werden. Es passierte einfach. Wie, weiß ich gar nicht mehr genau. Es bestand eben im zweiten Kriegsjahr von seiten des Militärs großer Bedarf an Pfarrern. Und die suchte man in den Sanitätsabteilungen – ohne Rücksicht auf Personen und ohne die Betreffenden zu fragen, ob sie den Dienst antreten wollten. Wir waren, glaube ich, fünf Leute, die als Militärpfarrer abkommandiert wurden.

Das war im Frühjahr 1940 in Lodz (Polen). Dort erhielt ich in der Sanitäts-Ersatzabteilung 12 eine Ausbildung zum Sanitäter. Wegen der Einberufung zum Militärpfarrer habe ich aber nie als Sanitätssoldat gearbeitet. Für die Arbeit als Militärpfarrer wurden wir nicht eigens geschult. Solche Lehrgänge wurden meines Wissens später eingeführt. Bei uns ging das alles noch ganz schnell. Wir wurden in Berlin zusammengezogen und einen Tag später nach Frankreich an die Front geschickt. Martin Zeil war damals in Berlin auch dabei; Jahre später wurde er Militärdekan.

Wir waren sehr jung, höchstens 30. Alle waren zwischen 1936 und 1938 zum Priester geweiht worden. Am 25. Mai 1940, also kurz nach Beginn des Frankreichfeldzugs, begann meine Mission als Militärpfarrer. Zunächst kam ich in Belgien zum Einsatz, später dann in Frankreich in Maubeuge und Avesnes-s/Helpe.

Ich war sehr froh, daß ich im Krieg als Pfarrer arbeiten konnte. Denn somit brauchte ich keine Waffen in die Hand zu nehmen. Das mußte man als Sanitäter zwar auch nicht, aber Kriegspfarrer – das war schon eine andere Aufgabe. Damit verbunden war doch eher die Hoffnung, seelsorgerisch wirken zu können, an der richtigen Stelle zu sein und nicht »nur« als Soldat in der Truppe Dienst zu leisten.

Ich wußte zu dem Zeitpunkt sehr wenig von der katholischen Militärseelsorge. Zu Beginn des Zweiten Weltkriegs kannte ich verschiedene aktive Pfarrer, beispielsweise Pfarrer Kaiser, einen Augsburger Geistlichen. Er war zunächst in Polen im Einsatz und wurde später nach Westen verlegt. Militärbischof Rarkowski kannte ich nur dem Namen nach.

Angst, von den Nazis mißbraucht zu werden, hatte ich nicht. Wir waren doch sehr selbständig und konnten uns im Kasino oder anderswo auch offen aussprechen. Ich hatte nie Bedenken, meine seelsorgerische Aufgabe nicht ungestört ausüben zu können – trotz der sogenannten NS-Führungsoffiziere die es bei jedem Divisionsstab gab. Die hatten dafür Sorge zu tragen, daß alles im Sinne der nationalsozialistischen Weltanschauung praktiziert wurde. Aber ich glaube nicht, daß sie uns beobachtet und Dinge über uns weitergeleitet haben. Ich hatte da auch sicherlich Glück mit meiner Division; in anderen Divisionen ging es nicht so locker zu. Bei uns jedenfalls beschränkte sich der Kontakt mit den NS-Führungsoffizieren auf diverse Feierlichkeiten, etwa den Geburtstag eines Generals oder ähnliches.

Einmal konnte ich sogar gegenüber diesen Offizieren etwas durchsetzen. Es war in Troyes, in Frankreich, wo ich für gewisse Zeit bei der Ortskommandantur stationiert war. Der zuständige Kommandeur, General Hase, hatte auch die Weisungsbefugnis über das dortige Wehrmachtsgefängnis. In diesem Gefängnis herrschten grausame Zustände. Die dort eingesperrten Spione gingen regelrecht zugrunde. Bei einem Treffen an Pfingsten 1942 sprach ich die Gegebenheiten in dem Gefängnis an. Ich bat um Erlaubnis, die Gefangenen zu besuchen. Ich wußte, daß dies einem Pfarrer normalerweise nicht gestattet war, aber ich wollte mit den Gefangenen unbedingt reden. Und siehe da – es wurde mir gestattet.

Ich nahm den Gefangenen die Beichte ab und feierte mit ihnen zusammen Gottesdienst. Da waren Engländer dabei, Leute aus den verschiedensten Schichten, Leute, die froh waren, daß sie überhaupt mal einen Geistlichen sahen, mit dem sie reden konnten. Das war doch sehr beeindruckend. Obwohl all diese Gefangenen wußten, daß ich ihnen nicht helfen konnte, waren sie glücklich, einen Pfarrer zu sehen. Der Gottesdienst, den wir gefeiert haben, war von einer sehr prickelnden Atmosphäre bestimmt. Ich war bewegt und hatte gleichzeitig Angst. Man konnte ja nie wissen, ob den Offizieren, die meinen Gefängnisbesuch erlaubt hatten, die Sache nicht plötzlich zu weit ging. Doch die haben nichts gesagt; das sollte man gar nicht vermuten.

Generell hatte ich mit meinen Vorgesetzten wenig Probleme. Es gab nie eine Situation, wo jemand versucht hätte, Einfluß auf mich und mein Denken zu nehmen – keineswegs. Es gab schon mal Schwierigkeiten, wenn bei einer Diskussion verschiedene Meinungen aufeinanderprallten – aber das war nicht so tragisch.

Völlig überraschend wurde ich Nachfolger des Kriegspfarrers Lorenz Jäger bei der 302. Infanteriedivision. Ein Generalvikar aus Berlin – seinen Namen habe ich vergessen – fragte mich telefonisch unverhofft: »Haben Sie Lust, der Nachfolger des zum Erzbischof ernannten Lorenz Jäger zu werden?« – »Ja, warum nicht?« antwortete ich und hatte eine neue Position. Kurz darauf traf ich mit Generalvikar Werthmann zusammen. Er gab sich mir gegenüber sehr reserviert, fast kühl. Er wird sich wohl gedacht haben: Wie kommt dieser junge Spund zu so einer Position? Er war doch sehr überrascht.

Problemlos verlief dagegen der Kontakt mit den Soldaten. Als wir beispielsweise in Dieppe lagen, bei der 302. Infanteriedivision, fuhren wir regelmäßig zu den Regimentern und hielten dort Gottesdienste. Die Soldaten der Division stammten überwiegend aus Schleswig-Holstein, waren also meist evangelisch. Lorenz Jäger sagte deshalb zu mir, bevor ich mein Amt antrat: »Auch wenn nur zwei katholisch sind, feiern Sie mit denen die hl. Messe. Damit sie in ihrem Glauben bestärkt sind.«

In Dieppe gab es nie Schwierigkeiten: Ein Gottesdienst wurde anberaumt und dann auch gefeiert. Man brauchte nur telefonisch durchzugeben: Mittwoch, 8.00 Uhr bei der ersten Kompanie, 9.30 Uhr bei der zweiten Kompanie, 11.00 Uhr bei der dritten Kompanie, und so weiter. Es waren auch meist mehr als zwei Soldaten, die zu einem Gottesdienst kamen. Bei gewissen Regimentern wußte man genau: Da kommen alle Soldaten zur Messe. Alle. Das klappte allerdings auch nur, weil die Division mehr oder weniger im Ruhestand lag. Es gab zu der Zeit in Frankreich keine Kampfhandlungen, und als die Invasion kam, waren wir schon längst verlegt. Während meiner Zeit in Troyes, von der schon die Rede war, stellten uns die Franzosen sogar die Kirche zur Verfügung. Fast ein Jahr lang konnte ich dort jeden Sonntag einen großen Gottesdienst abhalten, unterstützt von einem Küster, der bei der Ortskommandantur angestellt war und sehr gut französisch sprach.

Meine evangelischen Kollegen mochte ich sehr; beispielsweise Pfarrer Tecklenburg aus Berlin, einen wesentlich älteren Kollegen, den ich in Dieppe traf. Dennoch gab es gerade in Frankreich sehr selten gemeinsame Gottesdienste. Ich kann nicht genau sagen, weshalb es nicht dazu kam. Am Verhältnis zu den evangelischen Kollegen lag es jedenfalls nicht.

Feldgottesdienste habe ich ebenfalls kaum mitgemacht. In Frankreich gingen wir immer in die französischen Kirchen. In Rußland, wo ich gegen Ende des Krieges arbeitete, war es im Winter so frostig, daß man dort unmöglich unter freiem Himmel einen Gottesdienst hätte feiern können.

Fertige Predigttexte hatten wir nicht. Ich kann mich nicht entsinnen, jemals einen Hirtenbrief von Bischof Rarkowski bekommen zu haben – oder Vorlagen von der Kirchlichen Kriegshilfe in Freiburg. Es gab nur die Briefe des Kardinal Galen aus Münster; die wurden schwarz weitergeschickt, waren allerdings beim Divisionsstab bekannt. Ansonsten hatten wir noch das Feldgesangbuch. Aber, um ehrlich zu sein, das haben wir für die Messe kaum gebraucht. Wir hielten uns für den Gottesdienst an den »Schott«.

Waffensegnungen gab es nicht. Dafür waren die Leute auch viel zu nüchtern, angefangen beim direkten Vorgesetzten bis hinauf zum General. Ein für allemal: Wir haben keine Waffen gesegnet! Ich ärgere mich heute immer noch, wenn so etwas behauptet wird. Damit beleidigt man uns, ohne daß wir uns wehren können. Wir wurden auch nie darum gebeten, Waffen zu segnen. Das kann ich zumindest von meiner Seite sagen. Es kamen zu keiner Zeit Durchhalteparolen von der Kanzel über meine Lippen, niemals.

In Schützengräben habe ich während des ganzen Krieges nie gearbeitet, oft dagegen in Lazaretten in Frankreich und Rußland. Wenn die Soldaten nicht in direkter Lebensgefahr waren, spendete ich die Krankensalbung nicht. In Troyes war das auch nicht nötig, da hatten die Leute genügend Zeit, alles zu beichten. Ich habe dort allerdings die Generalabsolution erteilt, dort und bei der Landung in Dieppe. Soweit ich in Erfahrung bringen konnte, hatte Churchill für diese militärische Operation Kanadier eingesetzt – und die sind meist katholisch. 2800 Kanadier sind meines Wissens dort gefallen. Grausam. Mir fiel auf, daß die kanadischen Soldaten fast alle Rosenkränze um den Hals trugen. Das waren sehr religiöse Menschen. Einigen von ihnen habe ich dort die Generalabsolution erteilt. Oben auf einer Anhöhe von Dieppe wurden 500 Gefallene in einem Massengrab beigesetzt. Fünfhundert! Grauenhaft. Das sind Momente, die vergißt man nicht.

Auch nicht jene Stunden in einem Lazarett in einer russischen Schule, wo fast jede Stunde Soldaten mit zerfetzten, geschundenen Gliedern eingeliefert wurden. Für die meisten gab es keine Hilfe mehr. Ich war ohnmächtig. Ich konnte nichts tun – nur noch die Krankensalbung erteilen. In jeder dieser Lazarettabteilungen gab es einen katholischen und einen evangelischen Geistlichen. Und von den Sanitätssoldaten konnte man sich bei der Seelsorge der Schwerverletzten keine Unterstützung erhoffen. Zumindest in Rußland habe ich es nicht erlebt, daß ein Sanitäter uns unterstützt hätte.

Vor Exekutionen konnte man sich nicht drücken. Ein Arzt und ein Pfarrer hatten bei jeder Erschießung anwesend zu sein – das war Vorschrift. Bei über 30 Erschießungen mußte ich im Krieg dabeisein. An eine erinnere ich mich noch ganz genau. Es war in Troyes. 15 junge Franzosen sollten erschossen werden. Sie hatten im Widerstand bei der Résistance gekämpft und waren von den deutschen Truppen geschnappt worden. Das Gnadengesuch an den Militärbefehlshaber in Paris, an das sie sich geklammert hatten, wurde abgelehnt.

Nun wurden sie an einen Pfahl gebunden. Sie hatten nur noch wenige Minuten bis zu ihrem Tode. Es gab kein Entrinnen. Ich ging an jedem einzelnen vorbei und betete mit ihm ein »Gegrüßet seist du Maria«. Einer von ihnen sagte zu mir: »Ich bin Kommunist, ich habe keinen Glauben. Aber trotzdem, ich danke Ihnen für ihre Bereitwilligkeit.« Das sagte er, unmittelbar bevor er erschossen wurde. Ganz freundlich. Und als die Verurteilten sahen, daß das Exekutionskommando die Waffen anlegte, riefen sie im Chor: »Au revoir, garçons, au revoir«, zu deutsch: »Auf Wiedersehen, Jungens, auf Wiedersehen.« Ich war ergriffen, völlig verwirrt.

Ich habe dann den Angehörigen einiger Toter in Troyes persönlich in ihrer Wohnung kondoliert. Das war sehr riskant. Wenn mich die deutschen Dienststellen erwischt hätten, hätte das böse enden können. Denn man durfte den Angehörigen französischer Opfer kein Beileid ausdrücken – auch wenn es ein menschlicher Akt war. Es war Krieg, und die Franzosen waren unsere Feinde, Menschen, mit denen man keinen Kontakt haben durfte. Fertig. Aus. Ich habe mich trotzdem nicht daran gehalten.

So seltsam es sich anhört: Exekutionen waren fast die einzige Gelegenheit, Kontakt mit der Zivilbevölkerung zu bekommen. Dort konnte ich mich immer ausführlich mit den Betroffenen aussprechen und mit den Angehörigen reden. Gespräche gab es sonst nur noch mit französischen Pfarrern. Zu denen hatte ich immer einen sehr guten Draht, besonders zu meinem Kollegen in Troyes. Das waren herzliche Bekanntschaften.

Daran änderte sich auch später in der Gefangenschaft nichts. Ich war in einem Offiziers-Gefangenenlager in Baccarat, zusammen mit 1100 weiteren Inhaftierten. Dort gab es beispielsweise einen französischen Geistlichen, der für uns Brot ins Lager schmuggelte. Er riskierte viel für uns. Diese Zeit, die Sommermonate nach Kriegsende 1945, war sehr hart. Es gab wenig zu essen, kaum medizinische Verpflegung; sehr viele Gefangene starben. Einmal starben an einem Tag sieben Offiziere im deutschen Lazarett. Das kann man sich gar nicht mehr vorstellen.

Die französischen Pfarrer waren sehr hilfsbereite Menschen. Da war ein Militärpfarrer der Region Metz, ein Oblatenpater, Msgr. Père Adam, gebürtig in Essen, der fließend Deutsch und Französisch sprach. Er kümmerte sich rührend um uns. Beispielsweise verhalf er uns zu Exerzitien. Einmal brachte er uns sogar nach Lourdes, und über den Bischof von Trier sorgte er dafür, daß jeder gefangene Geistliche ein Fahrrad bekam. Ein Fahrrad – was will man mit einem Fahrrad, würde man heute denken. Aber das war für uns sehr wichtig, denn so konnten wir zu den einzelnen Gefangenenlagern fahren und die Leute betreuen. Von dem Lager, in dem wir inhaftiert waren, bekamen wir einen speziellen Ausweis, und so konnten wir mit den Menschen dort reden.

Wenn ich von »wir« rede, dann spreche ich von einer kleinen Gruppe. In den französischen Gefangenenlagern gab es sehr wenige aktive Geistliche. Die Mehrzahl der Pfarrer wurde gleich entlassen. Das war sehr kurzsichtig; als später allerorten Geistliche in den Lagern fehlten, wurden große Aufrufe gestartet, es sollten sich doch Priester für die einzelnen Lager melden – doch ohne Erfolg! Es meldeten sich lediglich Kapläne, die vorher nicht für würdig befunden worden waren, Kriegspfarrer zu werden, und nun liebend gerne genommen wurden.

Wenn ich heute zurückdenke an die Zeit im Krieg, an meinen Dienst als Militärpfarrer, dann taucht sehr schnell der Gedanke auf, inwieweit wir das Gebot der Nächstenliebe damals verwirklichen konnten. Das war nicht so einfach. Schließlich war Krieg, da konnte man nicht einfach Nächstenliebe praktizieren – obwohl die Franzosen uns gegenüber sehr fair aufgetreten sind. Nicht nur zu uns Militärpfarrern, sondern auch zu den Soldaten. Ich hatte immer das Gefühl, die Menschen in Frankreich haben schon unterschieden zwischen dem Deutschen an sich und dem deutschen Soldaten – zumindest bis zur Landung der Amerikaner 1944 in der Normandie.

Konkret konnte man Nächstenliebe zu den Menschen dort nicht entwikkeln. Die gab es eigentlich nur im Verhältnis zu den französischen Pfarrern. Ich hatte da sicherlich den Vorteil, ein Rheinländer zu sein: Ich war katholisch und schon rein geographisch den Franzosen viel näher als ein protestantischer Brandenburger oder ein Ostpreuße. Das spielte eine große Rolle.

Natürlich machte ich mir meine Gedanken über den Krieg: Ob das ein gerechter Krieg sei und ob es überhaupt einen gerechten Krieg geben könne. Das ist eine schwierige Frage, die wahrscheinlich nie ganz gelöst werden kann. Im März 1945 jedenfalls gingen wir mit fünf bis zehn katholischen Geistlichen – darunter nicht nur Militärpfarrer – zum Bischof von Speyer, dem späteren Kardinal Wendel. »Fordern Sie zusammen mit den anderen Bischöfen in einem Hirtenschreiben die Soldaten auf, die Waffen niederzulegen!« bedrängten wir ihn. Er schlug nur die Hände über dem Kopf zusammen: »Mein Gott, wie können Sie so etwas verlangen?« Er meinte, ein solcher Appell würde nie und nimmer die Masse der Soldaten erreichen und hätte zur Folge, daß ein Großteil des katholischen Klerus auf der Stelle umgebracht würde.

Er hatte recht. Das war die Situation. Wir hatten uns gedacht: »Das ist doch Wahnsinn. Der Krieg ist verloren. Es muß etwas geschehen, es muß sofort Schluß sein mit dem sinnlosen Blutvergießen!« Aber wir waren noch zu jung, um das alles richtig einschätzen zu können. Wir wußten von Dachau, waren durch die geheimen Briefe von Kardinal Galen darüber informiert, welche Geistlichen dort im KZ gesessen hatten. Aber die Greueltaten, die dort an Juden verübt wurden, die vermutete man allenfalls. Das ganze Ausmaß der Vernichtung hat doch niemand für möglich gehalten.

Es gab auch Momente, in denen ich es nicht fassen konnte, wie sich manche Bischöfe verhielten. Das muß ich ganz offen sagen. Da gab es leider Phasen, in denen manche Bischöfe sagten, wir müßten jetzt dem deutschen Vaterland beistehen, wir müßten jetzt auch mehr Leute in den Krieg schikken. Da war ich wie vor den Kopf geschlagen. Wieso sagten die Bischöfe das? Das Militär hielt sich an die Bestimmung des Konkordats, keine Geistlichen an der Waffe dienen zu lassen, und die Bischöfe wollten Leute in den Krieg schicken. Später schlug die Stimmung innerhalb der Kirche zum Glück wieder um.

Allerdings habe ich – um keinen falschen Eindruck aufkommen zu lassen – während all der Jahre keinen einzigen Militärpfarrer kennengelernt, der mit dem Nationalsozialismus sympathisierte. Sie waren alle, wirklich alle, entschiedene Gegner der Nazis.

Das Problem war, daß man sich immer gern auf den Römerbrief berufen wollte, in dem es heißt, man solle die Obrigkeit anerkennen. Aber das konnte man doch nicht unter einer faschistischen, christentumsfeindlichen Führung! Auch heute noch ist es ein ungelöstes Problem, ob man sich als Geistlicher auf den Römerbrief berufen soll. Trotz demokratischer Verhältnisse, trotz verbriefter Menschenrechte.

Pfarrer Josef Hoser beim religiösen Vortrag in Norwegen. Militärseelsorge fand überall dort statt, wo sich deutsche Truppen befanden.

In jeder Division gab es einen evangelischen und einen katholischen Kriegspfarrer.

Im katholischen Feldgesangbuch gab es keine »zackigen Lieder«, in denen der Krieg oder gar der Nationalsozialismus gepriesen worden wären.

Die Nationalsozialisten sahen in der Feldseelsorge »ein wichtiges Mittel zur Stärkung der Schlagkraft des Heeres«. Die Pfarrer bezeugen dagegen, das Evangelium verkündet zu haben. Sie sahen es nicht als ihren Auftrag an, Durchhalteparolen zu verkünden.

Der katholische Feldbischof Franz Justus Rarkowski. In seinen Hirtenbriefen vermittelte er vielen Kriegspfarrern den Eindruck, den nationalsozialistischen Machthabern zu nahezustehen.

Die »Nummer zwei« der Feldseelsorge, Generalvikar Georg Werthmann, war bei den Feldgeistlichen sehr beliebt. Rechts neben Werthmann Wehrmachtoberpfarrer Josef Aschoff.

Nein, bereut habe ich es nicht, als Kriegspfarrer gewirkt zu haben. Man konnte seelsorgerisch doch sehr viel leisten, man war weiterhin in seinem Beruf, hat Gottesdienste halten und Menschen helfen können. Dazu kann ich stehen. Ich kann mich auch heute guten Gewissens hinter die Wehrmacht stellen. Das war keine Nazi-Wehrmacht. Heute werden die Dinge einfach verzerrt und völlig undifferenziert dargestellt. Die Mehrzahl der Menschen wollte mit Hitler, Goebbels, Göring und wie sie alle hießen nichts zu tun haben. Die meisten waren auch – zumindest von den Katholiken kann ich es sagen – in ihrem Glauben sehr gefestigt. Das spürte ich bei den Gottesdiensten, an denen immer sehr, sehr viele Soldaten teilnahmen. Nur – man konnte eben nie direkt dazu aufrufen, die Waffen niederzulegen. Das war das Dilemma.

Wilhelm Wöste

Geboren 1911 in Löningen bei Oldenburg.
In Münster 1936 zum Priester geweiht.
Im März 1940 Sanitätsdienst in Riesenburg (Westpreußen), später bei der Armeesanitätsabteilung 614. Ab Juli 1941 Standortpfarrer in Rennes. Ab Januar 1943 Divisionspfarrer in der Sowjetunion und Südfrankreich. Ab Oktober 1944 Divisionspfarrer in Mettlach (Saarland).
1945 in amerikanischer Gefangenschaft.
Weihbischof Wilhelm Wöste war bis 1969 Diözesan- und Verbandspräses der KAB, dann Leiter des Kommissariats der deutschen Bischöfe in Bonn. Von 1977 bis 1986 Weihbischof im Bistum Münster.

Keinen Segen für Geschütze

Der Zufall hatte wohl seine Hand im Spiel, als ich Militärpfarrer wurde. Ich hatte als Sanitätssoldat eine Weihnachtsfeier für unsere ganze Abteilung organisiert. Das Programm war in die Hände von Generalvikar Werthmann geraten. Er muß sich dann wohl gedacht haben, daß einer, der so etwas auf die Beine stellt, auch als Militärpfarrer seinen Mann stehen könne.

Mir kam dies natürlich sehr gelegen. Denn ich wollte weiterhin Seelsorge betreiben, so wie ich es vor dem Krieg schon gemacht hatte: Trotz der Nazi-Zeit und all den damals herrschenden Vorurteilen arbeitete ich als Jugendkaplan mit vielen Jugendgruppen. Als Militärgeistlicher konnte ich nun wieder bei diesen jungen Leuten sein, konnte sie trösten und mit ihnen beten.

Mir ging es vor allem darum, daß die Soldaten als Christen lebten, daß sie die Möglichkeit hatten, die Sakramente zu empfangen, daß sie am Gottesdienst teilnahmen. Und letztlich ging es mir auch darum, daß sie auf den Tod vorbereitet waren. Es war aber sicher nicht meine Aufgabe, die Kampfmoral der Truppe zu stärken. Daß wir gebraucht wurden und wie, zeigt die Tatsache, daß um so mehr Soldaten bei den Gottesdiensten waren, je näher die Front kam. Gerade hier versuchte ich, den Leuten klarzumachen: Man muß bereit sein für den Tod. Man muß in der richtigen Verfassung sein. Nicht um zu kämpfen, sondern um zu sterben. Die Männer wußten, um was es ging und was ich meinte. Sie waren für jeden Zuspruch dankbar.

Bei dieser Arbeit wurde ich meist auch von meinen Vorgesetzten unterstützt. Das Verhältnis zu ihnen war überhaupt sehr positiv. Es gab eine ganze Menge aufgeschlossener Offiziere, und auch die Divisionskommandeure pflegten guten Kontakt zu den Geistlichen. Lediglich mein letzter Kommandeur war ein furchtbarer Mensch. Er ließ noch ganz zum Schluß des Krieges Todesurteile durch Erhängen vollstrecken. Wir versuchten alles, um ihn wenigstens so weit zu bringen, die Delinquenten erschießen zu lassen. Doch dieser Mann war absolut kalt.

Am letzten Weißen Sonntag des Krieges standen wieder zwei Todesurteile an. Ich mußte die beiden Soldaten auf ihren letzten Weg vorbereiten. Einer von ihnen war meines Erachtens geistig nicht voll zurechnungsfähig. Dem gestand der Kommandeur Tod durch Erschießen zu. Als das Urteil vollstreckt wurde, gingen gerade die Kinder in ihren weißen Kommunionkleidern zur Kirche, direkt am Erschießungsplatz vorbei. Der zweite Soldat wurde erhängt. Das war der schwerste Tag in meinem Leben.

Zur Bevölkerung hatten wir wenig Kontakt. In Frankreich lernte ich nur meine Wirtsleute näher kennen: Einen Rechtsanwalt aus Rennes, der mit einem kirchlichen Orden ausgezeichnet war, weil er 1905 die Klöster verteidigt hatte.

Einmal allerdings hatte ich einen Spezialauftrag. Ich lag in Südfrankreich bei den sogenannten Landesschützen. Und hier hatte kurz vorher ein einheimischer Pastor gepredigt, die französischen Frauen sollten doch nicht mehr für die Deutschen waschen. Also gab mir der Major den Auftrag, ich solle diesem Pastor klarmachen, daß Predigten dieses Inhalts ihn ins Gefängnis bringen könnten.

Symptomatisch für diese Situation mit französischen Geistlichen aber war ein Gespräch mit dem Erzbischof von Rennes. Der fragte mich in seinem Zimmer nach dem Verhältnis zwischen Kirche und Partei in meiner Heimat. Weil ich befürchtete, daß sein Raum abgehört wurde, rutschte ich zunächst unsicher auf meinem Stuhl hin und her und antwortete dann so vorsichtig wie nur möglich. Ich kann mir vorstellen, daß der französische Bischof mit dieser Antwort nicht sehr zufrieden war.

Uns halfen in diesen schwierigen Zeiten vor allem unsere Oberseelsorger. Für die kämpfende Truppe war ein Dekan namens Kaspar Lang zuständig, für die Stationären Oberpfarrer Josef Hofer – ein prächtiger Mann, der viel Verständnis hatte für die Soldaten, für die Priester und auch die Gefangenen.

Waffen mußten wir nie segnen. Doch kam es natürlich vor, daß man bei einer Artillerieabteilung Gottesdienst halten mußte. So war es auch einmal

Weihnachten an der Saar: Hier hatten die Soldaten ihre Geschütze im Halbkreis aufgebaut, und mittendrin stand der Altar. Ich segnete die Leute – die Geschütze aber nicht. Doch für den Beobachter war dies natürlich nicht genau zu unterscheiden.

Eigene Lieder oder Gebete für den Krieg gab es nicht. Das Feldgesangbuch war zwar eher eine kümmerliche Angelegenheit, aber man konnte zur Not damit arbeiten. Hier waren einige Lieder ein bißchen abgewandelt. So endete »Großer Gott, wir loben dich …« mit dem Satz: »Losungswort sei allzugleich: Treu zu Führer, Volk und Reich!« Da fragte mich nun ein Soldat, wie ich denn für den Führer beten könne. Meine Antwort: »Hat er es denn nicht nötig?« Damit war die Sache geklärt.

Doch gab es Tage und Situationen, die auch für einen Geistlichen kaum mehr zu ertragen waren. Ich denke an das Kursk-Unternehmen in Rußland, wo unsere Division beim Angriff innerhalb einer Stunde zwei Drittel ihrer Leute verlor. Alle verwundet oder tot. Oder an den Orscholz-Riegel an der Saar: Er sollte gestürmt werden. Die Verluste waren immens. Hier hatte ich noch kurz vor dem Angriffsbefehl einen Gottesdienst gehalten. Hinterher betreute ich diejenigen, die es überlebt hatten, im Lazarett. Kaum einer hat sich mir verweigert.

Lange nach dem Krieg wurde ich an diesen Tag wieder erinnert. Ein Prälat namens Mappes kam auf mich zu, zeigte mir eine Feldpostkarte und fragte, ob ich die geschrieben hätte. »Ja, ich war damals bei Orscholz.« Und ich hatte seine Eltern informiert, daß ihr Sohn schwer verwundet worden sei, doch gute Chancen habe zu überleben. Dieser Sohn war nun Prälat geworden und schenkte mir diese Karte zurück.

Obwohl es verboten war, schrieb ich, sooft es ging, an die Angehörigen von Verwundeten oder Toten. Und ich bekam viele Antwortschreiben.

In Rennes und auch an den anderen Einsatzorten wurde ich immer von Priestersoldaten unterstützt. In Frankreich waren es bis zu zehn Mitbrüder. Diese Leute waren uns eine große Hilfe, was mir auch von diversen anderen Militärgeistlichen immer wieder bestätigt wurde.

Mit den evangelischen Kollegen hatte ich ein gutes Verhältnis. An einen dieser Kollegen muß ich mich immer wieder erinnern. Er war ein überzeugter, wenn auch recht naiver Nationalsozialist. Doch damals, an der Saar, wurde es auch ihm offenbar zuviel. Und abends, beim Doppelkopfspielen, sagte er plötzlich: »Herr Kollege, es wird Zeit, daß jemand dem Führer sagt, daß es so nicht weitergeht. Wir sollten sofort die Waffen hinwerfen. Dann haben wir die Chance, wenigstens moralisch einigermaßen sauber aus der Sache rauszukommen.«

Ich riet ihm, solcherlei Dinge nur hier im kleinen Kreis zu äußern. Doch schon am nächsten Tag predigte er eben dieses bei einem Gottesdienst für Reservisten. Die Landser sollten nach der Messe Gewehrappell halten. Doch einer sagte zum Leutnant: »Wir brauchen doch keinen Gewehrappell mehr. Der Pfarrer hat gesagt, wir sollten die Waffen wegwerfen.« Der Pfarrer wurde zum General zitiert und vor Gericht gestellt. Doch man war ihm wohlgesinnt. Und er kam damit davon, als »nicht mehr für die Fronttruppe würdig« in den Wehrersatzbereich München versetzt zu werden.

Ich selbst habe nie Widerstand geleistet. Aber ich habe mich, soweit ich weiß, immer korrekt verhalten. Einmal wurde ich von einem Geistlichen gefragt: »Stell dir vor, du hast hier einen Druckknopf. Wenn du drückst, ist Hitler tot. Drückst du?« Ich antwortete, daß ich mir dies überlegen müsse und nicht im Moment entscheiden könne.

Von den Judendeportationen wußte ich am Rande Bescheid. Ich hatte vor dem Krieg bereits das KZ im Emsland besucht, wußte also, daß es Konzentrationslager gab. Im Emsland wohnte ein Verwandter von mir, ein Goldschmied, der mit den Wachmannschaften Geschäfte machte. Der nahm mich einmal als Diakon mit ins Lager. Zwar kam ich nicht mit den Inhaftierten in Kontakt, aber ich wußte, daß hier auch verfolgte Juden interniert waren. Daß Juden bei der Verhaftung geprügelt, splitternackt in Zugwaggons verfrachtet wurden, die grausamen Massenmorde; all das sagte man uns erst nach dem Krieg.

Für uns Militärpfarrer war der Krieg eine schwierige Situation. Es ist eben ein Problem, das Gebot der Nächstenliebe in dieser Lage richtig zu interpretieren und anzuwenden. Natürlich hat man geholfen, wo zu helfen war. Doch man schoß auch aufeinander. Die einen beteten für ihre Seite, die anderen beteten für die andere Seite. Damit muß der Herrgott klarkommen. Ich kann es nicht.

Genauso schwierig war (und ist) die Frage nach dem gerechten Krieg. In der Moraltheologie wird ja nach Antworten auf solche Fragen gesucht. Doch Gerechtigkeit hin, Gerechtigkeit her, ein solches Chaos wie den Zweiten Weltkrieg kann man nie und nimmer verantworten. Vom gerechten Krieg kann man nur theoretisch sprechen, praktisch ist er nicht möglich.

Wenn ich mich nun frage, ob ich damals dem Staat oder der Kirche gedient habe, ist die Antwort eindeutig: der Kirche. Daß dadurch als Nebeneffekt auch ein Dienst am Staate vollzogen wurde, mußte ich in Kauf nehmen. Ich habe den Soldaten geholfen und so letzten Endes auch der Ehre Gottes gedient. Und keinen Augenblick lang habe ich es je bereut, Militärseelsorger gewesen zu sein. Ich stehe auch heute noch dazu.

Lorenz Wolf

Geboren 1910 in Obereschach (Schwarzwald).
In Freiburg 1936 zum Priester geweiht.
Im September 1940 als Sanitäter eingezogen.
Im März 1941 Ernennung zum Kriegspfarrer a. K.
Kommandierung als Standort- und Lazarettpfarrer nach Saloniki. Versetzung an die Ostfront.
Bei Warschau neben Lazarettseelsorge auch Einsatz im Soldatengefängnis.
Juli 1945 Entlassung aus der britischen Kriegsgefangenschaft.
Pfarrer Lorenz Wolf war nach dem Krieg Kaplan und Religionslehrer, ab 1955 Oberstudienrat, dann Gymnasialprofessor in der Erzdiözese Freiburg.

Von Heldentum kein einziges Wort

Ich hatte viel Glück. 1945, als es endlich zu Ende ging mit den »1000 Jahren«, bin ich in letzter Minute mit einem Zug völlig überladener deutscher Schnellboote von der Kurlandfront den Russen entwischt. Mein evangelischer Kollege war bei mir. Alles war in Auflösung. Wir waren auf vorbeifahrende Lastwagen aufgestiegen, kilometerweit zu Fuß gelaufen, und irgendwie hatten wir den Hafen erreicht. Kaum saßen wir in einem der Boote, legte es auch schon ab. Die Bootsbesatzung hatte berechtigte Sorge, daß ihre Schiffe noch größere Beladung nicht aushalten würden. Wir sahen die Kameraden am Ufer stehen und verzweifelt winken, ohne daß wir etwas für sie tun konnten. Das waren schreckliche Szenen. Auf diese Weise bin ich der russischen Gefangenschaft entgangen. Das war nicht das einzige Mal, daß es das Schicksal gut mit mir meinte. Im Oktober 1942 wäre ich um ein Haar nach Stalingrad gekommen. Meinem Marschbefehl zur 14. Panzerdivision hatte ich schon in der Tasche. Dem Frontleitzettel war nicht eindeutig zu entnehmen, wo meine neue Einheit zu suchen sei. Selbst in Berlin hatte man es mir nicht sagen können und mich einfach in Richtung russische Südfront geschickt. Ich fuhr über Warschau, Kiew und Rostow bis zur nächsten Frontleitstelle in Salsk. Dort saß ich ein paar älteren Herren gegenüber, die zwar wußten, daß die 14. Panzerdivision bei Stalingrad lag, aber, wie sie sagten, nichts weiter für mich tun konnten, da die Verbindung in den Kessel unterbrochen sei. Das war wahrscheinlich wirklich der Fall, aber ich hatte doch auch das Gefühl, daß sie mich schonen wollten, daß sie sich dachten: »Diesen jungen Spund schicken wir da nicht hinein.«

Was mir dadurch erspart blieb, bekam ich kurze Zeit später sehr deutlich vor Augen geführt. In einem Lazarett in Kotelnikowo, wo ich arbeitete, lagen ausschließlich Verwundete, die aus Stalingrad ausgeflogen worden waren. Ich war dort bis zum letzten Flug und habe also alle Leute gesehen. Es war zu Anfang schon schlimm genug. Aber die armen Kerle, die gegen Ende ankamen, bestanden eigentlich nur noch aus Haut und Knochen und stierten einen dumpf und glasig an. Die waren nicht nur körperlich kaputt.

Auch ich hatte natürlich einiges erlebt in dieser Zeit, aber im Gegensatz zu ihnen hatte ich großes Glück. Später kam ich zwar tatsächlich noch zur 14. Panzerdivision, doch da war sie bereits neu aufgestellt und nach Montaigu in der Vendée verlegt worden. Meine ersten systematischen Erfahrungen als Kriegspfarrer – ich war ja erst im März 1941 dazu ernannt worden – machte ich also in einer weniger feindlichen Atmosphäre. Ich konnte meine Gottesdienste zeitlich festlegen, wann ich wollte, auch in die Dienstzeit. Ich hatte keinen Ärger mit den Offizieren, kam gut mit den Kameraden zurecht. Es waren zwar nur wenige Katholiken darunter, da die Division zur Hauptsache aus Sachsen bestand, aber zum einen war zu Anfang gar kein evangelischer Pfarrer da, und zum anderen war auch den Protestanten der Gottesdienst lieber als das Dienstschieben. Es war also kein schlechter Start für mich.

Das war schon deshalb von Vorteil, weil ich als Kriegspfarrer ja nahezu ohne Vorbereitung in mein neues Tätigkeitsgebiet geworfen wurde. Es gab zwar den 14tägigen Kurs in Berlin, aber den empfand ich für die Praxis nicht als sonderlich hilfreich. Später im Feld hatte ich ja kein ausgefeiltes Material für meine Predigten in der Hand, sondern mußte mit der Hl. Schrift allein auskommen. Auch wie man den Offizieren gegenübertritt, wie man bei der Division begreiflich macht, wer man ist und was man will, mußte man selbst herausbekommen. Und ich mußte lernen, daß man sich für seine Soldaten einzusetzen hat und daß Seelsorge nicht schon deshalb eine Selbstverständlichkeit ist, weil sie in der Dienstordnung steht. Das war natürlich in erster Linie Instinktsache. Einige wenige Male geriet ich mit meinen militärischen Vorgesetzten aneinander, aber meist habe ich es verstanden, solchen Schwierigkeiten aus dem Weg zu gehen.

Anderen Schwierigkeiten durfte man dagegen nicht aus dem Weg gehen. Den Erschießungen beispielsweise. Bei der ersten, zu der ich hinzugezogen wurde, hatte ich schon die ganze Brutalität der Kriegssituation kennengelernt. Ein junger Allgäuer, sein Name war Johannes, ein Katholik, hatte sich in ein russisches Mädchen verliebt und war bei ihr im Dorf geblieben, als die Division weiterzog. Zu seinem Unglück kehrte sie jedoch bald wieder zurück, und er wurde gefaßt. Ich war die letzten Stunden bei ihm. Er war nach der ersten Salve noch nicht tot und bekam einen Genickschuß. Nachdem er in die Grube gefallen war, sagte ich zu dem Kommando: »Wir nehmen jetzt die Mützen ab und beten ein Vaterunser.« Alle machten mit. Nur der Hauptmann nicht. Für den war das einfach ein Deserteur, und als solcher verdiente er keine Beachtung.

Solche Erlebnisse zeigten mir auch die ganze Hilflosigkeit, mit der ich den Verhältnissen ausgeliefert war. In Baranovice in Polen hatte ich ein Quartier in einem Haus, das auch von einer jüdischen Familie bewohnt wurde. Ab und zu steckte ich ihnen ein Kommißbrot zu. Mehr konnte ich ja nicht tun für sie. Eines Tages kam ich heim, die Frau steckte den Kopf zur Türe herein und sprach mich an: »Sie sind immer gut zu uns gewesen. Wir werden verladen. Abtransportiert.« Ich sollte dafür sorgen, daß die Großmutter, die immer wegen ihres Asthmas am offenen Fenster saß, dableiben durfte. Wie sie sich das vorstellte, weiß ich nicht. Ich hätte ja nur zu gerne etwas für sie getan. Aber es war mir gleich klar, daß das außerhalb meiner Möglichkeiten lag. Als ich am nächsten Morgen in die Stadt fuhr, sah ich sie; ihr Bettzeug, in das sie ihre Wertsachen eingewickelt hatten, auf dem Rükken. Sie gingen ins Ungewisse. Auch wenn ich damals nichts von Gaskammern wußte, hatte ich während meiner Kaplanszeit im Umgang mit Juden genug gesehen, um zu ahnen, wohin alles führen würde.

Das Gefühl, zum Mitmachen und Zusehen verurteilt zu sein, war ständig gegenwärtig. In Kurland, im April 1945, also einen Monat vor dem Kriegsende, hieß es, wir bräuchten »Menschenmaterial«. Das waren junge, gerade erst ausgebildete Soldaten. Sie kamen in unzähligen Schiffen: 18-, 19jährige, bleich, ohne eine Ahnung, was sie erwarten würde. Da kam der Kommandeur zu mir und sagte: »Sie müssen zu denen reden und ihnen Mut machen. Sie müssen dafür sorgen, daß sie Soldaten bleiben.« Er wollte uns also für eine ganz üble Propaganda einspannen. Wir gingen dann durch alle Bunker und unterhielten uns mit den Jungen, hörten ihnen zu und machten ein bißchen Stimmung. Von Heldentum sagten wir kein Wort.

Überhaupt bin ich der festen Überzeugung, daß ich meine Predigten auch im Zivilleben so hätte halten können, wie ich sie dort vor den Soldaten gehalten habe. Aber man war eben so sehr in die Geschehnisse verstrickt, so sehr in den Alltag des Krieges eingebunden, daß es manchmal bei ganz äußerlichen Zeichen bleiben mußte, durch die man seine Einstellung zu dokumentieren versuchte. Bei den Erschießungen etwa habe ich mir immer das Rot-Kreuz-Band um den Arm gelegt, um den Beteiligten deutlich zu machen, daß ich damit nichts zu tun habe. Erst danach habe ich es wieder abgenommen, wie es der Dienstvorschrift entsprach. Denn das Weiß des Bandes auf der Tarnfarbe der Uniform hätte eine unfreiwillige Zielscheibe abgegeben.

Diese Machtlosigkeit war allgegenwärtig. Auf einer Autofahrt bei Smolensk sah ich lange Gefangenenkolonnen. Es waren nur zwei, drei deutsche Soldaten mit Maschinengewehr bei ihnen. Aber wenn einer auch nur ein bißchen aus der Reihe trat, wurde er von ihnen sofort umgelegt. 90 tote Soldaten zählte ich, teils auf dem Rasen der Böschung, teils auf der Straße, wo die deutschen Fahrzeuge einfach über sie hinwegfuhren, als wären es Grasbuckel oder Steinhaufen. Ich war fassungslos. Und doch blieb mir nichts zu tun. Später gab es dann einen Befehl, der ein solches Verfahren verbot. Doch das begangene Unrecht konnte dieser Befehl nicht mehr auslöschen.

Moralische Fragen wurden im Krieg natürlich besonders akut. Das Gebot der Nächstenliebe schien in Zweifel gezogen. »Du sollst nicht töten!« – Was sollte das für den Soldaten bedeuten? Kann der Krieg eine solch wesentliche Maxime einfach außer Kraft setzen? Man hätte doch ebenso daraus schließen können, es müsse dazu führen, daß keiner eine Uniform tragen dürfe, daß alle die Waffen niederzulegen und fahnenflüchtig zu werden hätten. Dieser Einschätzung stand die Überlegung gegenüber: »Wenn du flüchtest, schadest du deinem Mitsoldaten, der in Notwehr ist und deine Hilfe braucht, um sein Leben zu verteidigen.«

Letztlich konnte diese Diskussion dort draußen gar nicht ausgetragen werden. Der Druck der Ausnahmesituation, in der sich jeder andauernd befand, verdrängte derartige Überlegungen. Der Krieg ließ nur Platz, an den Augenblick zu denken. Man wollte in erster Linie lebend herauskommen. Und man sorgte sich um den Tod. Das waren die dringlichen Fragen. Wie sollte ich da in den Gottesdiensten über das Tötungsverbot sprechen? Hinten, in der Heimat, hätten sie diese Frage stellen sollen. Aber auf dem Kampfgelände hatte sie nichts verloren. Da hieß es: »Wer flieht, mindert die Abwehrkraft der Gemeinschaft und verletzt damit das Gebot der Nächstenliebe« – so paradox sich das anhört. Dieses instinktive Entscheiden, das sich nur auf die Logik der Situation verließ, hatte zur Folge, daß ein großes Defizit an echter, tiefer Diskussion und weltanschaulicher Ausrichtung entstand. Die erste offene Diskussion über den Nationalsozialismus und die Frage nach der Berechtigung dieses Krieges, die ich während der ganzen Jahre hörte, fand auf dem Schnellboot statt, das uns von der Kurlandfront in Richtung Heimat brachte – das war am 9. Mai 1945, einen Tag nach Kriegsende! Zwei Soldaten waren darüber ins Gespräch geraten. Ich beobachtete sie und stellte fest, wie mühsam es doch war, über ein Thema zu sprechen, das fünf Jahre und mehr tabu gewesen war. Man konnte es auch an den Soldaten sehen, die von der Mole ins Boot gesprungen waren: Sie hielten an ihren Maschinenpistolen fest, obwohl sie doch wußten, daß der Krieg vorbei war. Plötzlich sagte einer: »Du, schmeiß das Ding doch ins Wasser!« Wie lange es dauerte, bis der Angesprochene begriffen hatte, mit welchem Widerstand er es dann endlich tat, das zeigte doch deutlich, wie die Kriegssituation eine Haltung in den Menschen gefestigt hatte, die jede Art von Verweigerung oder auch nur deren Andeutung von vornherein im Keim erstickte. Und davon war jeder in irgendeiner Form infiziert.

Ich hatte als Panzerdivisionspfarrer den Vorteil, meistens in zweiter Frontlinie zu stehen. Ich hörte nachher noch manchmal Äußerungen wie: »Ja ich! Ich war vorgeschobener Beobachtungsposten, du bist in den Kasinos herumgesessen.« Das war aus Neid geboren. Und dennoch trifft es einen interessanten Punkt. Meine Tätigkeit brachte mich mit Menschen aller Schattierungen zusammen, vom einfachen Soldaten bis zum General: Infanterie, Panzer, Luftwaffe, sogar SS. Ich habe die unterschiedlichsten Denkweisen vor mir am Werk gesehen. So etwas schärft den Blick. Es erleichterte mir, meine geistige Unabhängigkeit zu bewahren. Und dennoch lebte auch ich ein ganz selbstverständliches Leben als Seelsorger, eines, das mehr »sachorientiert« war als »problemorientiert«, um es in der Terminologie auszudrücken, die dann später in den siebziger Jahren geprägt wurde. Man gewöhnte sich an die Härten des Krieges. Man konnte gar nicht anders, wenn man im Lazarett zu tun hatte. Ich kann mich an schreckliche Bilder erinnern. Bilder von Verstümmelten, Wundgelegenen, Sterbenden, dicke Schichten aus Fliegen auf allen Körperteilen – wer da urmenschlich weich gewesen wäre, der hätte das nicht durchgestanden.

Und doch kann man seine menschliche Uranlage bei aller Abstumpfung nicht verdrängen. Nach dem Krieg kam ich einmal in die Nähe von Achern. Ich wußte, daß dort der Vater eines gefallenen Soldaten lebte, den ich beerdigt hatte. Ich hatte ihm geschrieben und Antwort von ihm erhalten. Den Brief hatte ich in meiner Tasche. Als ich zu dem Haus kam, wo er seine Schuhmacherwerkstatt hatte, getraute ich mich nicht, ihn direkt darauf anzusprechen. Ich redete ein wenig mit ihm, fragte nach seinem Befinden und schließlich, ob er denn Söhne habe. Er antwortete: »Ja, einen, aber der ist verschollen.« Das hat mich so ergriffen, so sprachlos gemacht, daß ich nur noch herausbrachte: »Oh. Ja. Das ist schlimm.« Dann ging ich wieder.

Richard Schell

Geboren 1911 in Bisingen (Hohenzollern).
In Freiburg 1938 zum Priester geweiht.
Mai 1941 bis April 1942 im Sanitätsdienst.
Dann als Kriegspfarrer beim Kriegslazarett 950 in Nordafrika.
Als Divisionspfarrer bei der 15. Panzergrenadierdivision in Afrika, Sizilien, Italien, Frankreich und an der deutschen Westfront.
Bis 1946 in britischer Kriegsgefangenschaft.
Geistlicher Rat Richard Schell war bis 1974 Seelsorger, dann Regional-Altenseelsorger in der Erzdiözese Freiburg.

Wozu sind wir denn eigentlich da?

Als der Zweite Weltkrieg ausbrach, arbeitete ich als Vikar in Kehl am Rhein. Ich wurde eingezogen, zum Sanitätssoldaten ausgebildet und einer Sanitätskompanie zugeteilt, die für das Afrika-Korps bestimmt war. Bald wurde ich nach Bengasi übergesetzt, und in Tripolis begann ich mit meiner Kriegspfarrertätigkeit. Im Kriegslazarett 950, untergebracht im italienischen Kolonialkrankenhaus, gab es eine Menge zu tun. Priestersoldaten im Sanitätsdienst und Rot-Kreuz-Schwestern halfen mir dabei viel. Im Lazarettbereich stand eine schöne kleine Kirche. Darin konnte ich regelmäßig Gottesdienste anbieten.

Im Lazarett standen außer den Gottesdiensten auch die Krankenbesuche auf meinem Programm. Das war beileibe kein nebensächlicher Dienst. Die Kranken und Verwundeten warteten geradezu auf mich. Einer sagte mir mal ganz offen: »Ich bin darauf gespannt, daß Sie wiederkommen.« Überall wurde ich geachtet und respektiert, und ich konnte frei und gut arbeiten.

Auch das Verhältnis zu den evangelischen Kollegen war sehr gut. Wir diskutierten theologische Fragen, spielten zusammen Karten und vertraten uns gegenseitig, wenn irgendwo Not war. Nur einem Kollegen traute ich nicht so ganz, denn er war Parteimitglied und als Pfarrer zu Hause in seiner Gemeinde sogar Ortsgruppenleiter der NSDAP. Vor ihm hielt ich mich schon ein bißchen zurück.

Der Einsatz bei der Truppe war wesentlich anders. Das Wichtigste waren natürlich auch da die Gottesdienste. Ich hielt immer mit dem Divisionsstab Verbindung und erkundigte mich bei der taktischen Führung, wie es an der Front stehe und wo man am günstigsten mit der Arbeit ansetzen könne. Das Organisieren der Gottesdienste war oft gar nicht so einfach. Vorgesetzte, die Parteigenossen waren, gingen oft gar nicht leicht darauf ein. Und das Abhalten der Gottesdienste war schwierig, weil man meist in der offenen Landschaft stand. Drüben in Afrika waren immer wieder Garagen, Bunker, Zelte und sogar Friedhöfe die geeigneten Plätze, um sich zu versammeln. Öfters hielten wir auch ökumenische Gottesdienste. Ich schloß dann jeweils für die Katholiken noch die hl. Messe an. Hilfsmittel gab es wenig. Die Schriften, die von der Caritas in Freiburg an uns verschickt wurden, bekam ich auch. Sie waren sehr brauchbar; sie wurden als Lesestoff, als Anregungen zum Gespräch und auch als Gedankenfolgen, die man für Predigt und Ansprachen verwenden konnte, dankbar angenommen.

Besuche an vorderster Front waren nicht jederzeit möglich und von den Kommandeuren auch nicht immer erwünscht. Das hing ganz von der Lage ab. Die Soldaten freilich schätzten sie sehr. Aber das war oft schwierig, weil man doch ganz nah dran war am gefährlichen Geschehen. Ich kann mich noch gut daran erinnern, daß ich einmal direkt beschossen wurde. Ich fuhr auf einer staubigen Straße, und mir blieb nichts anderes übrig, als mich aus dem Wagen heraus in den Straßengraben fallen zu lassen. Da merkte man dann doch, daß man die Grundausbildung tatsächlich brauchte.

In die Frontstellungen kam ich auch. Die Männer freuten sich, wenn man sie in ihren Löchern ansprach. Man hüpfte da regelrecht von einem zum anderen, um wirklich jeden ansprechen zu können. Dort wurden selbstverständlich auch Wünsche vorgebracht: Einer wollte beichten, ein anderer mit mir beten. Ja, dort erfuhr ich eigentlich so richtig, daß wir Pfarrer gebraucht wurden. Die Soldaten schöpften tatsächlich ihre Kraft daraus. Die Sprüche, die sie sonst zu hören bekamen, fanden bei ihnen wenig Vertrauen.

Von Waffensegnungen habe ich nie etwas gehört. Ich glaube auch kaum, daß das vorkam. Das halte ich für eine Unterstellung.

Im Lazarett und an den Verbandsplätzen konnte man den Soldaten einen guten Dienst tun, wenn man ihnen das Briefeschreiben abnahm. Die Verwandten im Todesfall zu benachrichtigen, war natürlich ein unschätzbarer Dienst für die Angehörigen und ein wirksamer Trost dazu. Das konnte man den Dankesbriefen entnehmen, die man bekam. Ich besitze jetzt noch einen ganzen Stoß davon. Einmal allerdings schrieb mir eine Frau, sie würde mich beim Kriegsgericht verklagen; es sei nämlich nicht im Sinne ihres Mannes, daß er von einem Geistlichen beigesetzt wurde. Die Sache kam auf dem Dienstweg bis zum Kriegsgericht der Division, verlief aber dann doch im Sand.

Ein harter Dienst war es, Todeskandidaten nach der Verurteilung beizustehen und sie zur Exekution zu begleiten. Das hatte ich dreimal zu tun. Es handelte sich bei solchen schuldigen Leuten nicht gerade um besonders religiöse Menschen. Eher mußte man diesen Männern noch Unterricht über religiöse Begriffe geben; über Begriffe, die nun für sie wichtig waren. Natürlich hatte jeder ein Begnadigungsgesuch eingereicht und bis zum Ende auf Begnadigung gehofft. Dann war es besonders schwer, wenn man ihnen die Ablehnung mitteilen mußte. Da mußte sich der Pfarrer bereit halten, falls sie noch irgendwelche Wünsche hätten. Nun, wir taten halt diesen schweren Dienst und hüteten uns davor, in Schwierigkeiten hineingezogen zu werden. Einmal mußte ich einen Soldaten betreuen, der in der Haft zum Tode verurteilt wurde. Er war Student und ein Kerl mit gutem Witz und Geist. Der hatte sich Notizen gemacht und Tagebuch geführt, fast ein Schriftsteller. Eines Tages nahm man ihm diese Dinge ab, und dann wurde er dem Gericht übergeben und wegen Zersetzung der Wehrkraft verurteilt. Wir führten damals viele interessante Unterhaltungen, nicht nur über religiöse, sondern auch über weltliche Dinge. Doch dann kam der Augenblick, als ich ihm sagen mußte: »Lieber Mann, das Ende kennen Sie, nicht wahr, Sie sind zum Tode verurteilt, und darauf möchte ich Sie vorbereiten.« Da antwortete er: »Herr Pfarrer, die erschießen mich ganz bestimmt nicht.« Ich merkte, daß er mir etwas offenbaren wollte, doch da habe ich gleich abgewunken: »Halt! Ich will nichts Weiteres wissen, schweigen Sie!« Natürlich war er eines Morgens nicht mehr da. Man durchsuchte alles, aber man fand ihn nicht. Zum Glück hatte er die Geschichte für sich behalten, denn sonst hätte man mir Beihilfe anlasten können, und dann wär's mir schlecht ergangen. Ich glaube sicher, daß der durchgekommen ist.

Ein anderer Hinrichtungsfall betraf einen jungen Soldaten, der wegen Feigheit vor dem Feind verurteilt wurde. Bei ihm gelang es mir, ihn geistig und religiös fast in Trance zu versetzen. Ich brachte ihn sozusagen fast weg von dieser Welt. Bevor die Exekution ausgeführt wurde, sprach ich noch das letzte Wort mit ihm und betete mit ihm das Vaterunser. Dann trat ich zur Seite, und er durfte noch sein letztes Wort sagen. Sein letztes Wort an die sechs Mann des Erschießungskommandos war: »Kameraden, schießt gut!« Dann riß er sein Hemd auf, daß die Knöpfe schier wegsprangen, zeigte die Brust und wurde so erschossen. Ein tapferer Kerl. Die Gerichtsoffiziere und wer sonst noch dabei war sagten: »Nein, dieser Mann und Feigheit vor dem Feind, das ist unmöglich«, und dann sagte noch einer: »Meine Herren, ich glaube, das ist das Verdienst des Pfarrers.«

Feldbischöfliche Unterstützung hatten wir gar keine. Ich bekam nie einen Brief oder einen Hirtenbrief oder etwas Ähnliches. Einmal bekam ich aber ein etwas seltsames Fernschreiben. Wenn ich daran denke, bin ich heute noch komisch berührt. Es war ein Telegramm, in dem es hieß: »Im Falle einer Demobilmachung ist das Kultgerät da und da abzuliefern.« Ich wunderte mich: Warum denn Demobilmachung? Der Krieg ist doch noch gar nicht zu Ende. Bald darauf war dann der 20. Juli 1944. Da ging es mir natürlich auf: Die müssen irgendwo etwas um die Vorgänge dort gewußt haben.

Der NS-Führungsoffizier war bei uns ein harmloser Mann. Er belästigte mich in keiner Weise. Überhaupt schien er uns eher zu meiden; man traf sich mal und grüßte sich, ansonsten gab es aber nichts zu bereden.

In den Lazaretten und Verbandsplätzen war es für uns natürlich ganz wichtig, daß wir oft bei der Versorgung der Leute mithalfen. Da war ich froh, daß ich als Sanitätssoldat ausgebildet worden war. Als beispielsweise in Afrika die Festung Tobruk fiel, da wurde das Sanitätspersonal der Lage schier nicht mehr Herr: Die Lazarette waren bis oben hin belegt. Da legten wir mit Hand an und halfen mit, das Nötigste für die Leute zu tun. Das war fast schon ein übermenschlicher Einsatz, der da gefordert wurde. Wegen der regelmäßigen nächtlichen Luftangriffe mußten die Kranken rausgeschafft und irgendwo in Kellern oder unterirdischen Lagerhallen untergebracht werden. Tag für Tag, Nacht für Nacht.

Außerdem war ich Gräberoffizier bei meiner Division und mußte die Grabmeldungen sammeln. Bei jeder Beerdigung mußte man eine Skizze anlegen, damit man das Grab auch später wiederfinden konnte. Die Beerdigungen waren natürlich mit das Unerfreulichste, das man zu tun hatte. Es gab Zeiten, in denen das täglich mehrmals vorkam. Und dann gab es auch die Fälle, wo ein Massengrab angelegt werden mußte. Ich erinnere mich noch gut, daß einmal ein Ersatzbataillon aus der Heimat kam, junge Männer ohne Kriegserfahrung. Sie waren gerade erst eingezogen und ausgebildet worden, als man sie zur Auffüllung der Verluste hierhergeschickt hatte. Einmal sind sie auf einem freien Platz zusammen angetreten, die ganze Kompanie. Oben flog sehr hoch ein Aufklärer herum; man hörte und sah ihn aber kaum. Doch plötzlich flogen zwei oder drei Granaten mitten in die Kompanie hinein. Und ich mußte über 40 Tote, so wie sie beieinandergestanden waren, miteinander in einem Grab beerdigen.

Von den Vorgängen in der Heimat hörten wir nicht sehr viel. Natürlich konnte es mal sein, daß einer im Urlaub von diesen Dingen etwas mitbekam. Da fragte man sich dann schon: Wozu sind wir eigentlich hier? Aber, wie gesagt, viel haben wir ja nicht erfahren. Auch, daß im KZ in Dachau Priester eingesperrt waren, war uns nicht bekannt. Ich weiß nicht, ob man das bewußt von uns ferngehalten hat.

Uns wurde immer wieder vorgeworfen, wir seien nazistisch angehaucht. Beispielsweise war ich einmal zu Besuch bei einem italienischen Bischof. Während unserer zunächst guten Unterhaltung konnte er es sich nicht verkneifen, uns Feldgeistliche zu verdächtigen, wir seien Gesinnungsgenossen der Nazis. Das brachte mich sehr in Rage, und ich stellte ihm gleich die Gegenfrage: »Mußten Sie Faschist sein, um Bischof Ihrer Diözese werden zu können?« Das traf ihn sehr. Ich war eben sehr verärgert und sagte: »Ich trage mein Brustkreuz in Ehren und in Ehrlichkeit.« Damit war dieses Gespräch zu Ende.

Ein Problem war auch das Hakenkreuz, das man tragen mußte, sogar im Altarschmuck. Ich ließ mir ein anderes Kreuz, das EK-Kreuz, von einer Ordensschwester anfertigen, damit ich das andere nicht gebrauchen mußte.

Andererseits erlebte man natürlich auch Schönes, gerade in Afrika. In der Wüste, wenn der Sand glatt war und hell leuchtete, sah man interessante Färbungen und Spiegelungen. Oder bei meinem Einsatz in Sizilien und in Italien: Wir hatten dort die Chance, Kultur kennenzulernen. Trotz des Krieges. Beim Rückzug aus Italien machten sich mein evangelischer Kollege und ich öfters selbständig. Wir wollten natürlich Siena, Assisi, Arezzo und andere italienische Städte besichtigen. Interessant war dabei, daß viele dieser Städte – trotz ständiger Bombenangriffe – nicht zerstört wurden. Ich konnte einmal von einem Kloster aus beobachten, daß bei einem Angriff das Führungsflugzeug zunächst als Markierung einen brennenden Kanister abwarf. Anhand dieser Markierung wußten die nachfolgenden Bomber offenbar, wo sie keine Bomben hineinfallen lassen durften.

Die Kapitulation erreichte mich, der ich in Afrika angefangen hatte, in Bremerhaven. Am Kapitulationstag kam morgens mein Küster auf mich zu und sagte: »Herr Pfarrer, der Krieg ist aus.« – »Mach keinen Witz«, erwiderte ich, doch dann bemerkte ich es auch: Alles war still. Ab sofort mußten wir auf englischen Befehl hören. Nach der Entwaffnung bekamen wir auf einer Landkarte ein bestimmtes Gebiet in Niedersachsen gezeigt. Dort mußten wir uns als Internierte aufhalten. Ich begann sofort, eine Art Schlußgottesdienst vorzubereiten. Meine Predigt hatte als Thema das Wort von Paulus, Röm. 12, 12: »Seid froh in der Hoffnung, geduldig in der Bedrängnis, beharrlich im Gebet.« Ich legte das Wort auf die Situation hin aus, und das kam offenbar gut an: Ich bekam vom General den Befehl, diese Predigt bei allen Einheiten in den nächsten Tagen zu halten. Ich denke, dieser Gottesdienst war ein wirkliches Abschlußwort zum Krieg.

Es dauerte nicht lange, bis die ersten Soldaten aus der Gefangenschaft entlassen wurden. Für mich galt das aber nicht: Man sagte mir, daß der Kapitän auf dem Schiff bleiben müsse, bis der letzte Mann gerettet sei. Die Gefangenschaft war aber nicht besonders schlimm. Einmal war mir sogar ein englischer Chefpfarrer dabei behilflich, daß ich mit Priestersoldaten zu Exerzitien ins Marienhospital nach Hamburg fahren durfte. Überhaupt konnten wir uns ziemlich frei bewegen.

Nach und nach kamen viele Flüchtlinge in die Gegend, in der wir uns aufhielten. Die ganze Region dort ist protestantisch, aber jetzt kamen ausgerechnet viele katholische Flüchtlinge, die hingen religiös natürlich völlig in der Luft. Als immer mehr Soldaten entlassen wurden, konnte ich mich auch um diese Leute kümmern. Bei einer Sanitätskompanie hatte ich schon einen regelmäßigen Sonntagsgottesdienst eingeführt. Das funktionierte damals alles sehr gut. Ein Klosterbruder von Beuron, der von Beruf Schneidermeister war, fertigte dazu aus Zeltstoffen und Fahnen ein richtiges Priestergewand an, ein gotisches Meßgewand. Die Priestersoldaten dieser Sanitätseinheit hielten sehr gut zusammen. Sie waren fast eine Art Vorbild an Treue und Kameradschaft für die übrigen Mannschaften.

»Vaterlandsliebe« war für uns ein Begriff, der eine große Bedeutung hatte. Die Sorge um die Heimat, um das Vaterland, das lag doch jedem inne. Man trennte da wohl zwischen Partei, Weltanschauung und Nationalsozialismus. Wie auch immer, Vaterland ist doch ein Wert, um den es sich zu kämpfen lohnt. Ob dieser Krieg ein »gerechter Krieg« gewesen ist – nun, am Anfang, als alle fest Hurra schrien, da hat man darüber noch nicht viel nachgedacht. Später, als wir viel über den Krieg sprachen, da wurde dann schon die Meinung deutlich: Die haben uns aber was eingebrockt! Ich erinnere mich noch an ein Gespräch mit einem Oberleutnant, mit dem ich einen kleinen Spaziergang um unser Zelt machte. Er sagte: »Herr Pfarrer, unser Krieg war von Anfang an ein Wagnis, und jetzt wird er mehr und mehr zum Verbrechen.« Natürlich sagte er das nur unter vier Augen. Ich blieb mit ihm auch nach dem Krieg noch lange in Verbindung; er war ein treuer Katholik. Um seinen Beruf als Lehrer weiterhin ausüben zu können, mußte er natürlich in die Entnazifizierung. Er bat mich schriftlich, ihm eine Beurteilung über seine Person zu schicken. Natürlich tat ich das gerne, und in die Beurteilung schrieb ich diese Äußerung von damals mit hinein. Daraufhin schrieb er mir zurück: »Du hast mir zu meiner Stellung verholfen.«

Ich habe später viel über den Krieg nachgedacht und fragte mich: Wie

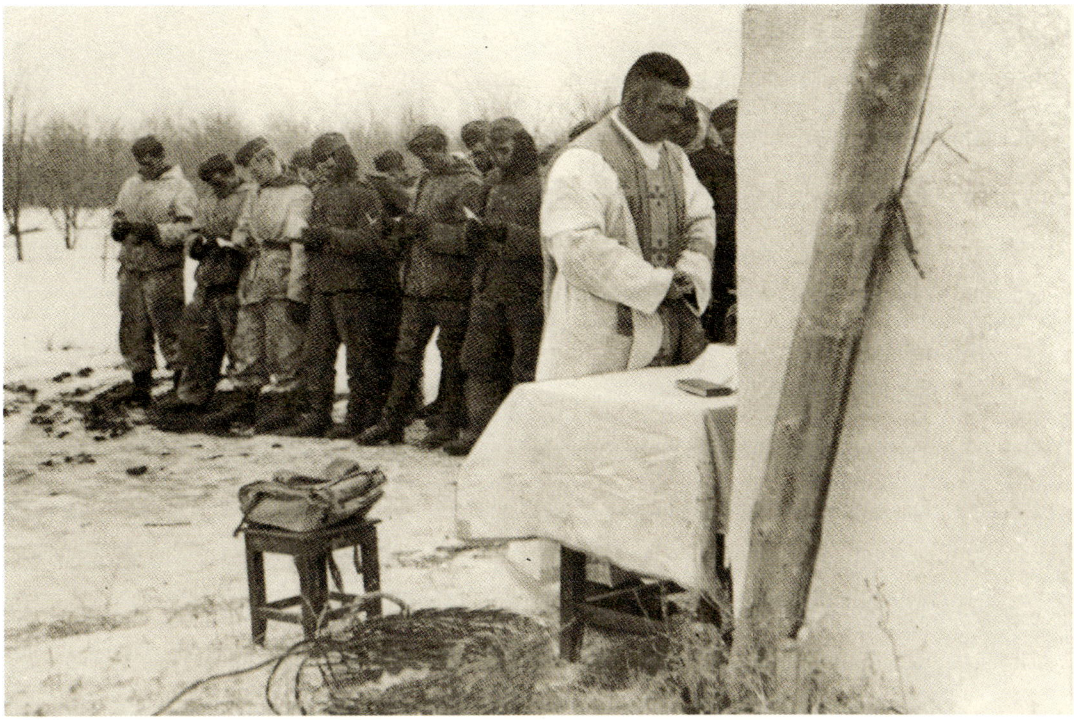

An der Front wurden Gottesdienste gefeiert, wann immer es die Kampfhandlungen zuließen. Auf dem Hocker neben dem Altar liegt die »Sakristei« des Kriegspfarrers: Für den Einsatz an der Front hatte Pfarrer Josef Gantert einen Tornister, in dem er das liturgische Gerät verstaute (oben). Auch eine zerstörte Kirche bleibt Kirche. Feldgottesdienst mit Kriegspfarrer Alois Beck vor der zerstörten Kirche von Golowkowka (unten).

Kriegspfarrer Emil Weis feiert einen Dankgottesdienst während des Frankreichfeldzugs bei Breteau.

Ostermesse in Rußland. Die Kriegspfarrer durften vor der Messe die Generalabsolution erteilen. Oft wollten so viele Soldaten zur Kommunion gehen, daß es den Pfarrern unmöglich war, jedem einzelnen die Beichte abzunehmen.

Bei den Feldgottesdiensten lagen Idylle und Grauen beieinander. Manchmal hatten die Soldaten bei der Messe noch das Bajonett am Koppel.

Manche Feldgeistliche gaben den Soldaten »Kommunionbildchen«, die sie nach Hause schicken sollten, damit die Angehörigen wußten, daß sie auch an der Front Sakramente empfingen.

Kriegspfarrer Georg Paulus vor einem Altar in Oulu/Finnland (oben). Manchmal hatten die Soldaten bereits den Altar aufgebaut. Immer wieder kam es vor, daß die Hakenkreuzfahne den Altar »zierte« (unten).

blicke ich auf das Ganze zurück? War es für mich nur Leerlauf, oder habe ich auch etwas davon gehabt? Heute bin ich der Meinung: Nachdem ich persönlich gut durchgekommen bin, möchte ich die Beteiligung insgesamt nicht missen. Schon der Erfahrungen wegen, die man gemacht hat. Manches war ja auch bildend und fördernd, und außerdem konnte man eine Menge Gutes tun. Ja, im Rückblick bin ich für das Erleben dieser Dinge wirklich dankbar. Noch heute lese ich oft in meinem Kriegstagebuch.

Nach dem Krieg haben mir meine Erfahrungen als Kriegspfarrer eigentlich nur genützt. Wenn man eine Stelle in der Zivilseelsorge übernehmen wollte oder eine Pfarrstelle antreten mußte, dann wurde einem diese Tätigkeit hoch angerechnet. Wer im Krieg Divisionspfarrer war, der hatte ein eindeutiges Plus. Das waren eben doch Leute, die was taugten. Ich wurde danach Stadtpfarrer in Sigmaringen und übernahm die Männerseelsorge im Dekanat und in der gesamten Region. Damals sagte man zu mir: »Ja, diese Aufgabe mußt du nehmen, du bist im Krieg mit Männern umgegangen.« Und bei den Männern hatte man auch das entsprechende Ansehen, wenn man im Krieg war und ihre Erlebnisse geteilt hatte.

Franz M. Eich

Geboren 1911 in Viersen (Rheinland).
In Aachen 1938 zum Priester geweiht.
Studium der Philosophie, der christlichen Archäologie und der Theologie.
Ab 1939 hauptamtlicher Marinestandortpfarrer in Wilhelmshaven. Marinepfarrer im Stab des Marinebefehlshabers in Brest (Bretagne).
1944 Kriegsgefangenschaft. Lagerpfarrer in Kriegsgefangenenlagern in Frankreich, England und USA.
Entlassung aus der Gefangenschaft 1946.
Professor Franz Eich war ab 1950 im Lehramt an höheren Schulen tätig, zuletzt als Studiendirektor.

Das Hakenkreuz hing am Altar

Es gab, gleich zu Beginn meiner Amtszeit als Marinepfarrer in Wilhelmshaven, einen heftigen Streit. Und zwar um das Problem, daß man damals laut Bestimmung nach zwölf Uhr nicht mehr zelebrieren durfte. Man muß sich aber vorstellen: Da kommt ein Kommandeur zum Pfarrer und bittet ihn, für seine Einheit eine Meßfeier zu halten. Und zwar nach einem schlimmen Einsatz. »Die Leute können erst heute mittag.« Dann muß der Priester sagen: »Tut mir leid, das geht nicht, das ist nicht erlaubt.«

Ich begann also mitten im Krieg einen wütenden Papierkrieg, um diese unsinnige Bestimmung auszuradieren. Zunächst erhielt der Apostolische Nuntius ein Schreiben von mir. Doch prompt schrieb Feldbischof Rarkowski zurück, man habe es abgelehnt, das Gesuch nach Rom zu leiten. Einfach so. Abgelehnt. Also setzte ich mich wieder hin und verfaßte einen vier Seiten langen Brief, in dem ich meine Argumentation scholastisch-theologisch aufbaute. Ich versah das Ganze mit einem lateinischen Vorsatz des Inhalts: »Daß die Notwendigkeit bestehe (necesse est ...), gerade Soldaten die Eucharistiefeier auch am Nachmittag oder Abend anzubieten. Vermißt ein Soldat«, so schrieb ich, »über längere Zeit die religiöse Betreuung, so stirbt der Glaube.« 14 Tage später kam ein Brief von Generalvikar Werthmann. In dem stand eine humorige, aber effektvolle Anleitung, wie ich dieses Zwölf-Uhr-Gesetz umgehen könne. Ich sollte mich spaßeshalber auf den Breitengrad meines Einsatzortes berufen. In Wilhelmshaven sei es demnach um 12 Uhr mitteleuropäischer Zeit exakt 12 Uhr, 22 Minuten und 15 Sekunden. Also könnte ich, ohne gegen den kirchlichen Gehorsam zu verstoßen, bis 12 Uhr, 22 Minuten und 14 Sekunden mit der Messe beginnen. Doch dann blieb der Spaß beiseite, und ich erhielt die Erlaubnis, den Beginn eines Gottesdienstes selbst festzulegen, praktisch rund um die Uhr.

Ich kam als vollkommener Militärneuling zu diesem Einsatz nach Wilhelmshaven. Ohne Ahnung von militärischen Rangabzeichen, Gepflogenheiten oder Pflichten. An die Uniform mußte ich mich erst gewöhnen und lernen, wie man richtig grüßt. Auch rauchte ich nicht und trank keinen Alkohol. So hielten mich viele für einen weltfremden Asketen. Also fing ich an zu rauchen – im Dienste und im Interesse der Seelsorge.

Auch die zum Teil recht deftige Sprache der »Seebären« war mir anfangs fremd. Als ich aber erfuhr, daß junge Soldaten, die zur Messe gehen wollten, von ihren Vorgesetzten mit übelsten Schimpfwörtern bedacht wurden, schrieb ich an den Kommandeur einen geharnischten Brief. Die Militärseelsorge sei schließlich von Hitler gewollt und vom Reichkonkordat genehmigt. Und dann nannte ich die Namen all jener Ausbilder, die sich so schlecht benommen hatten. Prompt rief mich der Kommandeur an und bat, mich besuchen zu dürfen. Er war ein überzeugter Protestant und versprach, dem Mißstand abzuhelfen. »Kommen Sie morgen, ich mache Appell.« Und dabei putzte er die Ausbilder zusammen, daß es nur so eine Art war. Von nun an war der Gottesdienst gut besucht.

Von Wilhelmshaven aus kam ich dann nach Holland; ein problematischer Einsatz, denn viele Holländer haßten uns, und ebenso viele kollaborierten mit uns. Damals hatte die SS ein Priesterseminar in Harlem beschlagnahmt, Lebensnerv der dortigen Diözese. Obwohl der Bischof sehr antideutsch eingestellt war, bat er mich um Hilfe. Ich bat daraufhin General Kristiansen, dafür zu sorgen, daß das Seminar wieder frei werde. Er beauftragte den Quartiermeister, eine Liste mit sämtlichen Hotels zu besorgen. Und dann befahl er, daß hier die SS unterzukommen habe. Sehr zum Mißfallen von SS-Führer Rauter, der Gift und Galle spuckte.

Damals passierte es immer häufiger, daß uns die Engländer massiv angriffen und keinerlei Rücksicht auf die riesigen Rot-Kreuz-Zeichen der Lazarette nahmen. Sie bombten alles nieder. So starben im Kugelhagel der Royal Air Force einmal 40 Soldaten im Lazarett bei einem einzigen Angriff. Ich feierte zusammen mit meinem evangelischen Kollegen den Beerdigungsgottesdienst, und unsere Wut war grenzenlos. Ich predigte: »Aber die Schrift sagt: ›Mein ist die Rache, spricht der Herr.‹ Wir haben nicht Rache zu üben, sondern wir sind dazu gerufen, menschlich zu denken und menschlich zu handeln, auch in der barbarischen Zeit des Krieges!« Ein Ehrenkommando von 300 Soldaten schoß den Salut.

Damals hatten die deutschen Bischöfe für Christen das Verbot der Mitgliedschaft in der Partei der Nationalsozialisten aufgehoben. Nur holländische Gläubige durften nicht in die Partei; das hatten die holländischen Bischöfe unter Strafe der Exkommunikation so verordnet. Was also tun, wenn ein Holländer zu uns zum Beichten kam? Nach holländischer Bestimmung konnte ich ihn nicht von den Sünden freisprechen, nach deutscher schon. Ich ging damals zu Kardinal de Jong in Harlem, um über dieses Problem zu reden. Er sagte: »Wenn ich deutscher Kardinal gewesen wäre, wäre ein solches Konkordat wie das Reichskonkordat nicht abgeschlossen worden. Mir hat der Papst aufgetragen, das Verbot für unsere Christen in Holland beizubehalten.« Doch er gab mir den salomonischen Rat, im Beichtstuhl einfach nicht mehr danach zu fragen, ob jemand Mitglied der Partei sei oder nicht. »Hören Sie sich das Bekenntnis an und geben Sie dann die Absolution.«

Im Anschluß an Holland kam ich dann, nach einem kurzen Zwischenspiel auf Sylt und in Husum, nach Brest in die Bretagne, mitten hinein in die Kämpfe um diese Stadt. 49 Tage hatten uns die Amerikaner eingeschlossen. 70000 Amerikaner gegen 10000 Deutsche, eine ganze Flotte von Flugzeugen – und wir hatten keines. Ich mußte damals meine Dienstpistole tragen. Nie in meinem Leben hatte ich geschossen und war an der Waffe auch nicht ausgebildet worden. In Brest geriet ich in Gefangenschaft.

Doch bevor es soweit war, erlebte ich noch eines der schlimmsten Kapitel meiner Laufbahn als Marinepfarrer: Ich mußte zum Tode Verurteilten beistehen. Insgesamt waren es 52 Hinrichtungen. Hier in Brest war die Résistance sehr aktiv. Wurde dann einer gefaßt, hieß es nur: Kriegsgericht, Todesurteil, Hinrichtung. Zwar war es verboten, daß der französische Geistliche die Betreuung dieser Menschen übernahm, doch als wieder einmal drei Franzosen verurteilt worden waren, holte ich ihn einfach ab und nahm ihn mit, zugleich mit einem französischen Katechismus. Bevor ich den Verurteilten die Absolution erteilen konnte, mußten sie ja beichten. Also hielt ich ihnen den Katechismus hin, und sie tippten auf das jeweilige Gebot. So hatte ich dann ein Bekenntnis und konnte das Sakrament spenden.

Schlimmer erging es drei deutschen Soldaten, die gedacht hatten, sich in dem ganzen Tohuwabohu hinter die amerikanische Linie retten zu können, und dabei gefaßt wurden. Sie wurden in einer Schule untergebracht, die schon vollkommen zerschossen war. Um sechs Uhr morgens, nachdem ich die ganze Nacht über bei ihnen war, wurden sie gefesselt und auf einen Lastwagen transportiert. Am Schießplatz waren tags zuvor bereits drei Pfähle eingeschlagen worden, die aber über Nacht von der amerikanischen Artillerie zerschossen worden waren. Also hieß es: warten, bis drei neue Pfähle besorgt und eingeschlagen waren. Ich saß mit den drei Todgeweihten auf dem Lkw, die ganze Zeit über, und immer unter Beschuß. Pausenlos detonierten Fliegerbomben. Da sagte einer: »Hoffentlich fällt eine Bombe auf uns, dann müssen wir nicht mehr erschossen werden.« Doch sie starben, wie das Urteil es befahl: am Pfahl. Wir konnten sie nicht mehr begraben, so stark wurde der Beschuß, sondern ließen sie im Gebüsch liegen. Doch dann war Brest gefallen. Ich wurde Kriegsgefangener und kam zunächst nach England.

Dort verhörten mich britische Offiziere, unterstützt von zwei deutschen Überläufern. Die behaupteten, in der Wehrmacht gäbe es keine Geistlichen. Doch ich hatte meine Papiere, und nach ein paar Tagen glaubte man mir dann und bot mir an, mich zu entlassen. Doch da kamen zwei gefangene Offiziere und sagten: »Nein, Herr Pfarrer, Sie müssen bei uns bleiben, wir brauchen Sie.« Und ich blieb.

Von England kam ich dann in ein Kriegsgefangenenlager nach Amerika, und zwar nach Agona im Staat Iowa. Hier erhielt ich auch die Lizenz, für die Amerikaner als Army Chaplain die Seelsorge zu übernehmen. Der Ortspfarrer half, wo er nur konnte, stellte mir Meßgewand, Harmonium und Monstranz zur Verfügung. Ich war richtig reich damals. Eine Bibliothek von 300 theologischen Büchern brachte mir die Caritas. Ich bekam Gesangbücher für die Soldaten – und Meßwein, köstlichen kalifornischen Meßwein.

Damals dachte ich wirklich, wie wunderbar Gott es gefügt hat, daß die Gefangenen hinter Stacheldraht waren. Wenn der Pfarrer einen Gottesdienst anbot, kamen sie auch; sie konnten ja nicht weg. Sie kamen wirklich zu Hunderten, vor allem an den großen Festtagen wie Christkönig oder Weihnachten. Wir haben damals eine Krippe gebaut, die so berühmt wurde, daß sie nach dieser Zeit nach Washington gebracht wurde, um dort ausgestellt zu werden. Und kurz vor der Christmette bekam ich neben vielen Geschenken, Schallplatten, Kuchen und Schokolade ein Telegramm vom Apostolischen Delegaten in Washington. Das verlas ich während der Christmette: »Der Heilige Vater wünscht dem Herrn Marinepfarrer Eich und den deutschen Soldaten ein recht gesegnetes Weihnachtsfest und betet, daß alle bald nach Hause kommen.« Man kann sich denken, wie da die Tränen flossen.

Was die Rolle des Papstes während des Hitlerregimes betrifft, meine ich, es sei die größte Geschichtslüge, zu behaupten, Papst Pius XII. hätte zu alledem geschwiegen. Es gibt genügend Dokumente, die das Gegenteil beweisen. Was Hochhuth in seinem Stück »Der Stellvertreter« geschrieben hat, das ist unwahr. Der Papst hat unzähligen Juden Unterschlupf gewährt. Und er hat einmal einen sehr, sehr harten Hirtenbrief gegen das Regime verfaßt. Auch die Kirche hat nicht geschwiegen. Das KZ Dachau war voll von Priestern, die nicht geschwiegen haben.

Davon, daß in den KZs auch Juden interniert waren, wußten wir nichts. Erst nach 1944, als in Holland bereits alles zu Ende war, ahnten wir einiges. Damals hatte Kardinal de Jong einen flammenden Hirtenbrief zugunsten der Juden herausgegeben. Die Antwort: Am nächsten Tag ließen die Deutschen alle Juden zusammentreiben, darunter auch Edith Stein.

Daß es während des Zweiten Weltkrieges Waffensegnungen gegeben habe, ist bestenfalls als Gerücht eine Reminiszenz an den Ersten Weltkrieg. Aber daß Altäre mit dem Hakenkreuz geschmückt wurden, kam vor. Man konnte es nicht verhindern. Ich erlebte es zum Beispiel in Husum. Dort hatte ich eine kleine Kapelle in einer Kaserne. Wenn der Andrang der Soldaten, die zur Messe wollten, zu groß war, wich ich in die Turnhalle aus. Die wurde dann von den Soldaten aus der Kaserne zum Gottesdienst hergerichtet und geschmückt. Und da hing sie dann, die Hakenkreuzfahne.

Den Feldbischof erlebte ich in natura, und zwar bei einer Marinepfarrertagung in Dresden. Da meinte er plötzlich, als Empfehlung für unsere Predigten: »Ich möchte Sie doch bitten, sagen Sie den Soldaten, daß sie, wenn sie mit einem Mädchen etwas haben, ihm doch auch ihren Namen nennen. Damit ein Kind, wenn es auf die Welt kommt, den richtigen Namen hat.« Ich empfand das schon als ein bißchen verrückt. Hatte er keine anderen Sorgen? Doch er war eben ein leiser, frommer Mann, der kein Porzellan zerbrechen wollte. Er hieß »Justus, der Gerechte«. Es ist nichts gegen diesen Namen einzuwenden.

Heinrich Vobbe

Geboren 1911 in Köln.
In Köln 1936 zum Priester geweiht.
April 1940 bis März 1941 im Sanitätsdienst.
Februar 1941 bis Mai 1942 Marinekriegspfarrer in Nordnorwegen. Dann Versetzung nach Kiel als Marinestandortpfarrer.
Im Juli 1942 Kommandierung zum Marine-Gruppenkommando Süd mit Dienstsitz in Athen.
1945 Versetzung nach Kopenhagen.
Bis September 1945 in britischer Kriegsgefangenschaft.
Prälat Heinrich Vobbe war bis 1959 Seelsorger in der Erzdiözese Köln, dann Militärdekan in der Katholischen Militärseelsorge.

Gottesdienste gab der Hafenkapitän bekannt

Von den aktiven Marinepfarrern wollte keiner zur Polarküste. Sie hatten Angst vor Skorbut. Ich aber sagte dem damaligen Marinedekan Dr. Estevant, ich hätte dahingehend keine Bedenken. Prompt war mein erster Einsatzort als Marinepfarrer Tromsö, hoch oben im Norden.

Zuvor allerdings war ich bereits ein Jahr lang schlichter Soldat, und zwar Sanitäter. Nach meiner Einberufung von Sankt Marien, einer Kölner Gemeinde mit ca. 20000 Seelen, nach Riesenburg in Ostpreußen kam ich nach der Grundausbildung in die Sanitätsschule Elbing und machte hier ein entsprechendes Examen. Im September wurden wir, 30 Mann hoch, zur Marine abgestellt, und zwar nach Kiel-Holtenau. Später kamen wir dann zur Marineflak nach Eckernförde. Weil ich studiert hatte, also »bürofähig« war, arbeitete ich in der Schreibstube.

Schon bald erreichte mich die Nachricht, daß ich als Marinepfarrer eingesetzt werden sollte. Marinedekan Dr. Estevant brauchte dringend drei Pfarrer und hatte, abseits vom gängigen Weg, »nachgebohrt«. Der Dienstweg hatte ihm zu lange gedauert. Diese Verzögerung hatte ihre Ursache in den Spannungen zwischen Marinedekan Dr. Estevant und Feldbischof Rarkowski. Estevant war ein eindeutiger Nazigegner. Er sagte »Grüß Gott« statt »Heil Hitler« und war auch sonst ein Vorgesetzter, der wußte, was er wollte, und der auch sagte, was er wollte.

Im Februar 1941 war es dann soweit: Ich wurde als Kriegspfarrer einberufen. Sehr zu meiner Zufriedenheit, hatte ich doch in meiner Heimatpfarrei mit großer Freude Jugendseelsorge betrieben. So war es für mich eine Selbstverständlichkeit, auch im Krieg für die jungen Männer dazusein.

Von Dr. Estevant erfuhr ich nun von meinem Einsatzort Tromsö an der norwegischen Polarküste. Dort oben, so die Begründung, arbeitete seit einem halben Jahr nur ein evangelischer Pfarrer. Ich hielt noch – als einzige Vorbereitung – einen Probegottesdienst. Dann begann für mich der Einsatz als erster katholischer Militärpfarrer vor Ort. Das war eine harte Lehrzeit für mich, da ich doch nur im Führen eines Büros geschult war. Meine erste Amtshandlung: Ich stellte mich dem damaligen Befehlshaber, Vizeadmiral Schenk, vor.

Hier oben spürte ich zum erstenmal eine Besonderheit der Marine: Alle, die blaues Tuch trugen, gehörten zu einer Familie. Es gab im Stab keinen einzigen Katholiken. Dennoch wurde ich genauso zuvorkommend behandelt wie mein evangelischer Kollege (eine Erfahrung, die ich auch später in Athen machen sollte). Überhaupt machte ich nur ein einziges Mal schlechte Erfahrungen mit einem Offizier aus dem Stab: Ganz am Ende des Krieges, in Kopenhagen, mit einem NS-Führungsoffizier. Der hatte für meinen Geschmack »zu lange Ohren«.

Aber zurück nach Norwegen. Vom Hauptstandort Tromsö reichte mein Bereich von Narvik bis Kirkenes. Da waren riesige Entfernungen zu überwinden. Und so war an eine normale Seelsorge kaum zu denken. Wir konnten zwar Dienstwagen anfordern und durften auch auf Schiffen mitreisen. Doch um deutlich zu machen, welche Distanzen zurückzulegen waren, hier nur ein Beispiel: Für die Beerdigung eines jungen Soldaten, der gefallen war, brauchte ich mit An- und Rückreise zehn Tage.

Nach 14 Monaten in Tromsö wurde ich abberufen. Dr. Estevant stellte mich vor die Wahl: »Wollen Sie ans Schwarze Meer, zur Flotte oder in die Ägäis?« Ich entschied mich für Griechenland. Im August 1942 fuhr ich mit dem Zug nach Athen. Zu meinem Bereich gehörten auch die Inseln, darunter Ägina und Kreta. Dorthin nahmen mich meist die großen Wasserflugzeuge oder »Ju's« mit. Auf Kreta war beim Heer nur ein katholischer Kriegspfarrer, den ich dann später, 1944, für einige Monate auch noch vertreten mußte.

Ich versuchte immer, möglichst viel Zeit für die Soldaten aller Waffengattungen zur Verfügung zu haben. Wir Priester machten keinen Unterschied zwischen Marine, Heer oder Luftwaffe. Und wenn SS-Männer betreut werden wollten, wurde auch keiner abgewiesen. Dies galt auch für Beerdigungen, von denen es ja so schrecklich viele gab. Ich setzte alle Soldaten bei, die mir gemeldet wurden.

Wenn Not am Mann war, halfen wir Priester uns natürlich gegenseitig aus; gerade bei den Beerdigungen war dies häufig der Fall. Dies war auch fast der einzige Bereich, in dem ich mit meinen evangelischen Amtsbrüdern zusammenarbeitete. Ökumenische Gottesdienste im heutigen Sinn gab es damals sowieso noch nicht. Doch weil ich mich mit meinem evangelischen Amtsbruder in Athen, Professor Meinhold, besonders gut verstand, stimmte ich bei seinem Gottesdienst für ihn die Lieder an. Der Grund: Er konnte nicht singen.

Gottesdienste hielt ich, sooft es möglich war, also wenn die Dienstzeiten oder die Kriegssituation es zuließen. Wir hatten auch einige Soldatenpriester, die wir zum Zelebrieren mit einteilten. Normalerweise erfolgte die Bekanntgabe der Gottesdiensttermine durch die Kommandantur oder die Hafenkapitäne. Nur in den seltensten Fällen wurden die Soldaten abkommandiert. Wer Zeit hatte und kirchlich engagiert war, der kam auch.

Für die Gestaltung der Gottesdienste hatten wir alles Nötige: vor allem das Marinegebet- und -Gesangbuch. (Natürlich gab es damals noch keine Messe in deutscher Sprache.) Wir konnten auch auf die Schriften zurückgreifen, die wir aus Freiburg erhielten. In Tromsö kamen sie noch ziemlich regelmäßig an, der Transport nach Athen war offensichtlich schwieriger, weil die Bahnstrecken oft von Partisanen gesprengt waren.

Einen Küster gab es bei der Marine nicht. Wir konnten uns allerdings an Bord einen der Männer zu kirchlichen Diensten heranziehen. Ich habe mir in der Regel einen Soldaten »geliehen«, was dem dann auch Freude machte – ein wenig Abwechslung vom normalen Dienst.

Ab 1944 wurde die Lage in der Ägäis sehr kritisch. Es war zu jener Zeit, als ich die Vertretung auf Kreta hatte. Sofort wurde ich auf das Festland zurückgerufen. In Athen wurde bereits überall geschossen. Hier kämpfte vor allem Grieche gegen Grieche, die Kommunisten gegen die Nationalisten. Professor Meinhold und ich wurden in einen Außenbezirk, einen sogenannten »Igel«, gebracht. Von hier aus begleiteten wir einen Lazarettzug nach Saloniki. Dort arbeiteten wir in den Lazaretten und taten, was situationsbedingt erforderlich war. Dazu gehörte auch die Betreuung der zum Tode Verurteilten. Die Exekutionen gehörten zum härtesten Kapitel meiner Kriegspfarrertätigkeit. Der Seelsorger war der einzige, der dem Verurteilten Stütze sein und ihm zeigen konnte: Ich interessiere mich nicht nur für dich, ich will dir helfen. Ich erlebte keinen, der dies abgelehnt hätte. Ich habe sie alle noch vor Augen, doch einer bleibt mir besonders in Erinnerung.

Er war, wie es so hieß, wegen Defätismus zum Tode verurteilt worden, hoffte aber, weil seine Frau Italienerin war, durch Mussolini eine Begnadigung erreichen zu können. Dann kam der 20. Juli 1944, der Tag des Attentats auf Hitler. Und wie sich zeigte, machte dies alle seine Hoffnungen zunichte. Am 25. Juli kam die Bestätigung des Urteils. Ich bereitete mich auf diese Nacht im Zuchthaus vor, nahm das Allerheiligste und entsprechende Schriften mit und war auch dabei, als dem Todeskandidaten bekanntgegeben wurde, daß er am nächsten Morgen erschossen würde. Ich blieb die ganze Nacht bei ihm. Wir beteten und sprachen miteinander, und ich gab ihm die Sakramente. Eine solche Nacht ist lang, sehr lang. Es war dann sein Wunsch, daß er die Kindheits- und Leidensgeschichte Christi laut lesen dürfe. Ich setzte mich auf die Pritsche und lauschte. Nie werde ich dies vergessen: Es war eine Verkündigung ganz besonderer Art.

Am Morgen machten wir uns auf den Weg zur Hinrichtung in ein Seitental. Er erbat sich einen Rosenkranz. Als wir nach draußen kamen, erhob sich gerade die Sonne am Horizont, die Luft war wunderbar balsamisch, und ich sagte zu ihm: »So verabschiedet sich die Welt von Ihnen.« Sie banden ihn am Pfahl fest, und ich sagte ihm: »Ich bete für Sie.« Da antwortete er mir: »Ich bete auch für Sie.« Er war sofort tot. Griechen, die daneben standen, schaufelten ihm ein Grab.

Mitteilungen über den Tod eines Soldaten durften nur von den militärischen Dienststellen gemacht werden. Erst wenn dies geschehen war, durften auch wir an die Angehörigen schreiben. Einmal umging ich – unwissentlich – dieses Gebot. Ein junger Mann war in der Nacht aus dem Fenster auf den Betonhof gestürzt und sofort tot. Tags zuvor erst war er mit seiner Gruppe vom Parterre in den ersten Stock gezogen. Und beim nächtlichen Ausgang hatte er wohl die gewohnte Abkürzung durch das Fenster genommen. Dies schrieb ich seinen Eltern, noch bevor die offizielle Todesmeldung gekommen war. Die Schwierigkeiten, die ich dadurch bekam, konnten aber vom Marinestab beigelegt werden.

Die Situation der deutschen Wehrmacht wurde in der ganzen Ägäis immer brenzliger. Mein evangelischer Amtsbruder und ich wollten mit einer Marineflakabteilung über den Balkan mit nach Norden. Doch man machte uns darauf aufmerksam, daß wir hier nicht seelsorgerisch arbeiten könnten, weil die Abteilung »sich dauernd militärisch betätigen« müsse. Da standen wir nun und wußten nicht wohin. Dann aber fanden wir, Professor Meinhold und ich, Platz auf dem Lazarettschiff »Gradiska«. Mit an Bord waren 2000 verwundete und kranke Soldaten. Kaum ausgelaufen, »angelte« uns ein englisches U-Boot. Wir mußten ihm nach Alexandria folgen, wo 1000 transportfähige Soldaten von Bord und in ein Lager gebracht wurden. Die Engländer waren von ausgesuchter Höflichkeit.

Dann liefen wir Algier an. Hier wurden die anderen 1000 Gefangenen abtransportiert. An Bord blieben nur einige wenige wirklich Schwerstverletzte zurück. In Algier hielt ich noch auf dem Kriegsfriedhof einen Beerdigungsgottesdienst unter englischer Bewachung. Zurück an Bord, liefen wir dann ohne Bewachung in die Adria ein und erreichten im Dezember 1944 Triest. In Österreich erhielt ich dann meine Papiere und konnte vorerst nach Hause.

Nach einem kurzen Heimataufenthalt reiste ich nach Kiel. Ich wurde nach Kopenhagen abkommandiert. Hier arbeitete ich in den Lazaretten und Flüchtlingslagern. Bis zur Kapitulation blieb ich dort. Der damalige Kopenhagener Bischof Theodor Suhr half mir sehr. Ich durfte in seiner Kirche zelebrieren, und einmal ministrierte er mir sogar.

Wir drei Pfarrer am Ort, zwei evangelische und ich, wurden dann auf drei Lazarettschiffe verteilt. Ich fuhr mit der »General San Martin«, die voll beladen war mit Verwundeten, nach Hamburg. Hier wurden wir interniert, zunächst auf dem Schiff und dann in der Kaserne Rahlstedt. Neben den Lazaretten betreute ich von hier aus das KZ Neuengamme.

Dieses KZ war von einer belgischen Einheit besetzt. Es war schrecklich, die Überreste der früheren Bestimmung zu sehen: bergeweise Schuhe, angefangen von Babyschuhen über Damenpumps bis zu Soldatenstiefeln. Sie stammten von Opfern, die hier zu Tode gekommen und verbrannt worden waren. Was sich tatsächlich in den KZs während des Krieges abgespielt hatte, erfuhr man erst jetzt – oder sah es, wie ich, mit eigenen Augen.

Hier waren mittlerweile sehr viele SS- und Nazi-Gefolgsleute interniert. Viele davon ganz junge Menschen von 15 oder 16 Jahren. Das waren, auch wenn sie noch kurz bei der SS waren, keine überzeugten Nazis. Sie waren hineingezwungen worden – als alles schon zu Ende war.

Unsere Soldaten waren – auch wenn es Ausnahmen gegeben haben mag – keine Mörder. Sie haben getan, was sie tun mußten. Viele junge Leute kamen mit den Einheimischen gut zurecht, oft zu gut. Sie lernten z. B. ein Mädchen kennen, meinten, sie hätten ein Stück neuer Heimat gefunden, und blieben weg. Oft nur ein paar Stunden zu lang. Todesstrafe wegen Fahnenflucht war die Antwort. Solche Fälle zeigen die Unerbittlichkeit des Krieges.

Ich wage zu behaupten, daß kaum ein Krieg gerecht ist. Doch wenn schon das Phänomen Krieg vorliegt, dann hat der Priester hier auch seine Aufgabe – natürlich nicht zur Glorifizierung des Krieges. Er hat die Männer als Seelsorger zu begleiten und muß Beispiel geben für seine Einstellung im Glauben. Das ist viel wichtiger als große Reden. Solange man für Menschen dasein kann, ist man nicht auf verlorenem Posten. Und es gibt immer Menschen, die einen nötig haben, ganz gleich, wo sie sind, ganz gleich, in welcher Zeit das geschieht.

Heinrich Schwamborn

Geboren 1911 in Köln.
In Köln 1938 zum Priester geweiht.
Ab September 1939 als Marinekriegspfarrer in Kiel.
Ab Juni 1940 beim Seekommandanten Kristiansand.
Ab Juni 1941 beim Seekommandanten Gotenhafen.
Ab Mai 1942 beim Seekommandanten Libau (Lettland).
1945 bis Ende 1949 in russischer Kriegsgefangenschaft.
Pfarrer Heinrich Schwamborn war ab 1950 Seelsorger in Rheinbreitbach, Siegburg und Bad Godesberg-Friesdorf (Erzdiözese Köln).

Bei der Reichsmarine und auf dem Schifflein Petri

Ich wurde sofort nach Kriegsbeginn als Marinekriegspfarrer einberufen, denn schon vor meinem Theologiestudium war ich fast zwei Jahre lang Kadett bei der Reichsmarine und bin ein Jahr lang auf einem Kreuzer zur See gefahren; ein großer Vorteil, denn die Marinesoldaten spüren natürlich, wenn jemand »Seemannsbeine« hat. Nach dieser ersten Soldatenzeit heuerte ich auf dem »Schifflein Petri« an und studierte Theologie. Nach meiner Weihe 1938 forderte man mich auf, aktiver Marinepfarrer zu werden. Ich antwortete, daß ich zuerst einmal Erfahrungen in der Seelsorge sammeln wolle. Doch schon am 9.9.1939 wurde ich als Marinekriegspfarrer einberufen und in Kiel mit den umliegenden Dienststellen eingesetzt.

Mitte Juni 1940 erfolgte meine Abkommandierung zum Seekommandanten in Kristiansand. Mein Wirkungskreis reichte vom Oslofjord bis Stavanger. Im Krankenhaus der deutschen St.-Josefs-Schwestern war ein Flügel als Lazarett eingerichtet. In der Schwesternkapelle konnte ich jederzeit die hl. Messe feiern, wenn ich mal nicht dienstlich unterwegs war. Für die Wehrmachtsangehörigen stand uns sonntags die kleine katholische Pfarrkirche zur Verfügung. Vom Luftwaffenstützpunkt ließ der Kommandant die Kirchgänger mit Lkw anfahren.

Der Kommandant im Oslofjord gab meinem evangelischen Kollegen und mir, wenn wir zum Gottesdienst kamen, öfter ein Thema für die Sonntagspredigt. Häuften sich einmal die Fälle von Kameradendiebstahl, forderte er uns auf, am nächsten Tag über das Gebot »Du sollst nicht stehlen« zu predigen. Und ein andermal sagte er uns, wohl aus gegebenem Anlaß: »Sprecht einmal über das sechste Gebot. Die sollen endlich die Finger von den norwegischen Mädchen lassen und an ihre Frauen und Bräute zu Hause denken.« Und war der Kirchenbesuch einmal gar zu ärmlich, stauchte er seine Offiziere in der Offiziersmesse zusammen, daß alle anderen ebenso anwesend zu sein hätten, wenn er zur Kirche ginge. An diesem Sonntag wurde das Mittagsmahl ziemlich schweigsam eingenommen.

Von Norwegen wurde ich Ende Juli 1941 nach Polen versetzt, und zwar nach Gotenhafen, das früher (wie auch jetzt wieder) Gdynia hieß. Hier herrschte eine ganz andere Art von Katholizismus. So saß ich eines Samstags im Beichtstuhl. Plötzlich riß einer den Vorhang des Beichtstuhls auf, packte meine Stola und küßte sie. Der dortige Zivilpfarrer klärte mich auf, daß dies hier so üblich sei, weswegen man die Stola besser über das halbhohe Türchen des Beichtstuhls heraushängen lasse.

In Polen taufte ich auch und nahm Trauungen vor. Nicht selten zwischen einem deutschen Soldaten und einer eingedeutschten Braut. Viel Zeit erforderten die Besuche im Lazarett: Gespräche, Sakramentenspendung, Gottesdienste. 90 Prozent der Verwundeten waren für einen Geistlichen ansprechbar. An einen erinnere ich mich noch: Er war mit einem glatten Durchschuß eingeliefert worden und sagte zu mir: »Es kann keinen Gott geben, der so etwas zuläßt. Bitte, lassen Sie mich in Ruhe, ich will nichts hören.« Der ist trotz einer eigentlich harmlosen Verwundung gestorben. Ein anderer, der Botschaft Christi aufgeschlossen und zuversichtlich, hatte beide Arme verloren. Auf meine Frage, was denn seine Frau zu dieser Verwundung sage, meinte er: »Ich fahre erst nach Hause, wenn ich ganz selbständig bin. Sie soll nicht umfallen, wenn sie mich sieht.« Er hat überlebt.

Selbstverständlich sprach ich im Lazarett ohne Ansehen der Konfession mit jedem, auch mit denen, die sich »gottgläubig« nannten. Sakramente empfingen aber nur die Katholiken.

Von Gotenhafen aus wurde ich Anfang Mai 1942 nach Libau in Lettland versetzt; dort blieb ich bis zur Kapitulation am 5. Mai 1945.

Auf all meinen Stationen während des Krieges hatte ich ein absolut gutes Verhältnis zu meinem Vorgesetzten, zu den Offizieren und Mannschaften. Bis auf zwei Vorfälle kurz vor Kriegsende. Da kam ein NS-Führungsoffizier zu uns, ein Oberleutnant, der von Beruf evangelischer Pfarrer war. Als ich ihm auf der Straße begegnete, grüßte ich ihn mit dem militärischen Gruß durch Handanlegen an den Mützenschirm. Er hielt mich an und verlangte den »deutschen Gruß«. Ich konterte: »Erstens brauche ich Sie nicht zuerst zu grüßen, denn ich bin der Ranghöhere. Zweitens gilt ab heute wieder der militärische Gruß, falls Sie das noch nicht wissen sollten.« In Gefangenschaft behauptete er den Russen gegenüber, er sei lediglich evangelischer Pfarrer gewesen. Da erinnerte er sich plötzlich seiner Berufung. Fast zur gleichen Zeit kassierte ich eine Anzeige, weil ich mich angeblich in der Kantine politisch negativ geäußert hätte. Es kam sogar zur Verhandlung. Doch die Beweisführung war zu schwach, die Sache wurde ad acta gelegt. So eine Angelegenheit konnte sehr unangenehm enden.

Unangenehme Erfahrungen mit den evangelischen Mitbrüdern hatte ich eigentlich nie, weder in Norwegen noch in Gotenhafen. Nur in Libau traf ich einen evangelischen Kollegen, den ich schon von Kiel her kannte. Er bezeichnete sich betont als »Deutscher Christ«. Vor meiner Ankunft war er in Libau der einzige Marinekriegspfarrer und hielt Gottesdienste interkonfessionell. Selbst sein Dienststempel enthielt keine Konfessionsangabe. Von Angehörigen katholischer Soldaten erfuhr ich, daß sie aus seinen Briefen geschlossen hätten, er sei der katholische Pfarrer. Ich weigerte mich, diese interkonfessionelle Arbeit mitzumachen. In meiner Auffassung bestärkte mich auch Marinedekan Dr. Estevant. Weitere Auseinandersetzungen mit diesem Kollegen blieben mir erspart, da er nach einer Woche nach Kiel versetzt wurde.

Mit seinem Nachfolger, der zur evangelischen Michaelsbruderschaft gehörte, war ich schon seit der Tätigkeit in Kiel befreundet. Es war ein sehr gutes Zusammenarbeiten. Wir hatten unser Quartier im Gebäude der Seekommandantur und besuchten zusammen die Stellungen, wo jeder seinen Gottesdienst hielt.

Aus meinem großen Wohnzimmer wurde eine Hauskapelle. Ein Major der Luftwaffe ließ den Raum bis in eineinhalb Meter Höhe mit Holz verkleiden, die Männer schufen ein Podest, darauf den Altar mit dem Tabernakel. Dazu zwei Betschemel, Stuhlreihen und ein Harmonium. Alle Priestersoldaten konnten dort täglich, wenn sie Zeit hatten, zelebrieren. Auch Wehrmachtsgottesdienst in der Kirche hielten sie schon mal, wenn ich abwesend war. Obwohl es eigentlich verboten war, wurde es stillschweigend geduldet. Für die Gestaltung benutzten wir das Militärgebet- und -gesangbuch. Von der »Kirchlichen Kriegshilfe« aus Freiburg bekamen wir Pakete und Rosenkränze, religiöse Zeitschriften und Evangelienbücher. Alles wurde von den Soldaten dankbar angenommen. Zum Standortgottesdienst in der großen

Pfarrkirche kamen Soldaten aller Waffengattungen und Deutsche anderer Dienststellen, bis zu 150 Personen.

Zu betreuen hatte ich zwei Marinelazarette, ein Luftwaffenlazarett und zeitweise bis zu drei Feldlazarette, die vorübergehend von der Front kamen, um dann in die Heimat gebracht zu werden. Für manchen Verwundeten schrieb ich auf seine Bitte hin an die Angehörigen. Todesfälle durften später nur berichtet werden, wenn die Dienststelle die amtliche Nachricht abgeschickt hatte. Es gab leider auch viele Beerdigungen, einzeln oder in Massengräbern.

Eine der schwersten Aufgaben war die Betreuung zum Tode Verurteilter. Bei fast 30 Verurteilten erlebte ich die Exekution mit. Manchmal waren es mehr als drei auf einmal. Grund zur Verurteilung war gewöhnlich Fahnenflucht. Wenn etwa ein junger Mann sich beim Heimaturlaub nicht von seinem Mädchen trennen konnte, den Zug verpaßte und dann von der Feldpolizei geschnappt wurde, gab es kein Erbarmen. Auch nicht, als einmal ein Soldat loszog, um bei einem Bauern gegen Zigaretten oder Tabak etwas zum Essen einzutauschen. Ein paar Hundert Meter von seinem Dienstbereich entfernt wurde er gefaßt. Urteil: Tod durch Erschießen.

Zu diesen Leuten ging ich abends ins Gefängnis, ließ mich bis in die Morgenstunden einschließen und ging dann mit zur Hinrichtungsstätte. Einmal bat mich ein Verurteilter, der bereits am Pfahl festgebunden war, ihm das Bild seiner Mutter unter die Jacke zu schieben. Am nächsten Tag sagte der Pathologe: »Ich verstehe es einfach nicht. Jeder Schuß war ein Treffer. Doch keiner hat das Bild der Mutter versehrt.« Ein anderer bekannte sich in der Nacht vor seinem Tode zum katholischen Glauben. »Ich möchte so sterben, wie meine Mutter gelebt hat.« Am Pfahl rief er: »Ich will die Augen nicht verbunden haben. Kameraden, zielt gut. Es lebe der Führer!« Ein anderer trauriger Fall: Ein Oberfeldwebel war bei seiner Festnahme so angeschossen worden, daß er gelähmt war. Sie trugen ihn auf der Bahre zum Pfahl und wollten ihn festbinden, damit er nicht umfiele. Auf meinen Einspruch hin befahl der Leutnant einem Feldwebel, den Gelähmten mit Genickschuß zu töten. Nur einen erlebte ich, der sich anstellte: ein Obergefreiter aus dem Russenlazarett in Libau. Er hatte russische Gefangene ausgeplündert und toten Russen die Goldzähne ausgebrochen. Nach seiner Verurteilung winselte und jammerte er. Er wurde zur Vollstreckung zu seiner Stammeinheit nach Deutschland transportiert. Man machte dies zur Abschreckung junger Rekruten.

Von Anfang an wußte ich: Dies war kein gerechter Krieg – und also war er auch nicht zu gewinnen. Schon beim Dienstantritt hatte ich darüber mit

Jeder Pfarrer hatte einen hauptamtlichen Küster; bei Gottesdiensten ministrierten aber Soldaten der jeweiligen Einheit.

Taufe russischer Frauen und Kinder. Seelsorge an der Zivilbevölkerung war den Feldgeistlichen verboten. Einige taten es doch.

Ankündigung eines katholischen Wehrmachts-Gottesdienstes.

Die russische Zivilbevölkerung war dankbar für die Gottesdienste der deutschen Geistlichen. In vielen russischen Dörfern gab es seit Jahren keinen Popen mehr.

Pfarrer Theo Lotz bei Feldgottesdiensten in der Ukraine, fotografiert von Jakob Altenhofer. Er stand als Küster mehreren Kriegspfarrern zur Seite. Mit seinen Aufnahmen ist er einer der wichtigsten Bildchronisten der Feldseelsorge im Zweiten Weltkrieg.

meinem Vorgesetzten Dr. Estevant gesprochen. Der Dekan aber riet mir: »Um Gottes willen, sagen Sie das nie einem Menschen. Das würde Sie das Leben kosten.«

Ich bin dennoch ganz gut durchgekommen. Bis zum bitteren Ende, bis zum letzten Tag, als alle Soldaten bereits aus Libau abgezogen waren. Ich hatte meinem evangelischen Kollegen versprochen, ihn nicht im Stich zu lassen. Gemeinsam schlichen wir uns an den plündernden Letten und befreiten russischen Kriegsgefangenen vorbei zum Hafen, wo wir noch in einem Bunker übernachteten. Tags darauf waren die russischen Soldaten da. Es dauerte drei Tage, bis sie alle Gefangenen zusammengetrieben hatten. Über mehrere Stationen führte der Transport quer durch Rußland nach Mordwinien, einem Verbannungsgebiet auch für Russen. Dort, umgeben von Sumpf, Wald und Moor, lag Saransk, unser erstes Lager. Auch wir Offiziere mußten arbeiten, und zwar Bäume fällen, was aber gar nicht so unangenehm war. Denn dabei konnte man wenigstens dem Lagermief für ein paar Stunden entkommen.

Im Lager hielten wir zunächst, trotz Verbotes, Gottesdienste. Im Vorraum einer Baracke standen Tonnen, aus denen wir das Wasser zum Waschen holten. Über die legten wir dann ein paar Bretter – unser Altar. Dies wurde später von einem Kommissar unterbunden. Daraufhin feierten wir nachts im Entlausungsofen unsere Gottesdienste. Bis man uns auf die Schliche kam und es ebenfalls verbot. Dann kam der Heilige Abend. Alle Männer hatten aus Wachsresten Kerzen gemacht und in der Baracke aufgestellt. Da sagten wir: »Weihnachten ohne Messe? Nein!« Wir setzten uns auf einer Pritsche zusammen, stellten den Kelch auf ein weißes Korporale zwischen uns und lasen die Messe. Weihnachten 1947 sind wir dann in die Nähe von Leningrad verlegt worden. Ende November 1949 wurde ich entlassen, und am 1. Dezember dieses Jahres war ich dann wieder zu Hause.

Freiwillig wäre ich nie Kriegspfarrer geworden. Trotzdem bereue ich nicht, daß es so gekommen ist. Ich tat meine Pflichten und bemühte mich dabei, diesen Dienst gut zu machen, nicht im Sinne Hitlers, sondern im Sinne der Kirche. Später bat mich dann Prälat Werthmann vom Militärbischofsamt, die Bundeswehrseelsorge mit aufzubauen. Nach einer Woche Bedenkzeit lehnte ich ab. Als ich ihm dies mitteilte, war er zunächst etwas kurz angebunden. Dann aber ging er zum Schrank und holte eine Flasche für uns beide heraus.

Alfons Mende

Geboren 1907 in Gleiwitz (Oberschlesien).
In Breslau 1931 zum Priester geweiht.
Als Divisionspfarrer in Polen, Jugoslawien, Frankreich und Rußland.
1944 Kommandierung zum Feldlazarett 766 in der Nähe von Florenz.
Internierungslager bei Verona ab Juni 1945.
Entlassung im August 1945.
Pfarrer Alfons Mende war 1946 bis 1950 Pfarrer in Pasching bei Linz. Ab 1951 Anstaltspfarrer und Krankenhauspfarrer in Krefeld.

Im Grunde konnte man das nicht verkraften

Im Hotel »Bristol« in Warschau sollte ich mich melden. Dort saß der Divisionsstab unter General Suttner. Kurz vorher, gegen Ende des Jahres 1939, hatte ich völlig überraschend die Einberufung zur Wehrmacht erhalten. Ich hätte sofort anzutreten, sagte man mir. Dabei hatte ich keine Ahnung vom Soldatenleben. Und vom Krieg hatte ich schon gar keine Vorstellung. Ich war 1931 zum Priester geweiht worden und hatte nach meiner Kaplanszeit in der »Wandernden Kirche« Dienst geleistet. Wir fuhren viel mit dem Auto durch die Gegend, etwa zu den Saisonarbeitern, die nach Ostpreußen geschickt worden waren.

Jetzt sollte ich also als Feldgeistlicher in den Krieg. Ich hatte keine Vorstellung, wer mich für diese Aufgabe empfohlen hatte. Angeblich gab es da geheime Listen mit denen, die für einen solchen Dienst in Frage kamen. Bei einem aktiven Wehrmachtpfarrer in Insterburg kleidete ich mich ein, denn der konnte mir genau sagen, welche Sachen ich dringend für meinen Dienst benötigte. In Uniform und mit der passenden Ausrüstung fuhr ich dann nach Warschau und ging in das besagte Hotel. »Sie waren sicher schon aktiver Soldat«, sagte General Suttner bei der Begrüßung. »Nein«, antwortete ich knapp. »Aber Ihre Haltung …«, zeigte er sich verwundert, und ich entgegnete spontan: »Das liegt im Blut.«

Zu der Zeit wußte ich noch nicht einmal, was eine Division ist und aus welchen Teilen sie besteht. Doch das sollte ich bald lernen; nette Kameraden brachten es mir nach und nach bei. Ich war bei der 228. Infanteriedivision gelandet – und vielerlei Eindrücke prasselten auf mich hernieder. Weihnachten 1939 hatte ich meine erste Bewährungsprobe zu bestehen. An jedem Feiertag mußte ich drei oder vier Gottesdienste nacheinander abhalten. Dazu war dann noch stundenlang die Weihnachtsbeichte zu hören. Das war eine riesige physische und psychische Belastung, denn ich war so etwas nicht gewohnt.

Von Warschau aus ging es nach Westen, nach Frankreich, genauer gesagt nach Paris. Wir waren Besatzungstruppe in der Hauptstadt, und der Divisionsstab lag in Maisons-Lafitte. General Chapuis war der Leiter unserer Division, der 14. Infanteriedivision (mot). Schon bei meiner Begrüßung schimpfte er über die, wie er sich ausdrückte, katholischen Pfaffen. Mit denen habe er in Berlin sehr schlechte Erfahrungen gemacht. Trotz dieser markigen Worte wurden wir Freunde – aber ich habe nie erfahren, was dort in Berlin vorgefallen war. Während unserer gemeinsamen Zeit verbrachten wir viele Abende zusammen, spielten Skat, tranken Kaffee auf dem Zimmer und redeten ganz offen über die Dinge, die uns bewegten. Das war ein sehr angenehmes Verhältnis.

Von Paris aus verschlug es mich mitten in den Jugoslawien-Feldzug. Ich war dabei, als die Truppen Sarajevo einnahmen. Wir lagen am Rande der Stadt, ein gewisser General Henrici war mein neuer Chef. Plötzlich sagte er zu mir: »Pfarrer, fahren Sie mit!« Die ganze Nacht hindurch fuhren wir mit der Aufklärungsabteilung durch Sarajevo. Dort brannte alles lichterloh. »Bewachen Sie den Bahnhof«, sagte der General zu mir. Ich dachte, er scherzt. Doch das war kein Scherz. Da viele Truppenteile noch beim Drina-Übergang kämpften, hatten wir in der Stadt viel zuwenig Leute. Es blieb mir also nichts anderes übrig, als zusammen mit einem Kameraden den Bahnhof zu bewachen. Zum Glück blieb es ruhig.

Morgens erhielt ich den nächsten Befehl. Diesmal sollte es das Lebensmittellager sein, auf das ich aufpassen sollte. Ich bekam einen Schlüssel in die Hand gedrückt. Mit dem konnte man die riesige Tür öffnen, die zum Lager führte. Dort stapelten sich Unmengen von Nahrungsmitteln – und vor der Tür standen hungrige, bettelnde Menschen. »Die Leute haben Hunger«, dachte ich mir. Und ich zögerte nicht, ihnen Eimer mit Ölen und Fetten zu geben, die dort gelagert waren. Im Gegenzug wurde ich von den Leuten mit Kaffee bewirtet. Das war eine ganz rührende Begegnung mitten im Krieg.

Ich erhielt den nächsten Befehl: Ich hätte mich sofort in der Alexanderkaserne einzufinden. Dort wären jugoslawische Truppen zusammengezogen, die sich ergeben hätten – darunter ein General. Der fragte mich dann, ob er seine Pistole weiter tragen dürfe. »Natürlich«, antwortete ich, »aber es ist wohl besser, wenn die anderen ihre Waffen abgeben.« – »Die Leute sind bereits alle entwaffnet. Die Gewehre liegen draußen auf dem Platz«, kam es zurück. Stunden später, gegen drei Uhr nachmittags, trafen dann endlich die Truppen ein. Meine Mission war beendet. Die Soldaten kringelten sich fast vor Lachen: Der Pfarrer als Gefangenenbewacher!

Wir sollten nicht lange in Jugoslawien bleiben. Es ging zurück nach Leipzig, und von dort ging es weiter zum Rußlandfeldzug als 16. Panzergrenadierdivision unter General Henrici. Henrici wurde bald von Graf Schwerin abgelöst. Mit ihm mußte ich die Feldgottesdienste festsetzen. Wir schritten dann das Gelände ab, und er bat mich immer um den großen Segen. »Großer Segen?« dachte ich mir. »Großer Segen, was meint der damit?«

Der Dienst bei der Panzerdivision war nicht einfach. Die Soldaten waren ständig in Bewegung. Und wenn einmal unverhofft eine Pause auftrat, hieß es sofort: »Pfarrer, jetzt einen Gottesdienst.«

Hauptfeldwebel sind die wichtigsten Leute bei einer Kompanie. Das habe ich schnell gemerkt und mich danach gerichtet. So hatte ich die Sache gut im Griff und konnte viele Gottesdienste feiern. Schwierigkeiten mit den Soldaten gab es nie. Überall, bei den Regimentern und bei der Kompanie, kam ich gut aus mit den Offizieren, pflegte mit den Bataillonskommandeuren eine herzliche Kameradschaft und fühlte mich auch bei den Sanitätskompanien heimisch. Es fehlte uns Pfarrern an nichts. Ich bekam alles, was ich brauchte.

Einmal sagte ich zum Generalintendanten: »Ja, und Meßwein brauch' ich immer ...« – »Wieviel davon?« wollte er wissen. »Vielleicht zwei Flaschen im Monat«, überlegte ich. »Bist du verrückt?« sagte er. »Das ist doch keine Lieferung!« Lange Rede, kurzer Sinn: Das Zeug kam kistenweise an. Mit zwei Flaschen gab man sich bei der Wehrmacht nicht ab; dort dachte man in anderen Größenordnungen. So kam es, daß ich in meinen Dienstwagen einen halben Weinkeller integriert hatte, der sich bei den Kameraden äußerster Beliebtheit erfreute – wen wundert's! Und der Wein kam regelmäßig. Ich brauchte meine zwei Flaschen für die Messe, und der Rest wurde von den Kameraden getrunken.

In Rußland wurde ich dann zum Gräberoffizier ernannt, bekam ein Kommando mit zwei Mann und einem Unteroffizier. Wir sollten Friedhöfe anlegen. Das war leicht gesagt, erwies sich aber letztendlich als äußerst komplizierte Aufgabe. Wir mußten die Gefallenen suchen, und gerade im Sommer waren die Leichen sehr schnell verwest – es stank dann fürchterlich. Das war keine schöne Arbeit. Aber wir bemühten uns dennoch, die Toten sehr feierlich beizusetzen. Ich fertigte ein Kreuz, schrieb den Namen des gefallenen Soldaten darauf und fotografierte das Grab. Die Bilder schickte ich an die Angehörigen. Das war doch viel besser, als so eine nüchterne Mitteilung zu verschicken. So hatten die Verwandten wenigstens ein Andenken an den Verstorbenen, hatten die Gewißheit, daß er feierlich beerdigt worden und ihm die Beisetzung in einem Massengrab erspart geblieben war. Mit einigen Angehörigen, denen ich schrieb, entwickelte sich auch ein dauerhafter Briefkontakt. Ich versprach, die Leute nach dem Krieg einmal zu besuchen. Doch als dann alles vorbei war, zögerte ich, die Menschen aufzusuchen. Ich wollte das alles nicht noch einmal aufwühlen.

Eine Zeitlang – während der Kämpfe um Rostow – mußte ich die Leibstandarte Adolf Hitler betreuen. Der Kommandeur, ein General, hatte mich darum gebeten. Ich konnte nicht nein sagen, das war klar. Also besuchte ich die Soldaten und stellte verwundert fest, daß sie in ihrem Wehrpaß alle das Glaubensbekenntnis »römisch-katholisch« stehen hatten. Viele von ihnen kamen aus Bayern und freuten sich sehr über meine Besuche. Überhaupt muß ich sagen, daß die Leibstandarte Adolf Hitler so wüst nicht war. Vielleicht deren Führung, aber nicht die einfachen Soldaten. Die wurden doch alle durch Druck und Repressalien zum Dienst gezwungen.

Der Rußlandfeldzug war gescheitert, die Truppen auf dem Rückzug. Ich selbst bekam eine Hepatitis und wurde nach Hause geschickt. Im Kriegslazarett Hindenburg konnte ich in aller Ruhe meine Krankheit auskurieren, doch dann kam auch schon der Marschbefehl nach Italien, nach Montecatini. Auch wenn sich das vielleicht seltsam anhören mag: Es war eine schöne Zeit dort. Die Kameradschaft mit den Soldaten war gut, und ich konnte jeden Sonntag Standortgottesdienste abhalten. Da gingen dann vier Matrosen in voller Uniform als Meßdiener voran, und dahinter marschierte die Truppe einschließlich der Soldaten der Feldlazarette zum Gottesdienst. Was haben die Italiener für Augen gemacht! Die kamen aus dem Staunen nicht mehr heraus und drängten auch in die Kirche.

Es gab aber auch unangenehme Ereignisse: Der Krieg war so gut wie verloren – und ich mußte vor das Kriegsgericht. Was für ein Witz! Man hatte mich angezeigt auf der Grundlage des sogenannten »Heimtückegesetzes«. Ich sollte angeblich erzählt haben, zwei hohe Offiziere der Wehrmacht und ein SS-Soldat hätten sich im Urlaub geohrfeigt. Bei der Verhandlung sagte ich fortwährend: »Ich verstehe das gar nicht ...« – und das Verfahren wurde eingestellt.

Die Predigten mußte ich all die Jahre aus der jeweiligen Situation heraus aus dem Stegreif halten. Das ist mir auch nicht schwergefallen. Es gab zwar Hirtenbriefe von Feldbischof Rarkowski, aber die waren völlig unbrauchbar für unseren Dienst, die konnte man unmöglich vortragen. Ich habe die Kameraden immer direkt angesprochen, und das ist den Offizieren auch nie übel aufgestoßen. Die fanden das korrekt. Ich predigte immer sehr kurz. Nur bei Feldgottesdiensten mußte man sich etwas vorbereiten und sich doch viel mehr bemühen, denn schließlich war dann immer ein General dabei.

Durchhalteparolen habe ich nie gepredigt. Nie. Das wäre auch in unserer Division nicht angekommen, denn unsere Division war sehr stark durch die Generäle geprägt, und die waren ebenfalls sehr religiös. Auch Generäle glauben an Gott! Ich habe während der sechs Jahre im Krieg in ihren Kreisen nie ein abfälliges Wort über Gott oder über den Glauben gehört. Es gab sicher auch Kameraden, die ungläubig waren, vor allem unter den Offizieren, aber die akzeptierten mich.

Ich war öfters ganz vorne an der Front. Besonders an Weihnachten machte ich mich immer auf den Weg und besuchte die Truppen an der vordersten Linie. Auf allen vieren bin ich da gekrochen, bin über Zäune geklettert, und wenn die Leuchtmunition den Himmel erhellte und der Posten mich anrief, mußte ich immer ganz schnell sagen: »Ich bin der Pfarrer!«

Dann ging ich in die Unterkünfte und las einen Weihnachtsgottesdienst. Bei Major Torley feierten wir einen Weihnachtsgottesdienst, den ich nie vergessen werde. Zwei Kameraden hielten ein Brett, auf dem ich dann zelebrierte. Doch es wurde so viel geweint, daß ich kaum zelebrieren konnte. Die Verzweiflung der Leute kann man nicht beschreiben. Das kann sich niemand vorstellen.

Ich glaube, daß die Not das Beten lehrt. Oft habe ich von Soldaten den Satz gehört: »Herr Pfarrer, ich hab' so lange nicht mehr gebetet!« Und dann betete ich mit ihnen. Das war gut zu verstehen. Sie wußten ja nicht, ob sie den Tag noch überleben würden. Die Truppe mochte mich – das kann ich guten Gewissens sagen. Wenn ich eine Gruppe von Soldaten überholte, dann riefen sie »Pfarrer, Pfarrer« vom Wagen herunter und grüßten. Daran denke ich sehr gerne zurück. Die Leute haben schon an einem gehangen – eben weil sie merkten, daß ich immer bei ihnen war, daß ich nicht nur zu Gottesdiensten kam.

Kontakte mit der Zivilbevölkerung gab es reichlich. Das gestaltete sich völlig unkompliziert, etwa in der Ukraine. Dort sind wir von den Leuten begeistert empfangen worden. Und als die Leute hörten, da sei ein Pfarrer unter den Soldaten, ging es erst richtig los ... Was soll ich sagen? Ich habe aus einem Bottich heraus massenhaft getauft, wirklich massenhaft. Und die Soldaten, Ärzte, sie alle halfen fleißig mit, rissen sich regelrecht um Patenschaften und beschenkten die Menschen dort mit den verschiedensten Sachen. Da spielten sich rührende Szenen ab. Einmal sollte ich sogar ein Hochzeitspaar trauen. Doch als die Feier beginnen sollte, erhielten wir unseren Abmarschbefehl. Eine Tragödie. Die ganze Nacht hatten wir für die Trauung gearbeitet und mußten dann unverhofft weiter. Die Menschen weinten hemmungslos; sie hatten sich so sehr auf das Fest gefreut.

Natürlich war das alles nicht erlaubt, natürlich sollte man keinen Kontakt mit der Zivilbevölkerung haben. Aber in unserer Division war das irgendwie möglich. Die Leute hatten in erster Linie ein Herz und dann erst die Dienstvorschrift im Kopf. Viel später erzählte ich diese Geschichte einmal dem General Schwerin. Der machte große Augen und schmunzelte.

Wenn ich das alles erzähle, frage ich mich oft selbst: »Sag mal, idealisierst du jetzt nicht? Es war doch schließlich ein grausamer Krieg!« Logisch – ich idealisiere diese Sache. Die schrecklichen Augenblicke verdrängt man, darüber erzählt man nichts. Ich finde, das ist ganz natürlich, daß man all die Grausamkeit verdrängt. Auf Dauer kann niemand mit den fürchterlichen Bildern im Kopf leben.

Ich habe viel Elend im Krieg gesehen. An Kriegsgerichtssitzungen hatte ich beispielsweise teilzunehmen. Dort spielten sich unvorstellbare Dinge ab. Da wurden Jugendliche, wenn sie eine völlig harmlose Straftat begangen hatten, einfach zu asozialen Elementen erklärt und erschossen. Ich denke etwa an einen jungen Mann, der zu Hause mit sieben Geschwistern aufgewachsen war und für eine Schwester im Kaufhaus eine Puppe geklaut hatte. Das genügte: asoziales Element, Todesurteil ...

Danach arbeitete ich mit dem Kriegsrichter Dr. Thenen. Er war Rechtsanwalt aus Würzburg und Katholik. Wir hatten uns folgende Regelung zurechtgelegt: Wenn ein Angeklagter Gefahr lief, etwas zu sagen, was ihm ein Todesurteil einbringen konnte, dann sollte Richter Thenen immer sagen: »Herr Pfarrer, ermahnen Sie den Soldaten zur Wahrheit!« Ich ging dann mit dem Angeklagten hinaus und sagte ihm unter vier Augen: »Du Idiot, du darfst so etwas doch nicht sagen!« Dann gingen wir wieder in den Gerichtssaal, und er sagte bei der entscheidenden Frage dann die richtige, für ihn ungefährliche Antwort. Bei Dr. Thenen kam es nie zu einem Todesurteil, die Angeklagten kamen »nur« in eine Strafkompanie. Das war auch schlimm genug. Dort mußten sie Minenfelder räumen und andere brandgefährliche Missionen verrichten. Aber das war immer noch besser als ein Todesurteil.

Ein Todesurteil war eine grausame Sache. Ich weiß das, denn wenn jemand dieses Urteil bekam, mußte ich die letzte Nacht mit dem Betreffenden zusammenbleiben. Meist schrieben die Soldaten dann Briefe nach Hause oder wollten mit einem reden. Eine Nacht werde ich nie vergessen. Ich sollte bei einem jungen Soldaten in Krefeld wachen, der wegen Fahnenflucht zum Tode verurteilt worden war. Er war völlig verzweifelt, ich konnte ihn kaum beruhigen, doch irgendwann schlief er mit Fieber ein. Meine Nerven waren ziemlich verbraucht.

Plötzlich kamen Soldaten aus dem Klingelpütz an, dem großen Kölner Gefängnis. Ob ich bei ihnen nicht einem zum Tode Verurteilten helfen könnte, fragten sie. »Auch das noch«, dachte ich. Ein Fall ist doch wirklich genug. Ich fuhr trotzdem hin – es war schrecklich. Da hatte ein junger Kerl in der Dunkelheit einer Dame die Tasche geklaut. Zum Tode verurteilt. Da wurde nicht lange gefackelt. Der Junge wurde geköpft – und ich hatte dieser Exekution beizuwohnen.

Ich fühlte mich elend, stieg in den Wagen, fuhr die 90 Minuten nach Krefeld zurück und mußte der Erschießung des Fahnenflüchtigen beiwohnen. In einer Kuhle haben sie ihn erschossen. Fürchterlich. Ich habe lange gebraucht, mit dem Erlebnis dieser Stunden fertig zu werden. Im Grunde konnte man das gar nicht verkraften.

Gegen Ende des Krieges kam ich selbst in Gefangenschaft. In der Gegend von Verona in Italien war ich zusammen mit 140000 Mann eingesperrt. Dort waren sehr viele Geistliche, etwa 30 evangelische und 30 katholische. Wir konnten dort auch regelmäßig Messen lesen; die Kameraden haben extra Altäre gebaut. Ich habe dort sogar katholischen Theologiestudenten Unterricht in Kirchengeschichte gegeben. Ja – das war eine gute Zeit. Wir hatten keine Strapazen in der Gefangenschaft zu erleiden. Irgendwann wurden wir entlassen. Der Krieg war vorbei.

Mir war von Anfang an klar, daß dies kein gerechter Krieg war. Ich war immer gegen den Krieg. Gut, ich habe mich nie geäußert, das stimmt. Ich kann gar nicht genau sagen, wieso ich mich nicht geäußert habe. Man kam einfach nicht auf die Idee, etwas zu sagen. Um einen herum schwieg alles. Also schwieg man auch. Und da gab es diesen Satz, den man sich immer gegenseitig zuwarf; der ging wie folgt: »Kinder, genießt den Krieg, der Frieden wird furchtbar sein!« Wenn wir den Krieg gewonnen hätten, wäre der Frieden auch furchtbar geworden. Was haben wir uns danach gesehnt, daß die Nazis endlich gestürzt würden! Die gescheiterten Attentate auf Hitler machten uns sehr traurig. Denn ein Attentat, dachten wir, sei das einzige Mittel, um die Nazis endlich loszuwerden. Nur so könnte dieses sinnlose Morden endlich gestoppt werden.

Jeder meiner Kameraden dachte so. Doch nach dem Attentat im Juli 1944 wurde es auch für uns wesentlich schwieriger, denn es wurden überall Spitzel eingeschleust. Man mußte sehr vorsichtig sein. Die hatten nur ein Ziel: Sie wollten einen erwischen, wenn man etwas Abtrünniges über die Nazis sagte. Entweder man hält durch oder man verdrückt sich, wenn diese Leute auftauchen, vereinbarten wir unter uns Pfarrern. Es ist auch nie jemandem ein Wort herausgerutscht.

Von Konzentrationslagern hörte ich erstmals 1942/43. Unser Zug legte auf irgendeinem Bahnhof einen längeren Halt ein. Plötzlich hörte ich aus einem Waggon auf dem Nebengleis laute Rufe: »Pan, Brot, Pan, Brot.« Als ich näher hinschaute, sah ich einen langen Zug, vollgepfropft mit Menschen. Sie alle hatten Hunger, bettelten nach Brot. Wir hatten gehört, daß die Leute nach Auschwitz gefahren würden. Wilde Gerüchte kursierten damals über die Konzentrationslager. »Die bringen dort die Juden um«, hatte es immer geheißen. Aber man wußte nichts Genaues. Doch jetzt sah ich einen Zug voller Menschen, und da war mir sofort klar: Die Leute werden tatsächlich umgebracht. »Da werden unsere von Bomben umgebracht, und dort bringen wir sie selbst um«, schoß es mir durch den Kopf. Das war nicht zu begreifen. Wie konnte man so etwas tun?

Mit vielen Kollegen hatte ich zu dieser Zeit brieflichen Kontakt, auch mit Bischof Kaller aus Ostpreußen. Ich weiß, daß sie die Sachen, die ich schrieb, bei ihren Predigten auch benutzt haben. Das war als Bestätigung wichtig für mich. Erst nach und nach erfuhr ich von der Situation der Kirche in der Heimat. Einer meiner Mitbrüder, der mit mir geweiht worden war, kam nach Dachau. Das muß schon 1943 gewesen sein. Die ersten Nachrichten brachten Kameraden mit, die aus dem Urlaub zurückkamen und irgendwie mit Leuten in Verbindung standen, die man nach Dachau eingeliefert hatte. Wir wußten da ja schon genau Bescheid über die KZs und wußten folglich auch, was Dachau für jemanden bedeutete. Da machte man sich natürlich große Sorgen.

Was bleibt übrig? Ich habe es nie bereut, Militärpfarrer gewesen zu sein. Diese Kameradschaft zu erleben, helfen zu können – nein, ich habe das nie bereut. Ich war nach dem Krieg 20 Jahre Anstaltspfarrer in einer Krankenanstalt. Wenn ich all diese Erfahrungen im Krieg nicht gemacht hätte, hätte ich dort als Pfarrer nie so wirken können, wie es mir dann gelungen ist. Das darf man nicht vergessen.

Otto Fangohr

Geboren 1907 in Westeregeln (Bez. Magdeburg). In Fulda 1937 zum Priester geweiht. In Mai 1940 zum Sanitätsdienst eingezogen. Ernennung zum Kriegspfarrer im Mai 1941. Bis Ende 1942 Dienst als Lazarettpfarrer in der Ukraine. Danach Pfarrer bei der 255. Infanteriedivision. Ab 1944 bis Kriegsende bei der 208. Infanteriedivision. Er geriet in russische Kriegsgefangenschaft, die er bis 1949 in polnischen Lagern verbrachte. Pfarrer Otto Fangohr war bis 1978 Pfarrer in Momberg, Anzefahr und Neustadt (Diözese Fulda).

Herr Pfarrer, die kriegen mich nicht tot!

Die Kriegszeit habe ich seit 40 Jahren begraben. Ich habe über meine Kriegsjahre keine schriftlichen Unterlagen. Die Tagebuchaufzeichnungen wurden mir bei der Gefangenschaft im Sudetenland abgenommen. So habe ich zeitlich und auch örtlich keine dokumentarisch gesicherten Angaben mehr. Außerdem war ich nach meiner Heimkehr im Juli 1949 bemüht, vorwärts zu denken und die vergangene Zeit abzustreifen. Eines ist mir aber geblieben und aus guten Erfahrungen in Fleisch und Blut übergegangen: Ich liebe die Bundeswehr. Ich habe vor ihren Offizieren eine große Hochachtung. In allen Rangstufen betrachte ich sie als eine geistige Elite.

Ich bin am 18.6.1907 in Westeregeln im Bezirk Magdeburg geboren. Groß geworden bin ich in Bleicherode am Südharz. Ich hatte meinen Vater sehr früh verloren, meine Mutter war Krankenschwester. 1938 wurde ich Kaplan in Neustadt in Hessen, und das wurde meine Heimat. 1940 verließ ich Neustadt als Soldat und kam erst nach dem Krieg, im Juli 1949, wieder dorthin zurück.

Vor 50 Jahren, am 6. Mai 1940, wurde ich zur Sanitätsausbildung eingezogen. Ich bin gern Soldat gewesen, das möchte ich schon sagen. Nazi aber war ich nicht. Ein Jahr nach meiner Einberufung habe ich die Sanitätskompanie als Unteroffizier verlassen und folgte dem Befehl, in Berlin an einem Lehrgang für Kriegspfarrer teilzunehmen. Das war am 6. Mai 1941. Bald darauf zog ich mit dem Kriegslazarett 926 in die Ukraine. In Melitopol begann mein Einsatz mit der Betreuung der Verwundeten, die aus den Kämpfen um Kertsch und Sewastopol eingeliefert wurden. Dort waren damals schreckliche Kämpfe. Es muß im Herbst 1942 gewesen sein, als ich zu der sächsischen Division 255 unter General Hoppe versetzt wurde. Es war ein schwerer Winter, und mit Schlitten und Pferd habe ich damals die Truppenteile vom rückwärtigen Troß am Hauptverbandsplatz bis in die Schützengräben hinein besucht. Im August 1943 wurde die Division im Raum von Smolensk aufgerieben. Nach einigen Zwischenstationen, die ich nicht mehr genau in Erinnerung habe, landete ich bei der brandenburgischen 208. Infanteriedivision. Mit dieser Division, die am Ende des Krieges in Schlesien eingesetzt war, kam ich nach der Kapitulation in russische Gefangenschaft. Dort wurde ich mit 100000 anderen Gefangenen den Polen übergeben. Im Juli 1949 kehrte ich in die Heimat zurück. Ich war, glaube ich, in acht Lagern in polnischer Gefangenschaft.

Als Priester waren wir freie Männer. Wir waren die freiesten, von der Liebe zur Kirche, von Glauben und seelsorgerlicher Freude und vom Vertrauen der Soldaten getragenen Priester. Der Priester, der katholische wie auch der evangelische Pfarrer, war dort im Krieg ein freier und gerngesehener Mann.

Die Wehrmacht war eine Welt für sich. Von alter Tradition und soldatischem Denken geprägt, war sie unpolitisch, und wie bei einem Katalysator kamen bei ihr nationalsozialistische Tendenzen nicht zur Auswirkung. Ich habe nie wieder Verbindung mit Angehörigen ehemaliger Einheiten gehabt. Zuweilen denke ich aber in Ergriffenheit an die große Zahl ehrenvoller Männer zurück. Ich habe noch eine Abschrift von einem Schreiben des 3. Grenadierregiments 465 mit dem Datum 20. März 1943. Da heißt es: »Beim Angriff des Bataillons am 17. März 1943 auf Samotojewska trat er mutig und unerschrocken mit der vordersten Kompanie an und drang im feindlichen Feuer mit in den Ort ein. Sein schneidiges Verhalten bei diesem Anlaß hat ihm bei den Leuten meines Bataillons ungeteilte Achtung und Anerkennung eingebracht. In Anbetracht seiner unerschrockenen, eintrittsbereiten, opferwilligen Haltung erachte ich Kriegspfarrer Fangohr einer Auszeichnung für würdig.«

Im Schützengraben feierte ich keine Messen. Das ging nur in zurückgezogener Stellung. In den Schützengräben konnte ich nur Besuche machen und Gespräche führen. Auch auf dem Gefechtsstand habe ich keine Messe gefeiert. Dort habe ich mich nie lange aufgehalten.

Die Ausbildung zum Kriegspfarrer dauerte acht Tage. Da hörte man Vorträge über den Umgang mit der Truppe und dergleichen. Ich weiß noch, daß der Dekan ein hundertfünfzigprozentiger Militarist war. Daß man uns wesentliche seelsorgerliche Dinge beigebracht hätte, daran kann ich mich nicht mehr erinnern. Das wurde wahrscheinlich vorausgesetzt und ohnehin von uns erwartet.

Alle vier Wochen mußten wir einen Arbeitsbericht schreiben und haben das auch treu und brav getan. Für die Predigten wurde uns Material zugeliefert, von dem ich nicht mehr weiß, woher es kam. Wenn uns wirklich einmal ein Hirtenbrief erreichte, wußte man ihn gar nicht recht einzuordnen. Man hatte ja keine Gemeinde. In den Lazaretten hatte man die Verwundeten liegen, und sonst war da das Personal, Schwestern und Ärzte.

Im Kriegslazarett konnte ich übrigens keine Gottesdienste halten. In Melitopol richtete ich mir in einer alten Schule eine eigene Kapelle ein und hielt Sonntag für Sonntag schöne Gottesdienste. Auch in Saporoschje war das möglich. In Melitopol war gegenüber meinem Gottesdienstraum die Gestapo, und ich hatte persönlichen Kontakt zu diesen Leuten, die die Juden umbrachten. »Ja, dem habe ich eine in den Bauch gejagt.« In diesem Ton ging es da zu. Einmal sagte mir wirklich einer von ihnen: »Herr Pfarrer, wissen Sie, was wir hier tun, ist die größte Schweinerei der Welt. Wenn der Krieg einmal zu Ende ist – gebe Gott, daß er gnädig zu Ende geht –, dann hängen die uns alle auf.« Das hat er damals wörtlich gesagt. Selbst war man so ohnmächtig, da konnte man gar nichts machen.

Ich weiß noch: Am Anfang, als wir in die Ukraine abkommandiert wurden, überreichten uns die Leute noch Blumen, und wir konnten abends frei spazierengehen. Es war eine fruchtbare Erde, die Melonen wuchsen am Straßenrand. Dann kam die Gestapo und hat dort gewütet. Vorher hatten sich bereits die sogenannten »Goldfasane«, die für Agrar- und Verwaltungsangelegenheiten eingesetzt waren, in den Dörfern unbeliebt gemacht. Als dann die Gestapo und die SS kamen, war es endgültig aus. Ich selbst wohnte zwar bei einer ukrainischen Familie, aber sonst hatte ich mit der Bevölkerung keine Verbindung.

Von der Division wurde natürlich erwartet, daß wir unseren Dienst ordentlich versahen. Als Pfarrer war man sehr geachtet. Die Zeiten für den Gottesdienst habe ich selbst festgesetzt. Das ging dann durch den Tagesbefehl, den Regimentsbefehl, den Bataillonsbefehl, und die Kameraden traten an. Ich habe nie eine Ablehnung erfahren, dafür war die Situation viel zu ernst.

Man war auch selbst ständig mit extremen Situationen konfrontiert. Einmal war ich bei einem Angriff dabei. Es ging über ein freies Gelände. Der

Russe schoß, und die Unseren fielen. Da lagen die Sterbenden, die ich sofort versehen mußte, und ich bin von einem zum anderen gekrochen. Auch bei Operationen war ich dabei, wenn etwa bei einer Beinamputation nicht abzusehen war, ob der Betroffene eine solche Operation überstehen würde. In Melitopol wurde einmal ein junger Unteroffizier eingeliefert, der hatte lediglich einen Armdurchschuß. Aber er hat sich von dem Schock nicht wieder erholt und ist wegen dieser Kleinigkeit gestorben. Dagegen erinnere ich mich an einen Soldaten mit einer schweren Verletzung am Rücken. Sein Leben hatte man bereits aufgegeben und ihn zum Sterben separat auf Stroh gelegt. Ich bin zu ihm gegangen, und da sagte er zur mir: »Herr Pfarrer, die kriegen mich nicht tot.« Ich blieb bei ihm sitzen und fing an, für ihn zu beten. Nach 24 Stunden lebte er immer noch. Also mußten sie ihn neu versorgen. Er war voller Maden. Der Arzt sagte: »Es ist gut so, die beißen ihm den Dreck weg, die Maden.« Er hat seine Verletzung überlebt.

Da man in Divisionsangelegenheiten Überblick hatte, wußte man, wann und wo es möglich war, Gottesdienst abzuhalten. Nur selten wurden Wünsche vorgetragen. Einmal – es war an Weihnachten 1943 – sagte jemand von den NS-Führungsoffizieren zu mir: »Können Sie nicht auch bei uns Gottesdienst halten? Das wäre doch sehr schön, wenn die Soldaten Weihnachtsgottesdienst hätten.«

Zu den Angehörigen der Soldaten ergab sich verhältnismäßig wenig Kontakt, weil sie in diesem Frontlazarett nicht lange blieben. Die Angehörigen von Sterbenden und von Exekutierten wurden von mir benachrichtigt. Die Angehörigen der Verwundeten waren immer sehr dankbar, wenn sie von mir Nachricht erhielten. Da bekam man schöne Briefe. Von den Eltern exekutierter Soldaten bekam ich allerdings andere Briefe – da konnte man in die Knie gehen, so erschütternd waren die. Ich habe insgesamt viermal Exekutionen begleitet. Ein Verurteilter, 20 Jahre alt, sagte zu mir: »Herr Pfarrer, Sie haben ja mehr Angst als ich. Die Sonne geht auf, die letzte Sonne in meinem Leben.« Diesem jungen Mann habe ich die Hände gehalten, habe noch einmal mit ihm gebetet und wollte ihm dann die Binde vor die Augen legen. Aber er lehnte das ab. »Ich brauche keine Binde«, sagte er. Als die anderen dann anlegten, trat ich zurück. Da rief er: »Herr Pfarrer, geben Sie mir doch die Binde.« Dann kam das Kommando: »Feuer«. Und sie schossen alle daneben. Der junge Mann fiel zu Boden, er schrie laut. Jetzt mußte der arme Hauptmann hin und ihm den Gnadenschuß geben. »Nein, das kann ich nicht, das kann ich nicht«, sagte der Hauptmann. »Befehl, oder Sie werden sofort verhaftet!« hieß es darauf. Bis dahin war der Verurteilte gestanden wie eine Eiche, aber jetzt wehrte er sich gegen das Sterben. Der Haupt-

mann kniete sich also auf ihn, nahm die Pistole und schoß ihm in den Kopf. Dann warf er die Pistole weg. Er lief laut schreiend fort. Das vergesse ich nie. Ich habe das dann später oft in Predigten erwähnt. Er stand unter diesem grausamen Befehl; ist er dann also ein Mörder? Er wird das doch sein ganzes Leben lang nicht los. Nach 14 Tagen mußte er schon wieder antreten. Da sagte ich zu ihm: »Herr Hauptmann, Sie wissen Bescheid, Sie können nur eine Gnade ausüben: gut schießen.« Hoffentlich erleben wir so etwas nicht wieder. Ich hoffe, daß die zivilisierte Welt so etwas nie wieder erlebt. Das war doch ein unsinniges Morden. Absolut unsinnig.
Im übrigen hat man dem Pfarrer keine Schwierigkeiten gemacht. Selbstverständlich hatte man sich in seinen Äußerungen und Reden vorsichtig zu verhalten. Denn sonst wäre man auf der Strecke geblieben, angeklagt wegen Wehrkraftzersetzung oder Defätismus oder Führerbeleidigung. Am Ende sind viele übergelaufen zu diesem »Komitee Freies Deutschland«. Sie sprachen auch von der Front aus: »Kameraden, legt die Waffen nieder.« Wir haben sie verachtet, da hatten wir kein Verhältnis dazu, diese Überläufer waren uns zuwider.
Ich geriet in Gefangenschaft beim Versuch, über Schlesien die Heimat zu erreichen. Wir hatten uns in einem Wäldchen versteckt, wurden aber dort von den Kommunisten aufgespürt. Auf einmal waren sie da, umzingelten das Wäldchen, und ich wußte blitzartig: Jetzt bist du ein Kriegsgefangener. Ich sagte mir: »Herrgott, willst du jetzt, daß ich hier weiterarbeite?« Dieser Akt der Ergebung, der hat mich durch die ganze Gefangenschaft getragen. So war ich immer innerlich frei und habe mich nie als Gefangener gefühlt.

Erst nach einem Jahr wurden wir vom Roten Kreuz registriert. Bis dahin waren bereits zehn Prozent totgeschlagen. Ich habe solchen Szenen beigewohnt. Einmal hätte ich die Gelegenheit gehabt, mit einem Krankentransport freizukommen, aber ich weigerte mich. Ich sah es als meine Pflicht an, bei den Gefangenen zu bleiben.

Es ist eine bekannte Tatsache, daß die Kirche eine ablehnende Haltung gegen den Nationalsozialismus hatte. Aber die Kirche ist betrogen worden. Die gutmütigen Bischöfe ließen sich übers Ohr hauen. Sie ließen sich alle einseifen! Ihnen fehlte zum großen Teil der kritische Blick. Bei uns Kaplänen war das anders: Für uns war das ein verhaßtes Volk, das Nazivolk, das ganze System war uns verhaßt. 1931 und 1932 habe ich noch den Naziversammlungen beigewohnt, als junger Student. Ach, was haben wir die damals niedergeschrien. Die Bischöfe hatten ein kluges, distanziertes Verhältnis, aber von oben herab haben sie nicht heller gesehen, nicht weiter, sondern sie haben kürzer gesehen. Bis sie nachher die bittere Erfahrung machen mußten. Märtyrergeist war allerdings da. Aber die jungen Geistlichen, die wären in den Tod gegangen für Glaube und Kirche, das ist gewiß. Wir haben ja die Kirche geliebt! Und für den Glauben gingen wir doch durchs Feuer. Das gibt es heute gar nicht mehr.

Ich habe nie bereut, Militärpfarrer geworden zu sein. Im zivilen Bereich wäre ich in die Seelsorge gegangen und Pfarrer geworden. Der Dienst am Menschen ist überall angebracht, ob in zivilen Gemeinden oder in Militärgemeinden, und in diesem Sinne war es für mich ein erfüllter Lebensabschnitt.

Als ich vom Krieg heimkam, wurde mir vom Generalvikar ein Dienst im sogenannten Labor-Service angeboten. Ich wollte nun aber lieber eine eigene Gemeinde haben und bekam das kleine Dörfchen Momberg, drei Kilometer entfernt von Neustadt, wo ich vor dem Krieg Kaplan gewesen war. Mit alter Freundschaft und Liebe wurde ich wieder aufgenommen. Daß ich Militärpfarrer war, war kein Problem. Unser katholisches Volk war ja nicht soldatenfeindlich. Es hatte eigentlich ein positives Verhältnis zur Wehrmacht, aber sie waren keine Nazis. Das kann die heutige Jugend gar nicht verstehen. Wenn einer damals Soldat war, ist er automatisch Nazi gewesen, heißt es. Das ist doch Quatsch. Das war eine Sache für sich. Ich bin gern Soldat gewesen, aber die nationalsozialistische Weltanschauung, genau wie die kommunistische, ist mir zuwider, weil sie menschenverachtend ist. Ich habe immer eine ausgesprochene Menschenliebe empfunden, die mich auch zum Priestertum bewogen hat. Im großen und ganzen habe ich meinen Dienst in der Militärseelsorge gerne getan. Es gab allerdings auch viel Leerlauf. Man sollte diese Zeit nicht so glorifizieren, als wären wir lauter Helden gewesen. Das stimmt nicht. Wir ruhten uns auch gerne mal aus und hatten auch Angst. Aber wenn wir gerufen wurden, waren wir da.

Ich hielt mich viel auf Hauptverbandsplätzen auf, wo die frisch Verwundeten hinkamen. Dabei waren es für mich schöne Erlebnisse, wenn ich manch einem zur Seite stehen und Trost geben konnte. Da brauchte man keine großen Sprüche zu machen. Hauptsache, man war da.

Hubert Leuchter

Geboren 1909 in Aachen.
In Aachen 1936 zum Priester geweiht.
Von September 1940 bis Februar 1942 im Sanitätsdienst, dann Ernennung zum Kriegspfarrer.
Zunächst beim Kriegslazarett 914, 1944 Versetzung zum Kriegslazarett 911, dann Standortältester in Mährisch-Weißkirchen.
1945 Kommandierung zur Sanitätsstaffel Königgrätz und Pilsen. Nach amerikanischer Kriegsgefangenschaft war Hubert Leuchter bis 1948 Kaplan in Krefeld-Bockum, 1948 bis 1952 Rektor in Alsdorf-Warden, ab 1952 Pfarrer in Willich-Neersen (Diözese Aachen).
Hubert Leuchter ist im August 1990 verstorben.

Erst als die letzten gingen, ging ich auch

Das war es, was ich immer werden wollte: einfach Kaplan, Priester. Sakramente spenden, die Messe lesen, Predigten vorbereiten war mir das Wichtigste. Aber es kam anders. Ich wurde als Soldat einberufen. Das war im September 1940, vier Jahre nach meiner Weihe im Februar 1936 in Aachen. Zunächst wurde ich in Iserlohn zum Sanitäter ausgebildet. Der erste Einsatz war im Feldlazarett 1/562 in Rußland, unten bei Stalino. Zwei Jahre später kam ich dann als Kriegspfarrer ins Kriegslazarett 914 nach Riga.

Während des ganzen Krieges war ich immer nur an der Ostfront. Von Riga aus wurden wir nach Rumänien verlegt. Von Rumänien ging es dann langsam durch Ungarn in die Tschechoslowakei, wo ich in Pilsen in amerikanischer Kriegsgefangenschaft geriet. Das Lager wurde nach und nach aufgelöst, alle kamen so langsam nach Hause. Ich blieb noch, weil ich der letzte Geistliche war. Erst als die letzten dann gingen, ging ich auch.

Ehe ich Kriegspfarrer wurde, war ich über ein Jahr lang Sanitäter. Der Vorschlag, mich zum Kriegspfarrer zu machen, kam von mir selbst. Im Feldlazarett waren wir fünf Geistliche, die als Sanitäter arbeiteten: vier katholische und ein evangelischer Pfarrer. Aber im Lazarett konnten wir eigentlich nicht richtig in unserem Beruf als Geistliche tätig werden. Deshalb schrieb ich einfach dem Militärbischof nach Berlin, daß ich Kriegspfarrer werden möchte.

Ein Soldat zeigt Pfarrer Paul Witte den Weg zu den Bunkern in den vorderen Stellungen.

Feldseelsorger hatten oft lange Frontabschnitte zu betreuen. Nur in langen Fußmärschen konnten sie ihre Aufgabe erfüllen.

Pfarrer Hermann Große-Vorholt auf dem Weg zur Front.

Im Winter zogen Pfarrer und Küster den Meßkoffer in einer Gleitschale über den vereisten Boden.

Dem katholischen und dem evangelischen Kriegspfarrer war gemeinsam ein Pkw zugeteilt.

Der schönste Pkw half nichts, wenn der Sprit knapp wurde. Dann mußten die Pfarrer auf Pferdewagen umsteigen.

Vorwärts mit zwei PS an der Ostfront; auf dem Schlitten bei minus 26 Grad.

Als Küster waren »Multitalente« bevorzugt. Im Idealfall war der Küster Eseltreiber, Kutscher, Fahrer, Bursche und Übersetzer in einem.

Pfarrer Egon Schmitt mit seinem Küster Reiberg.

Selbst in Unterständen und Schützengräben spendeten die Pfarrer die Sakramente. 27 Pfarrer sind in Ausübung ihrer seelsorgerischen Tätigkeit an der Front gefallen. Insgesamt starben 65 Kriegspfarrer im Feld, im Lazarett oder in der Gefangenschaft.

Ich hatte als Sanitäter im Feldlazarett den Operationssaal zu betreuen, war also auch für den Operationstisch und die Sterilisation der Instrumente verantwortlich. Den Dienst im Operationssaal habe ich gerne getan, wirklich gerne. Aber das war eben keine geistliche Arbeit. Nur einmal hielt ich im Feldlazarett Gottesdienst, obwohl wir Priestersoldaten im Sanitätsdienst das eigentlich nicht durften. Einer der dortigen Kriegspfarrer sagte zu mir: »Machen Sie das!« Es gab Ärzte, die waren nicht in der Lage, als Ärzte zu arbeiten. Ich erinnere mich an einen Frauenarzt, der ließ mich in den Krankensälen einfach allein. Überall roch es fürchterlich nach Eiter, und die Strohbetten waren voller Mäuse. Man hatte Mäuse überall. Es war einfach schrecklich. Und dieser Frauenarzt war ein bißchen penibel. Er war einfach eingezogen worden und sollte jetzt operieren, ohne es zu können. In meinem russischen Einsatzgebiet behandelten die deutschen Ärzte, man darf es eigentlich gar nicht sagen, russische Verwundete gar nicht mehr. Weil wir als Sanitäter weiße Kittel anhatten, meinten die Russen, wir seien auch Ärzte. Solch eine Arztbehandlung wurde auch bezahlt: kleiner Verband zehn Eier, großer Verband 20 Eier.

Als Sanitäter hatte ich den ganzen Tag im Operationssaal zu tun, und nachts mußte ich dann noch die Kranken betreuen. Für Seelsorge blieb einfach gar keine Zeit. Wenn jemand eine seelsorgerische Betreuung wollte, dann erfüllte ich den Wunsch natürlich; aber man wurde ja auch nicht gefragt. Wie sollte ich, wenn ich bei einer Operation dabei war, wie sollte ich da geistlich wirken? Das ging gar nicht.

Darum hatte ich nach Berlin geschrieben. Erst ein halbes Jahr oder noch später, im tiefsten Winter in Stalino, kam die Antwort, das heißt, sie ging direkt an die Einheit. Der Chefarzt, Chirurg Prof. Schmidt von Elmendorf, ließ mich kommen und fuhr mich an: »Was fällt Ihnen überhaupt ein, nach Berlin zu schreiben?« Ich sagte: »Wieso? Der Bischof weiß doch, wo seine Priester sind.« Natürlich habe ich hier ein bißchen List angewandt.

Ich erhielt dann auch die Reisepapiere. Neun Tage fuhr ich im Güterwagen bei 40 Grad Kälte nach Berlin. Dort nahm ich an einem Lehrgang für künftige Kriegspfarrer teil. Im Güterzug nach Berlin fuhr ein evangelischer Pfarrerfreund mit mir. Hans Heider hieß er. Auf einmal sagte er: »Ich habe zwar alle Papiere, um auch Kriegspfarrer zu werden, aber keines ist unterschrieben. Kannst du das nicht machen? Ich weiß, daß du das hinkriegst.« Dieser Schmidt-Elmendorf, unser Chef, der hatte so eine typische Schrift für Schmidt-Elmendorf. Immer, wenn wir ein Päckchen nach Hause schikken wollten, mußten wir von ihm einen Stempel mit Unterschrift haben. Und da habe ich dann einfach geübt: Schmidt-Elmendorf, Schmidt-Elmendorf. Ich kann es heute noch. Als mich nun mein Freund darum bat, unterschrieb ich ihm alle seine Papiere. Die Tinte war noch nicht trocken, als schon die Militärpolizei kam und kontrollierte. Aber sie merkte nicht, daß die Unterschriften gepfuscht waren. Auf diese Weise wurde Hans Heider auch noch Kriegspfarrer.

Als wir in Berlin ankamen, wurden wir zu irgendeinem Kursus eingeteilt. Das war Anfang 1942. Von der katholischen Militärseelsorge wußte ich bis zu dem Zeitpunkt nichts. Es hieß, daß es der letzte Kurs sei. Hitler habe die Kurse verboten. Es war dann auch der letzte. Insgesamt dauerte er drei, vier Tage. Wir mußten Vorträge hören über dieses und jenes, was man als Militärpfarrer macht. Anschließend mußten wir eine Predigt halten. Ich weiß noch, daß ich in Berlin in irgendeiner Militärkirche predigte. Und auf einmal waren wir dann Kriegspfarrer.

Militärbischof Rarkowski kannte ich in Berlin noch nicht persönlich. Erst später, als er Riga besuchte, lernte ich ihn kennen. Ich weiß noch, daß er mir bei dieser Begegnung sagte, es gebe auch in der SS einen Kriegspfarrer. Das habe außenpolitische Gründe, sagte er mir. Die SS sei jetzt auf einmal auch fromm, oder wenigstens tue sie so.

Auch als Kriegspfarrer in Riga war ich wieder in der Krankenbetreuung tätig. Aber diesmal war ich eben für die seelsorgerische Arbeit zuständig. Erst dieser Tage erhielt ich einen Brief: »Herzliche Weihnachtsgrüße und ein gutes neues Jahr wünsche ich Dir in alter Dankbarkeit. Im Oktober 1942 hast Du mir als Menschenfreund Mut gemacht und mir zum Glauben verholfen. Du bist ein guter Seelsorger. Herzliche Grüße, Dein alter Patient aus Riga.« Ich hatte ihn, der mir jetzt diese Karte schrieb, damals im Lazarett besucht und nichts anderes getan, als ihm die schweißnasse Stirn getrocknet. Da sagte er: »Wie heißt du?«, worauf ich antwortete: »Ich bin der katholische Pfarrer.« – »Das will ich nicht wissen. Wie heißt du mit Vornamen?« erwiderte er. »Hubert.« »Und ich bin der Fritz. So bleibt es auch«, stellte er abschließend fest. Vier Wochen lang habe ich ihn besucht, aber ich habe mit ihm nie über Religion gesprochen.

Das war meine Methode. Entweder merkten sie, daß ich Priester bin, oder nicht. Wenn ich in den Krankenhäusern und in den Lazaretten gefragt wurde: »Sind Sie katholisch oder evangelisch, Herr Pfarrer?«, dann konterte ich: »Wenn ich rausgegangen bin und man hat's nicht gemerkt, hatte es keinen Zweck, daß ich gekommen bin.« Natürlich merkten sie es oft daran, daß ich den einen oder anderen fragte: »Willst du zur Kommunion gehen?« Ich hatte die hl. Kommunion immer und überall bei mir, bei Tag und Nacht.

Nach Riga wurden die Verwundeten aus dem Kessel von Demjansk ausgeflogen. Die Maschinen konnten Riga nur nachts anfliegen, weil die Russen sie sonst mit Stalinorgeln abgeschossen hätten. Ich ging nachts ins Lazarett, um die Neuankömmlinge zu betreuen oder wenigstens zu sehen. Wenn einer starb, fragten nachher die Angehörigen, ob er noch etwas gesagt habe. Darauf mußte man dann etwas antworten können. Ich wußte, daß es verboten war, mit den Angehörigen zu korrespondieren. Dennoch habe ich es getan.

Als Kriegspfarrer war man angesehen. Dennoch hatte ich vor den militärischen Vorgesetzten, den Generälen, einfach Angst, obwohl ich doch selbst als Kriegspfarrer im Offiziersrang war. Mein direkter Vorgesetzter war der Chef des Lazaretts. Er war immer so gestreßt, daß er ständig unter Morphium stand, das ich ihm spritzte. Man muß sich das einmal vorstellen: Der Pfarrer mußte dem Chefarzt, also seinem militärischen Vorgesetzten, Morphium spritzen. Später in Rumänien und Ungarn hatte ich andere Vorgesetzte, die durchweg sehr nett waren. Man wußte nur nicht, wer jetzt der Spitzeloffizier war. Aber in der Regel hatten wir untereinander ein gutes Verhältnis.

In Riga war ich sogar verbotenerweise Kasino-Offizier. Das wollte keiner sein. Wenn die Ärzte wieder einmal untereinander Streit hatten, kam der Chef immer zu mir: »Wir müssen wieder einen Kasinoabend machen.« Ich organisierte dann das Essen, indem ich dem Kasinoburschen sagte, er solle die regulären Mahlzeiten etwas strecken, um damit etwas für den Kasinoabend beiseite zu schaffen. Meistens haben die Ärzte dann zusammen gesoffen und sich wieder vertragen. Es war Kummerbesoffenheit wegen des Alleinseins.

In Riga konnten die Soldaten auch zu den Dirnen gehen, in die Bordelle. In den zweieinhalb Jahren, die ich in Riga war, sind durch unser Lazarett sicher 30000 Geschlechtskranke gegangen. Das war auch eine Waffe der Russen. Es waren ganze Armeen, die auf diese Weise ausfielen. Die Tripperkranken waren nach neun Tagen durch Spritzen geheilt. Die Syphilitiker aber waren schlimmer dran. Man hatte damals noch kein Penizillin.

Meine Vorgesetzten nahmen auf meine Arbeit als Pfarrer keinen Einfluß – jedenfalls habe ich davon nie etwas gespürt. Ich konnte machen, was ich wollte. Ich konnte meine Gottesdienste halten, und ich konnte reden, was ich wollte. Natürlich war man vorsichtig. Nur auf Hitler durfte ich nicht schimpfen. Über den Lazarettbetten hingen damals noch Tafeln, auf denen »e« für »evangelisch«, »ggl« für »gottgläubig« und »k« für »katholisch« stand. Wenn ich hinkam, achtete ich nicht auf die Tafeln, sondern besuchte jeden. Wenn ich sah, daß einer katholisch war, fragte ich ihn: »Hast du einen besonderen Wunsch? Ich bin katholischer Priester.«

Bei einem solchen Rundgang lag in einem Saal ein 19-, 20jähriger Leutnant. Er war einer von den ganz Überzeugten. Ich kam zu ihm und grüßte. Da stellte er sich vor: »Heil Hitler, Leutnant Soundso!« Ich entgegnete: »Heil Hitler, Pfarrer Leuchter!« und bin weitergegangen. Das hat ihn so getroffen, daß er mich nachher rief: »Herr Pfarrer!« Ich fragte ihn: »Was ist denn?« – »Übergehen Sie mich bitte nicht. Ich habe mich schlecht benommen.« Ich sagte: »Du bist ein armer Kerl. Mach dich doch nicht so wichtig!« Daraus hat sich nachher ein ganz nettes Verhältnis entwickelt.

Gottesdienst habe ich gehalten, wo immer es möglich war. Ich ließ vorher ganz selbständig eine Durchsage machen. In den Lazaretten selbst Gottesdienst zu halten, daran war nicht zu denken. In Riga zum Beispiel war das Lazarett auf mehrere Etagen verteilt. Im Parterre war die chirurgische Abteilung mit den Verwundeten, auf der ersten Etage war die Station der inneren Medizin, und auf der zweiten Etage waren die Geschlechtskranken. Ich hatte in Riga keinen Raum für die Gottesdienste zur Verfügung. Vor allen Dingen in der Weihnachtszeit war die Raumnot groß. In der Stadt gab es nur eine katholische Kirche, die Jakobskirche. An sich ist Riga protestantisch geprägt; es gab nur verhältnismäßig wenige Katholiken. Meistens habe ich aber nicht in dieser Kirche, sondern in der Universität Gottesdienst gehalten. Oben am Vorlesungspult richtete ich den Altar ein. Die Universitätskirche war immer gesteckt voll. Es dürften etwa 300 bis 500 Besucher gewesen sein, darunter auch Einwohner der Stadt.

Schriften zum Verteilen hatte ich nicht. Die Texte für die Gottesdienste mußte ich mir selbst besorgen. Mir waren besonders die Gebete und Worte von Reinhold Schneider eine Quelle der Kraft und der Ideen für meine Predigten. Nie habe ich diese Ansprachen schriftlich vorbereitet. Im Laufe meines Lebens habe ich gelernt, meine eigene Form zu finden, und zwar »ex la main«. Vorformulieren liegt mir einfach nicht. Darauf hatte ich mich auch als Kriegspfarrer eingestellt. Wenn ich etwa zu einer Beerdigung mußte, sagte ich mir auf der Fahrt dorthin: »Also: Drei Punkte mußt du dir merken, und die kannst du dann formen und formulieren, wie du Lust dazu hast.« Angst, mir könnte ein falsches Wort, etwa gegen das Regime, herausrutschen, empfand ich nie. Solche Gottesdienste hielt ich immer in Uniform mit einer Stola darüber. Ich hatte keine anderen liturgischen Gewänder.

Waffensegnungen gab es bei mir nie. Ich habe auch nie davon gehört. Wie und warum sollte ich Waffen segnen? Etwa, weil ich selbst eine Waffe trug? Wir hatten Befehl, die Waffe, die wir als Offiziere automatisch bekommen hatten, auch zu tragen, weil in Riga Partisanen aufgetaucht waren. Mit dieser Dienstpistole schoß ich nur ein einziges Mal: Es war schrecklich für mich, ein armes, krankes Kätzchen von seinem Leiden zu befreien. Ich tauschte dann die Waffe gegen eine kleine Holzpistole.

Die Zusammenarbeit mit dem evangelischen Feldgeistlichen war vorzüglich. Wir waren ein Herz und eine Seele. Gemeinsame Gottesdienste aber gab es nicht. Das war damals noch nicht üblich.

In Riga betreute ich 1000 Soldaten. Im mir anvertrauten Lazarett war ich der einzige katholische Priester. Wenn ich hier oder anderswo unterwegs war, trug ich die Kommunion immer in einer kleinen Büchse bei mir. Die Beichte nahm ich am Krankenbett ab, und zwar so, daß niemand zuhören konnte. Wenig Zweck hatte es dagegen, die Krankensalbung oder die Letzte Ölung zu spenden. Zu den Gottesdiensten außerhalb von Riga mußte ich nur, wenn ein Kollege ausgefallen war.

Bei der nordischen Division, die auch in Riga lag, gab es einmal Probleme. Ich fragte den General, ob ich hier einen Gottesdienst halten könne. Er lehnte ab mit der Begründung, es seien sowieso nur zehn Prozent Katholiken in seiner Division. Darauf sagte ich: »Wenn Sie mich behindern, muß ich das nach Berlin melden!« Darauf gab er mir sofort die Genehmigung und sagte nichts weiter. Man mußte sich eben zu wehren wissen, auch wenn es ab und zu gefährlich war.

Wenn jemand hingerichtet werden sollte, wurde ich gerufen. Eine erschütternde Arbeit, auch für einen Geistlichen. Ich ging dann ins Gefängnis und war dabei, wenn dem armen Menschen vorgelesen wurde: »Himmler hat Sie zum Tode verurteilt. Sie werden morgen früh um sechs Uhr erschossen.« Ich verbrachte dann die ganze Nacht bei dem Todgeweihten – immer in einer Einzelzelle.

Was soll man solchen Menschen sagen? Ich las die Messe, nahm die Beichte ab, brachte Zigaretten mit und war dabei, wenn sie ihre Henkersmahlzeit, einen Teller mit Brot und Aufschnitt, bekamen. Vor dem Erschießen wurde den Delinquenten die Militäruniform abgenommen, und sie mußten in sogenannte Judenröcke schlüpfen. Es galt als unwürdig, in der Uniform erschossen zu werden.

Alle von mir betreuten Verurteilten waren bis zum Schluß ruhig und gefaßt. Nie erlebte ich einen, der verzweifelt gewesen wäre. Einer allerdings packte mich, bevor sie ihm die Hände auf den Rücken banden, am Revers und sagte: »Auf Wiedersehen im Himmel, Herr Pfarrer. Aber ob Sie da auch so sicher reinkommen wie ich, das weiß ich nicht.«

Man wurde hart, stumpfte ab, wenn man immer wieder neben einem stehen mußte, der erschossen wurde. Doch ich mußte mich daran gewöhnen. Mein Beistand war wichtiger als meine Empfindungen.

Kontakte zu Einheimischen hatte ich in Riga nicht. Nur früher in Polen, und zwar zu dem Pfarrer in Stawenica am Dunajec. Ich gab ihm hin und wieder ein halbes Brot. Und er ließ mich in seiner Kirche zelebrieren, was – ich war ja noch Priestersoldat – verboten war. Doch meist stand ich um fünf Uhr auf, las die Messe und legte mich wieder hin, bis ich ganz normal »geweckt« wurde. Niemand merkte, daß ich bereits zelebriert hatte.

Zu Weihnachten wurden auch wir Geistliche einmal eingeteilt, um vor einem großen Kfz-Lager Wache zu halten. Da stand ich nun in Uniform als Geistlicher. Da kamen ein paar einheimische Jugendliche, Ministranten, die von meinen heimlichen Messen wußten. Sie sangen polnische Weihnachtslieder an meiner Wachstelle und hatten einen Weihnachtsbaum mitgebracht. Einem sagte ich, ich wolle am nächsten Morgen um vier Uhr im Wald eine Messe halten, nur für ihn und mich. Es war dann so kalt, daß Wasser und Wein froren.

Später als Kriegspfarrer mußte ich selbstverständlich keine Wache mehr schieben. Ich war sozusagen mein eigener Kommandeur und Untergebener und handelte immer nur nach meinem Gewissen.

Eines Tages, es war 1944, wurde unser ganzes Lazarett von Riga nach Rumänien und dann immer weiter zurück verlegt, weil die Front näher kam. In Pilsen in der Tschechoslowakei kam ich in Gefangenschaft. Vor Pilsen standen Russen und Amerikaner. Wir wußten zunächst nicht einmal, wer kommen würde. Wir, das waren sicherlich 60000 Soldaten.

Es kamen dann die Amerikaner. Sie ließen mich in einer Lazarettkapelle schlafen und wohnen. Morgens um sechs holte ich die Soldaten zum Gottesdienst. Es gab keinerlei Behinderung. Ganz im Gegenteil: Die Amerikaner besorgten uns sogar Hostien. Jeden zweiten Tag mußte ich Beerdigungen halten, in Abwechslung mit dem evangelischen Pfarrer. Die Toten kamen in Massengräber.

Einmal kam ganz aufgeregt ein amerikanischer Offizier, rief mich in die Leichenhalle und fragte: »Kennen Sie den Nachfolger von Heydrich?« Der hatte sich in einfacher Uniform unter den 60000 gefangenen Soldaten versteckt. Ich kannte sein Bild aus den Zeitungen und sagte, ja, das müßte er sein, und fragte, wann ich ihn begraben könne. Darauf sagte der Amerikaner nur: »Nein, den begraben Sie nicht. Den bringen wir nach Deutschland. Denn wenn die Tschechen ihn finden, werfen sie ihn den Hunden vor.« Ich war nur von Mai bis Oktober 1945 in Gefangenschaft.

Wieder zu Hause in Aachen, ging ich sofort zu meinem Bischof Jan van der Velden, zu dem ich auch während des Krieges Kontakt gehalten hatte. Über ihn hatte ich auch die Predigten des Grafen von Galen erhalten. Und über solche Kontakte erfuhr man auch, welche schlimmen Dinge in der Heimat zugange waren. Vom sogenannten Priester-KZ in Dachau aber erfuhr ich erst nach dem Krieg. Freunde, die dieses KZ überlebt hatten, erzählten mir davon.

Trotz all dem kann ich nur sagen: Die Zeit als Kriegspfarrer war wegen der Erfahrungen und des Erlebnisreichtums die kostbarste. Ich habe es nie bereut, diesen Weg beschritten zu haben. Weshalb auch? Ich habe nichts Böses getan. Für mich habe ich erfahren, daß ich gerade durch die schlimmen Erlebnisse Gott viel näher gekommen bin. Das Wissen um Gott ist größer geworden. Das alles gibt mir eine große innere Sicherheit. Ein junger Mann sagte mir unlängst, er glaube nicht an Gott. Ich entgegnete ihm: »Ich auch nicht.« Verblüfft fragte er zurück: »Aber Sie müssen doch an Gott glauben, Sie sind Priester!« Da sagte ich: »Ich habe Gott so oft erfahren, daß ich nicht mehr glauben zu brauche. Jetzt weiß ich.«

Egon Schmitt

Geboren 1909 in Buer (Westfalen).
In Münster 1933 zum Priester geweiht.
Ernennung zum Kriegspfarrer im Dezember 1939.
Im Januar 1940 Einberufung zur Kriegslazarettabteilung 610, dann Versetzung zur Kriegslazarettabteilung 601.
September 1941 Versetzung zur 14. Infanteriedivision.
In britischer Kriegsgefangenschaft bis Januar 1946.
Prälat Egon Schmitt war bis 1956 Studentenpfarrer in Münster, dann Dekan im Katholischen Militärbischofsamt in Bonn und bis 1979 Pfarrer in Bocholt (Diözese Münster).

Im gleichen Schritt und Tritt

Es war in den Schweizer Bergen, während einer Hochtour auf dem Piz Palü, einem Viertausender. Nach der Besteigung wechselten wir abends auf die italienische Seite, um in der Marco-e-Rosa-Hütte zu übernachten, einem kleinen Holzhüttchen, das mit Draht am Fels befestigt ist. Dort nächtigten Menschen aus verschiedenen Ländern, und alle sprachen erregt von einem Ereignis, das in der Nacht zuvor Danzig heimgesucht hatte. Die Deutschen, hieß es, hätten in Polen einen Krieg vom Zaun gebrochen. Und jeder in der Hütte schimpfte fürchterlich auf Hitler und die Deutschen.

Wir waren völlig ratlos. Ursprünglich hatten mein Freund und ich geplant, über den Bianco-Grat noch weiter zu steigen. Doch die Nachricht vom Kriegsbeginn schockte uns derart, daß wir beschlossen, ins Tal hinabzusteigen. Was sollten wir tun? Wir wußten es nicht. Wir hatten zwar gute Freunde in der Schweiz, aber in dieser Situation einfach dort bleiben, das konnten wir nicht. Wir konnten als Kaplan, als Geistlicher, nicht sagen: Wir bleiben jetzt in der Schweiz, da sind wir sicher. So etwas hätten der Bischof und die Gemeinde – zu Recht – nicht verstanden.

Wir fuhren nach Hause und beschlossen, dem Bischof in einem Brief mitzuteilen, wenn er Militärpfarrer brauche, dann könne er auf uns zurückgreifen. Er brauchte welche. Der Bischof meldete uns dem Wehrkreispfarrer, und von ihm bekam ich in der Woche vor dem Weihnachtsfest 1939 den Bescheid, daß in den nächsten Tagen mit einer Einberufung zu rechnen sei.

Vom Militär wußte ich nichts. Ich konnte weder schießen noch korrekt grüßen, noch kannte ich die Rangunterschiede. Meine einzige Erwartung bestand darin, den Leuten beistehen zu können und von der Gestapo befreit zu sein.

Nach dem Polenfeldzug also wurde ich einberufen. »Kriegspfarrer« war mein offizieller Titel. Ein seltsamer Titel, fand ich. Eine spezielle Ausbildung gab es – damals wenigstens – nicht. Zuerst ging es für vier Wochen nach Recklinghausen zum Stab einer Kriegslazarettabteilung, der eine »Pfarrer-Reserve« angeschlossen war. Danach wurde ich zu einem Korpsstab abkommandiert, der den Einmarsch in das neutrale Holland vorbereitete. In Arnheim betreute ich die ersten Verwundeten und beerdigte die Gefallenen. Nach dem Waffenstillstand zogen wir Pfarrer mit dem Stab nach Den Haag.

Ich habe immer versucht, mit meinen katholischen Mitbrüdern am Ort Kontakt aufzunehmen. So führte auch an dem Abend, an dem wir in Arnheim einmarschiert waren, mein Weg zur katholischen Pfarrei in Velp. Meine niederländischen Amtsbrüder saßen vor einem Radiogerät, um den Verlauf der Kämpfe zu erfahren. Ich platzte mit meiner Uniform in diese Runde hinein. An ihrer Verwirrung erkannte ich, wie unüberlegt mein Verhalten war. Sie merkten sehr bald, daß ich nicht als ihr Feind gekommen war. Man darf wohl fragen, ob es nicht zu den Aufgaben eines Militärpfarrers gehört, in der Heimat wie im besetzten Gebiet zwischen Militär und der oft bedrängten Zivilbevölkerung zu vermitteln. Eine schwierige Aufgabe, die Klugheit, Menschenkenntnis und Vertrauen von beiden Seiten voraussetzt. Ich fing an zu lernen.

Wir Pfarrer, die bei einem Korpsstab keine Planstelle hatten, gingen nach Brüssel zum Stab des Militärbefehlshabers für Belgien und Nordfrankreich. In Brüssel war in den ersten Wochen verständlicherweise ein großes organisatorisches Durcheinander von durchziehenden Lazaretten und Einheiten; auch bei der Militärseelsorge. Auf meinen Bericht hin schickten die Feldbischöfe schließlich zwei ältere Dekane nach Brüssel, die uns unerfahrene Anfänger ablösten.

Wir suchten nun unsere zuständige Lazarettabteilung. Die Frontleitstelle Brüssel wies uns nach Bromberg. Der Feldbischof in Berlin und sein Generalvikar Werthmann fanden heraus: Die Einheit liegt in Bordeaux. Das war uns nicht unlieb. Beim Armeestab in Bordeaux traf ich auf den Armeepfarrer Franz Borgias Schmid aus dem Schwäbischen, im Ersten Weltkrieg Königlich-Württembergischer Ulanen-Offizier. In ihm hatte das Offiziers- und das Priesterdasein eine respektable Verbindung gefunden. Nach meiner Meldung erhielt ich zunächst eine eindrucksvolle pastorale Weisung, wie man sich als Priester und Soldatenpfarrer im besetzten Frankreich zu benehmen habe. Ich wurde nach Biarritz geschickt, um zunächst den Pfarrer der 1. ostpreußischen Division zu vertreten. Nach dem Sieg war das Soldatenleben in dieser herrlichen Landschaft, zwischen Meer und Pyrenäen, auch für uns Pfarrer äußerlich angenehm. Nur die Seelsorge war nicht gerade erfolgreich. Nach dem südlich warmen Sommer kam ein kalter Winter. Die kleinen Einheiten, die als Wache in den Dünen eingesetzt waren, hatten nichts zu lachen, und der Pfarrer ebenfalls nicht, wenn er mit dem Krad durch die Dünenpfade zu den Weihnachtsgottesdiensten fuhr. Unvergeßlich ist ein Gottesdienst in einem Gefangenenlager von Madagassen. Mit ihren schönen Stimmen sangen die Gefangenen unter vielen Tränen die Weihnachtslieder ihrer Heimat.

Zum Standort Biarritz gehörten auch Grenztruppen, von Haus aus Österreicher, die nahe der spanischen Grenze lagen. Als sie in einem wunderschönen baskischen Dorf zum Gottesdienst angetreten waren, sagte mir der Feldwebel: »Viele Kameraden hier möchten nicht zum Gottesdienst gehen. Das sind überzeugte Nationalsozialisten. Ich möchte mit ihnen ins Wirtshaus gehen und Hitlers ›Mein Kampf‹ lesen.« Dann kam noch der Organist und fragte, ob er im Gottesdienst auch »Deutschland über alles« spielen dürfe. Ich antwortete: »Das ist in der Wehrmacht nicht üblich.« Meine salomonische Entscheidung war dann: »Wenn die Franzosen neben dem Altar die Trikolore aufgestellt haben, könnt ihr nach der Messe meinetwegen eine Strophe singen.« So geschah es dann auch. Kopfschüttelnd trat ich in die Sakristei ein. Was sollte der französische Ortspfarrer denken? Der aber fiel mir um den Hals und rief: »Wunderbar« und begann, auf die Melodie unserer Nationalhymne zu singen: »Tantum ergo sacramentum«. Ich überließ ihn gerne seiner guten Meinung, begab mich zu meinen überzeugten Nazis in die Kneipe und versuchte, Toleranz zu predigen.

Aus dem Paradies am Golf von Biskaya riß uns im Februar 1941 ein Marschbefehl zu einer neu aufzustellenden Kriegslazarettabteilung 601. Vier Wochen drückten wir uns im kalten, unfreundlichen Berliner Kriegswinter herum, bis die Formierung der Einheit abgeschlossen war. Es ging in den Südosten, über Dresden, Ungarn nach Temeschburg im rumänischen Banat. Die vielen Deutschen empfingen uns dort mit Freude. Im Lazarett gab es nicht viel zu tun. Der deutsche Bischof des Ortsbistums bat uns: »Geht in unsere Dörfer, haltet Fastenpredigten, helft bei den Osterbeichten.« Die Gelegenheit war günstig, den jungen Leuten zu raten, sich nicht bei der SS zum Militärdienst zu melden. Hätten sie es besser verstanden, wären ihnen nach dem Krieg wohl viele Leiden erspart geblieben.

Als der Krieg mit Rußland begann, wurden wir nach Bessarabien transportiert, das heute russische Moldawien. Damit begann der ganze Ernst des Krieges: die vielen Gefallenen, die Schwierigkeiten des Transportes der Verwundeten, die Leiden der Zivilbevölkerung.

Im September 1942 erreichte mich am Prut der Versetzungsbefehl zur 14. Infanteriedivision (mot), die im Mittelabschnitt der russischen Front lag. Der Fahrschein war ausgestellt für die Reise von Balti über Bukarest, Ungarn, Wien, Prag, Warschau, Brest-Litowsk, Minsk bis Witebsk. Der Fahrschein war ohne Zeitangabe gültig. Die Reise dauerte 14 Tage. Der Armeepfarrer verlängerte sie nach Smolensk, wo die Heeresgruppe Mitte im Wald von Katyn in einem Sonderzug hauste.

Es dauerte noch länger als eine Woche, bis ich schließlich meine Division traf. Denn inzwischen war die riesige Militärmaschine in Bewegung geraten, zur »Entscheidungsschlacht«, wie der »Führer« am 1. Oktober 1941 proklamierte. Der Vorstoß des 56. Korps, zu dem auch die 14. Infanteriedivision gehörte, zielte auf den Norden von Moskau. Meine Erinnerung daran: brennende Dörfer, Kreuze über Soldatengräbern, Galgen für Partisanen, deutsche und russische zerstörte Panzer, Regen und Schnee, aufgewühlte Wege.

Was kann ein Pfarrer, erst recht ein Neuling bei der Division, beim Vormarsch in der allgemeinen Hektik tun? Es gab von jetzt an keinen Sonntag und Werktag mehr. Keine Zeit und keinen ruhigen Ort für einen Gottesdienst. Ich versuchte, mich auf dem Marsch mit den Kommandeuren bekannt zu machen, mit den Männern unterwegs ins Gespräch zu kommen, im gleichen Schritt und Tritt.

Die Leute waren aus Leipzig und Naumburg, evangelische Christen also von Haus aus. Die Katholiken, Sudetendeutsche und Oberschlesier, bildeten eine kleine Minderheit. Die erste Messe hielt ich in einer Stube mit 20 Katholiken. Die Altarwand war eine recht realistische russische Anweisung zum Bajonettkampf, als Antependium diente eine Hakenkreuzflagge. Da noch kein Küster bereitstand, mußte ich beim »Volke Gottes« immer wieder selbst betend und singend eingreifen.

Der Krieg war in Schlamm und Regen eingeschlafen. Für Moskau war es die entscheidende Pause, um alle Kräfte zu sammeln. Für unsere Armee wurde die Zeit knapp und die Luft kalt. Für die Seelsorge waren auch erzwungene Pausen Gnadenzeiten, günstig, um möglichst viele Einheiten zu erreichen. Den Feldtornister mit den gottesdienstlichen Geräten und den religiösen Schriften auf dem Rücken, die Knobelbecher mit warmen Fußlappen an den Füßen, den rumänischen Schafspelz unter dem Mantel: So wanderte ich durch Wälder und Felder, von einem Stall zum anderen, von Einheit zu Einheit. »In Gemeinschaft mit der ganzen Kirche« beteten wir bei jeder Meßfeier: »Nimm gnädig an, o Gott, diese Gaben Deiner ganzen Gemeinde, ordne unsere Tage in Deinem Frieden, rette uns vor dem ewigen Verderben und nimm uns auf in die Schar Deiner Erwählten.«

Ein evangelischer und ein katholischer Pfarrer hatten eine ganze Division zu betreuen, die auf einen breiten Abschnitt verstreut war. Die Wege waren oft schlecht und vom Feind einzusehen. So teilten wir uns den Besuch der Einheiten. Wenn eine ganze Kompanie angetreten war, hielt ich für alle gemeinsam den Wortgottesdienst. Danach ging die kleinere Anzahl der Katholiken mit mir in den nächsten Bunker, wo wir die Eucharistie feierten, Beichtgelegenheit gaben und miteinander sprachen.

Die Sachsen waren gute Kameraden; ihre religiöse Praxis übertrieben sie nicht. Der evangelische Kollege war oft enttäuscht. Von der nationalsozialistischen Ideologie und dem später eingesetzten nationalsozialistischen Führungsoffizier hielten sie nicht viel. Es ist in diesen bösen Zeiten viel verlorengegangen an Achtung vor Menschenwürde und Menschenleben, vor Recht und Gerechtigkeit. Haß, Gewalt und Egoismus siegten oft über die alten christlichen Soldatentugenden. Vor den sexuellen Brutalitäten, wie sie in der Etappe möglich waren, blieben die Männer an der Front verschont. Wenn nicht aus Gewissenhaftigkeit, so doch aus Mangel an Zeit und Gelegenheit.

Haben die Pfarrer sich keine Gedanken gemacht, ob sie nicht einen ungerechten Krieg unterstützten? Alle wußten, daß es Hitlers Krieg war. Entscheidend für mich war, wie man den Menschen helfen konnte, die in diesen ungerechten Krieg hineingezwungen waren. Für alle, die draußen waren, bestand eine fatale Situation, ein unauflösliches Dilemma: Wir wünschten nicht Hitlers Sieg. Er hätte unser Volk und die ganze Welt in noch größeres Unglück gebracht. Wir konnten auch nicht den Sieg der Bolschewisten wünschen, denn das bedeutete Tod und Elend für Millionen von Soldaten und für viele in der Heimat. Wir wußten, wenn die Rechnung einmal bezahlt werden muß für alles Böse, das unser Krieg über Juden, Polen und Russen und viele Völker gebracht hat, dann wird es ein bitteres Bezahlen geben.

Im übrigen waren wir in den Bunkern von Köln, Rschew und Witebsk nicht im Bilde über die politische und militärische Lage, hatten nur dunkle Ahnungen von dem, was hinter der Front, in der Heimat und in der Welt vorging.

Am 6. Dezember 1941, Fest des hl. Nikolaus, im Norden von Moskau, sahen die Dörfer im Morgenlicht unten am Moskau-Wolga-Kanal friedlich und heimelig aus. Hinter dem Kanal fuhren die Eisenbahnzüge mit der russischen Sibirienarmee in unsere offene Flanke. Die Russen waren für den Winterkrieg gut ausgerüstet, mit Walenkis, den Filzstiefeln, warmen, weißen Tarnanzügen und Skiern. Unsere Männer hatten nur die Sommerbekleidung und dünne Lederschuhe. In der Nacht plagten uns Wanzen und Läuse, am Tag fraß uns die Kälte auf. 28 Grad minus waren keine Seltenheit.

Um 9.30 Uhr sollte die Adventsmesse für das Krad-Schützenbataillon sein. Kurz vorher kam die Absage: Der Russe griff an, stieß rückwärtig auf unsere Vormarschtruppe. Zum erstenmal hastiger Rückzug. Die Artillerie sprengte Geschütze. Bei minus 32 Grad sprangen die Fahrzeuge nicht an. Moral der Truppe: Viele suchten rücksichtslos den Weg zurück, nur die kämpfenden Gruppen hielten zusammen. Auf dem Hauptverbandsplatz lagen 150 Verwundete und über 35 Tote. Die Verwundeten wurden auf offenen Lkw zurückgebracht, nur mit einer Decke gegen die große Kälte geschützt. Ich konnte hier und da ein kurzes Gebet sprechen, den Segen geben, die Krankensalbung spenden. Eine Beerdigung der Toten war bei dem tiefen Frost nicht möglich. Einige wurden in einer Scheune verbrannt. Auch ihnen gilt das Gebet: »Führe sie und alle, die in Christus entschlafen sind, in das Land der Verheißung, des Lichtes und des Friedens. Herr, laß sie auferstehen!«

Ich marschierte mit einem unserer Bataillone, dem II. IR 11, auf der Straße nach Wolokolamsk. Kurzes Aufwärmen in den Hütten, Gespräche, Mut machen. Am Lamafluß sollten »Feldstellungen« gehalten werden, eine bittere Sache in Schnee und Frost. Verpflegung kam nicht heran. So nahte Weihnachten. Am Heiligabend besuchte ich die Männer in ihren elenden Löchern und Kellern. Sie sahen erschreckend aus, verschmutzt, von Läusen zerstochen, ausgemergelt. Ich las ihnen das Weihnachtsevangelium vor, wir beteten zusammen. Zum Singen der Weihnachtslieder reichte die Stimmung nicht.

Auch am Weihnachtsmorgen drängte der Russe nach: 19 Verwundete am Weihnachtstag in einem kleinen Bataillon, bei minus 35 Grad. Um das Neujahrsfest hatte sich die Situation etwas gefestigt. Nach langen Wochen feierten mit mir 40 Männer die Messe, nachdem ich Generalabsolution erteilt hatte. Predigt vom »König der Zeiten«, der das Geschick der einzelnen und der Völker lenkt.

Es ging noch manche Monate rückwärts, geordnet durch die organisatorische Kunst der Führung, die mit immer weniger Reserven die Lücken in der Front stopfen mußte. Der Stellungskrieg in Schnee und Schlamm zwang mich, nachts im Graben von Mann zu Mann zu gehen und, wenn möglich, nach der Ablösung um fünf Uhr früh die Katholiken im Kompaniebunker zu versammeln. Ein Landser, dem ich mich im Graben als Pfarrer bekannt machte, meinte: »Mal wat anderes!«

Witterungen der Seele gibt es natürlich auch bei einem Pfarrer, dessen Aufgabe es ist, andere zu trösten und zu stärken. Davon zeugen zwei verschiedene persönliche Notizen aus meinem Tagebuch. Am 6. Januar 1942: »Wagen bleibt im Schnee stecken. Ganz unzufrieden. – Nun bin ich bald zwei Jahre aus dem Leben der Heimat, aus den priesterlichen Gewohnheiten heraus. In Frankreich und Rumänien konnte ich, wenn kein Soldatengottesdienst war, öfter zelebrieren, meist auch die Psalmen im Brevier beten. Hier in Rußland geraten selbst wir unter die alles nivellierende Walze des Bolschewismus. Nach einem halben Jahr sehe ich zum erstenmal wieder einen priesterlichen Mitbruder, den Pfarrer der 7. Panzerdivision, Pfr. Armendinger aus Speyer.«

Dagegen im Juni 1943, während des Heimaturlaubs: »Mehr als im Vorjahr ist mir zu Bewußtsein gekommen, wie sehr ich herausgewachsen bin aus dem, was früher war, wie das Leben bei der Truppe mir zur Heimat geworden ist ... Das Vertrauen der Menschen auf die Führung ist gelähmt, die Siegeszuversicht ist dahin. Wenn man zuversichtlich spricht, begegnet man erstauntem und ungläubigem Lächeln. Manche sind engstirnig und halten sich für besonders gute Christen, wenn sie die Niederlage unseres Heeres wünschen. Es rächt sich jetzt in der Not, daß die regierende Partei bislang mit so viel Unrecht, Gewalt und mit minderwertigen Organen gearbeitet hat, daß Religion und Familie mißachtet und vergewaltigt wurden.«

In C., meinem Dienstort, besuchte ich zuerst die Urne mit der Asche meines ersten Pfarrers, Dechant L. Im Ersten Weltkrieg als Militärpfarrer mit dem Eisernen Kreuz 1. Klasse ausgezeichnet, war er von der Gestapo verhaftet und in Dachau zu Tode getrampelt worden. »Was regen wir uns auf über Katyn, wenn bei uns so was geschieht«, sagten die Leute.

Da ich im ersten Jahr keinen Priestersoldaten in der Sanitätskompanie hatte, mußte ich vor allem in und nach den Großkampftagen auf dem Hauptverbandsplatz sein, um den Verwundeten und Sterbenden beizustehen. Mit den Ärzten war ich freundschaftlich vertraut; ich bewunderte ihren Eifer. Sie haben oft Tag und Nacht unter primitiven Umständen ihren Dienst getan. Nach einem Großkampftag lagen die operierten Schwerverwundeten in den Hütten und Scheunen. Als ich zu ihnen gehen wollte, rief mir ein Arzt zu: »Pfarrer! Lebensmut nicht stören!« Ich antwortete: »Lieber Doktor, sehen Sie sich die Leute an, wenn ich bei ihnen war, wie das ist mit ihrem Lebensmut.« Ich kniete mich nieder zu den Verwundeten, betete mit jedem. Den katholischen Kameraden spendete ich die Krankensalbung und reichte ihnen ein Stück von den Hostien, die ich immer in einer Dose bei mir trug. Einige baten, in ihrem Namen der Familie zu schreiben. Auch dies gehörte zu den Vermittleraufgaben. Wie dankbar waren die Familien, wenn sie vom Pfarrer Nachricht über die Verwundeten und Gefallenen empfingen. Beim Herausgehen hatte ich den Eindruck, daß es ruhiger, stiller im Raum geworden war. Ob der Lebensmut gewachsen war? Es mußte wohl sein. Der »Führer« sprach in einer langen Rede am 26. April 1942 von der »Leidensbereitschaft« der deutschen Soldaten. Ein neues Wort in seinem Sprachschatz.

Die Möglichkeiten für Kontakte mit der russischen Zivilbevölkerung waren für die Fronttruppen gering. Aus dem Kampfgebiet wurde die Zivilbevölkerung zurückgezogen, manchmal in Lager zusammengepfercht, wo sie von Hunger und Seuchen dezimiert wurde. Im rückwärtigen Gebiet waren die Dorfbewohner als Hilfskräfte eingesetzt. »Diese Russen vom Lande sind ehrlich, fleißig und bescheiden. Ein gesundes, ordentliches und oft gläubiges Volk mit vielen liebenswerten Eigenschaften«, so habe ich im September 1943 notiert. »Mir tut es weh, die Zivilbevölkerung so leiden zu sehen. Wenn es möglich ist, will ich nach dem Krieg den größten Teil meines im Krieg verdienten Geldes für das russische Volk hergeben, um in etwa das gutzumachen, was ein scheußlich harter Krieg der Zivilbevölkerung antut.«

Eines Abends – wir lagen damals in der Gegend von Roslawl – brachte uns ein 17jähriges Mädchen, das ziemlich gut deutsch sprach, eine kleine Ikone. Eine Verwandte der Besitzerin sei »Monaschenka« (Nonne) gewesen, mit langen, schwarzen Kleidern, und habe viel vor dem Bild gebetet. Ihre Kirche sei früher in Saschino gewesen. Die Kommunisten aus der Stadt hätten sie zerstört.

Während ich einmal morgens zelebrierte, wurde den Leuten die letzte Kuh aus dem Stall geholt. Laut weinend und schreiend, liefen Männer, Frauen und Kinder hinter den Soldaten her. So wurden die Zivilisten immer mehr dem Elend überantwortet. Ein schauriger Krieg. Ein Fluch, der immer neues Böses zeugte.

Ich konnte nicht viel helfen, nur hier und da ein Brot oder was sonst von der Verpflegung übriggeblieben war, geben. Ein gutes Wort, einen Rat, einen Segen. Wenn die Leute mich als Priester erkannten, teilten sie mit mir das wenige, was sie hatten.

Zwei der geschenkten Ikonen und ein Segenskreuz konnte ich Ende 1989 durch das Ostkirchliche Institut in Regensburg an den Metropoliten Pitirim von Wolokolamsk in Moskau übergeben lassen. Wie berichtet wurde, hat man mit dankbarer und andächtiger Freude die heiligen Dinge empfangen. Der Metropolit lud mich zu einem Besuch ein in dieses Land, das mit so viel Blut getränkt wurde, in dessen Erde ich so viele Kameraden begraben mußte.

Am 15. Juni 1944 waren die Pfarrer aus dem Mittelabschnitt zu einem Frontlehrgang in einem Feldlazarett bei Orscha eingeladen. 30 Pfarrer machten unter der Leitung von Dr. Vögtle Exerzitien. Wir hofften, daß es wenigstens noch ein paar Tage ruhig bleiben würde. Man wußte von noch nie dagewesenen Massierungen der Russen an der Rollbahn. Also hieß es, sich vorzubereiten auf »die letzte Stunde«. Am 18. Juni erschien der Feldgeneralvikar Werthmann, der an den Beratungen teilnahm und von seinen Sorgen berichtete. Am 19. Juni in aller Frühe verabschiedeten wir ihn nach der kurzen »Frontbewährung«. Ein interessanter Teilnehmer war der 71jährige Pfarrer der französischen Legion, Msgr. Comte de Mayol de Lupé.

Am 23. Juni war nach einem gewaltigen Panzer- und Artillerieeinsatz die russische Offensive in unaufhaltsamem Vormarsch. Unsere Regimenter waren aus dem Divisionsverband herausgerissen und bald eingekesselt. Der Divisionsstab blieb allein übrig und suchte mit großen Sprüngen über Minsk nach Polen zu entkommen. Totaler Zusammenbruch. Wir Pfarrer hielten uns an die Sanitätskompanie. Am Narew, zwischen Ostrolenka und Allenstein, sammelten sich die Reste der Division. Noch einmal wurde eine Front aufgebaut. Die Russen bereiteten sich auf die letzten Ziele vor: Berlin und Elbe. Wir hielten Advents- und Weihnachtsgottesdienste, von den Infanteristen angefangen, die in ihrem feuchten Bunker im Damm des Narew lagen, bis zur Bäckereikompanie, die schon im deutschen Flammberg arbeitete.

Nachdem alle von Oktober bis Dezember in Urlaub fahren konnten – Junggesellen zuletzt –, fuhr ich am 8. Januar 1945 im planmäßigen D-Zug von Allenstein nach Berlin und von dort weiter in die Heimat. Vom Elternhaus standen nur noch die Mauern, im Inneren war alles zerstört. Am 28. Januar 1945 dann die Rückfahrt nach Berlin. Inzwischen waren die Russen eher an der Oder als ich. Schrecklicher Luftangriff auf Berlin. Nach abenteuerlichen Erlebnissen befand ich mich in Wesel am Rhein. Am 16. Februar 1945 begannen dort die Luftangriffe, die in drei Tagen die Stadt auslöschten. Die wenigen Männer, die nach der Zerstörung im Stadtgebiet weilten, versuchten, Verschüttete zu bergen und die Toten zu begraben. Eine Liste von über 300 Toten, die wir beerdigt hatten, konnte ich später den Behörden übergeben.

Die deutsche Fallschirmarmee, die am Rhein in Stellung ging, wollte den Pfarrer wohl »haben«, schickte mich zunächst aber in das nächste Kriegsla-

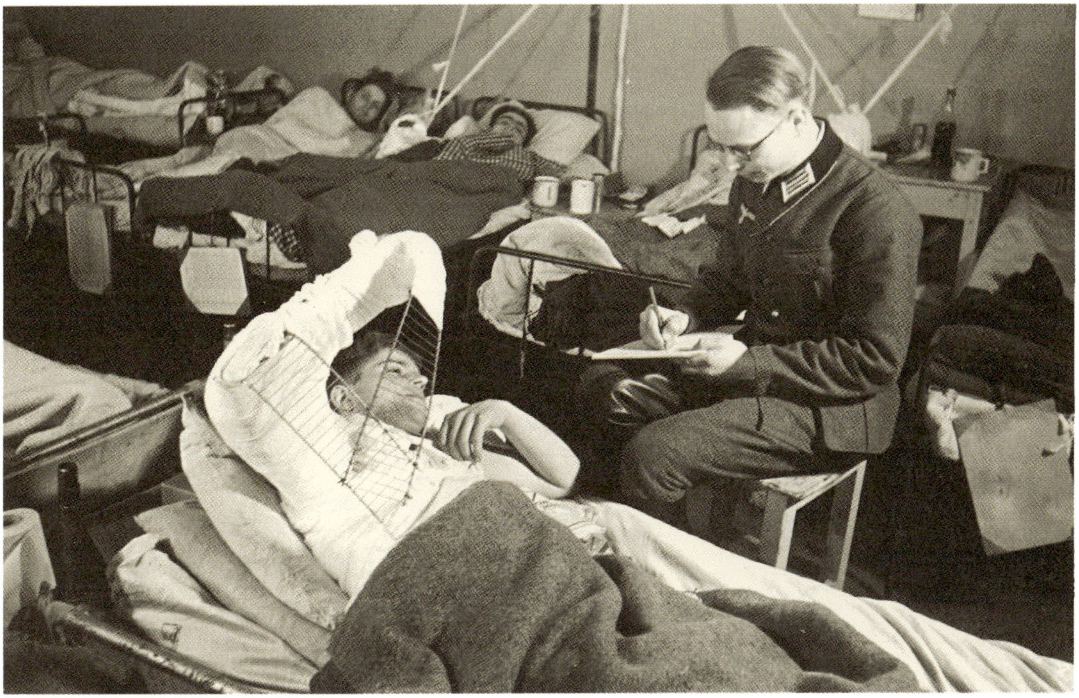

Für die verwundeten Soldaten waren die Pfarrer meist die einzigen, die den Kontakt zu den Angehörigen in der Heimat herstellten. Die Kriegspfarrer – hier Pfarrer Johann Kaspar – konnten in den Lazaretten meist mit der Unterstützung von Priestersoldaten rechnen, die ihren Dienst als Sanitätssoldaten ausübten. Katholische Geistliche und Seminaristen durften nicht zum Dienst an der Waffe eingezogen werden.

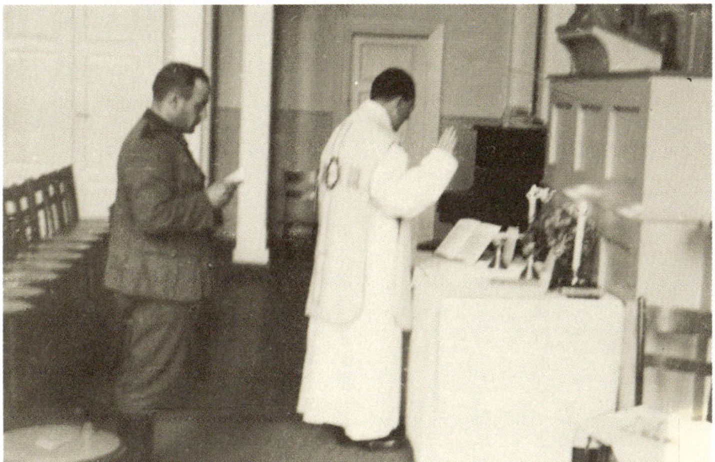

Pfarrer Georg Paulus hält Gottesdienst in einem Lazarett in Finnland.

Die Gottesdienste mit den Kriegspfarrern bedeuteten für die verwundeten Soldaten in den Lazaretten ein Stück Heimat.

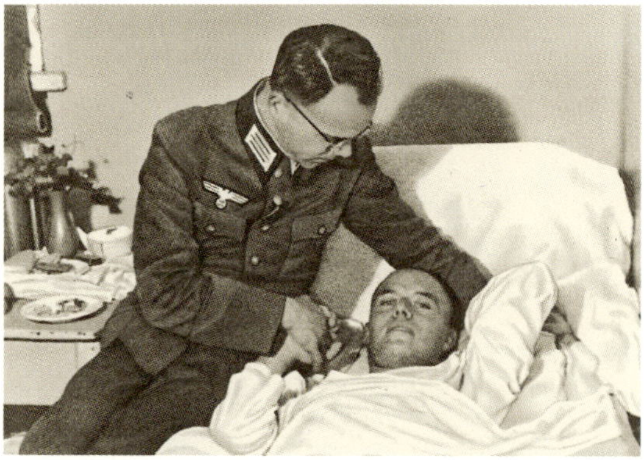

Der Besuch am Krankenbett bot Gelegenheit zu intensiven Gesprächen. Die Lazarettpfarrer machten keinen Unterschied, ob einer gläubig war oder nicht.

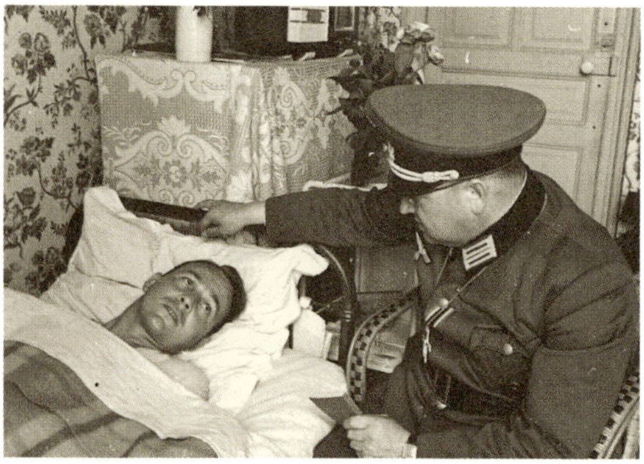

Den Schwerverletzten boten die Pfarrer die Letzte Ölung an. Die wenigsten lehnten ab.

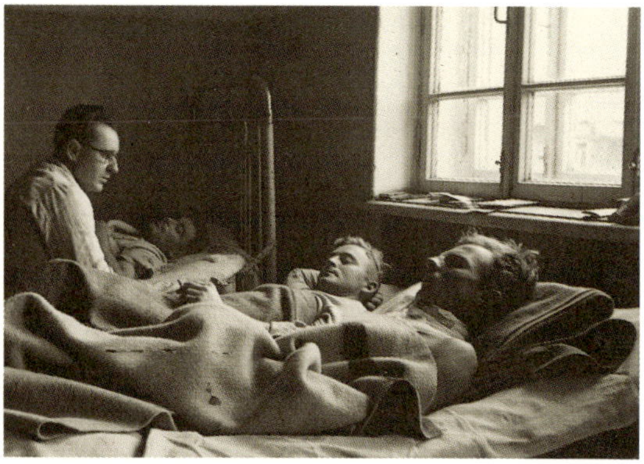

Die Situation in den Lazaretten ließ es nicht zu, ungestört zu beichten. Aber die meisten Landser störten sich nicht daran.

Viele katholische Geistliche waren Sanitätssoldaten.

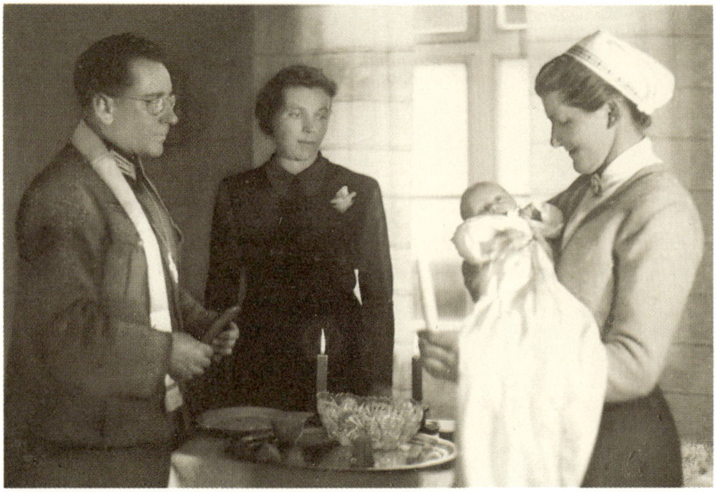

Pfarrer Georg Paulus tauft das Kind eines deutschen Soldaten und einer Finnin. Die Eltern baten die Rot-Kreuz-Schwester des Lazaretts in Oulu, die Patenschaft zu übernehmen.

Die Kriegspfarrer bemühten sich um Kontakt mit ihren Amtsbrüdern in den besetzten Gebieten. Kriegspfarrer Paulus (rechts) besucht in Finnland Bischof Cobben und den katholischen Pfarrer von Turku.

Dienstbesprechung der Kriegspfarrer mit Armeepfarrer Rincke. Nur selten hatten die Feldgeistlichen Gelegenheit, sich mit ihren Amtsbrüdern auf Armee-Ebene zu treffen.

zarett nach Haus Hall bei Gescher, wenige Kilometer entfernt von meiner zivilen Dienststelle in C., von wo aus ich 1939 losgezogen war. Anstatt mich abzuholen, waren die Reste der Armee am anderen Tag schon weit weggezogen in das östliche Westfalen. So blieb ich von März 1945 bis Januar 1946 in diesem Lazarett mit vielen Verwundeten, Deutschen und Engländern. Die Kanadier, die uns als Gefangene bewachten, waren nobel. Wir konnten in diesen Monaten eine Glaubenserneuerung predigen, Sakramente spenden, Prozessionen halten und unsere Toten andächtig zu Grabe tragen. Für viele der jungen Menschen war es eine Zeit der Besinnung, ein neuer Anfang, eine Zeit der Heilung und des Heils.

Jedenfalls war die Gemeinschaft von Pfarrern und Soldaten, die in schweren Zeiten gewachsen war, ein gutes Fundament für den geistigen Wiederaufbau und für das große Werk des Friedens, das nun begann.

Martin Zeil

Geboren 1912 in Dundenheim (Baden).
In Freiburg 1937 zum Priester geweiht.
Im März 1940 Sanitätsdienst in Lodz (Polen).
Ab Mai 1940 als Kriegspfarrer in Kriegslazaretten in Frankreich, Belgien und der Sowjetunion. Ab Januar 1942 Divisionspfarrer der 23. Panzerdivision in der Sowjetunion, Rumänien, Polen, Ungarn und Österreich.
Prälat Martin Zeil war Vikar in Heidelberg, ab 1951 Seelsorger bei den deutschen Dienstgruppen in der amerikanischen Armee.
Von 1956 bis 1974 Wehrbereichsdekan in Stuttgart.

Mensch, was wollt ihr denen sagen?

Die Seelsorge mit jungen Männern in der Gemeinde in Mannheim-Neckarau war ein wesentlicher Bestandteil meiner Tätigkeit als Vikar, bevor der Krieg begann. Wir hatten sehr viele junge Menschen in der Gemeinde, die ursprünglich bei »Neudeutschland«, bei den Pfadfindern, in der Sturmschar, im Jungmännerverein und in der Kolpingfamilie waren. Als der Krieg ausbrach, waren sie mit einemmal zum großen Teil verschwunden; sie wurden zur Wehrmacht eingezogen. Als Seelsorger war ich der Meinung, daß ich dort sein müßte, wo die jungen Leute jetzt lebten, d. h. in den Kasernen. Mir war dabei auch klar, daß die bisherigen Wehrmachtpfarrer allein die Aufgabe der Soldatenseelsorge gar nicht leisten konnten.

Also meldete ich mich in den ersten Wochen des Krieges bei dem Standortpfarrer in Mannheim für die Militärseelsorge. Ich hatte keine Vorstellung, welche Voraussetzungen dazu notwendig waren, und ich kannte den Zeitpunkt der Einberufung nicht. Im Januar 1940 wurde ich gemustert und am 1. März 1940 zur Sanitätsersatzabteilung 12 in Lodz (Polen) einberufen. Schon nach einigen Wochen kam die Ernennung zum Kriegspfarrer. Gleichzeitig mit mir wurden noch drei andere aus meiner Abteilung zu Kriegspfarrern ernannt. Eine Einführung in unsere Tätigkeit haben wir damals nicht erhalten. An einem Lehrgang nahmen wir nicht teil.

Mein erster Einsatz als Kriegspfarrer war bei einer Kriegslazarettabteilung, die von Juni 1940 an in Nordfrankreich eingesetzt war. Nach dem Frankreichfeldzug kam ich mit dem Lazarett nach Gent. Dort war ich gleichzeitig auch Standortpfarrer von Gent und Umgebung.

Der leitende Militärgeistliche beim Befehlshaber von Belgien und Nordfrankreich, Monsignore Gramann aus Wien, schlug mich im Sommer 1940 als Divisionspfarrer vor. Er war ursprünglich Offizier in einem k.u.k. Kavallerieregiment, hatte anschließend Theologie studiert und war 1914 zum Priester geweiht worden. Von 1915 an war er Regimentspfarrer in einem Infanterieregiment und seit 1936 Divisionspfarrer im österreichischen Bundesheer. Er war ein umsichtiger, frommer und erfahrener Mann. Ich schätzte ihn sehr. In Brüssel betreute er gefangene Zivilisten in Wehrmachtgefängnissen.

Mit den Vorgesetzten und Mitarbeitern im Kriegslazarett kam ich gut zurecht. Natürlich spielte die militärische Hierarchie auch hier eine Rolle. Sie war aber nicht so ausgeprägt wie später bei der Division. Ich konnte problemlos meiner Tätigkeit als Lazarettpfarrer nachgehen.

Die Unterschiede zwischen dem Lazarett in Frankreich und dem Lazarett 916 an der Ostfront, zu dem ich im August 1941 versetzt wurde, waren erheblich. Abgelehnt wurde ich nie. In Frankreich hatte ich den Eindruck, daß die Patienten den Besuch des Pfarrers gerne gesehen haben. Das wurde jedoch in Rußland noch deutlicher. Die Soldaten, die an der Front von Leningrad oder am Ilmensee verwundet worden waren, hatten schon viele bittere Wochen und Monate hinter sich. Die Verhältnisse, in denen die Verwundeten lebten, waren schwierig. Sie kamen sich sehr verloren vor. Sie konnten nicht damit rechnen, bald in Heimatlazarette überführt zu werden, denn die dortigen Reservelazarette waren im Winter 1941/42 überfüllt. So mußten die Soldaten oft wochenlang in diesen Kriegslazaretten im rückwärtigen Heeresgebiet bleiben, obwohl sie sehnlichst hofften, in die Heimat zu kommen. Aus diesem Grund bekam natürlich das Bemühen des Pfarrers, sein Kontakt zu den Patienten, eine viel größere Bedeutung.

Mitten in dieser Arbeit wurde ich im Februar 1942 zur neu aufgestellten 23. Panzerdivision versetzt. Hier kam es darauf an, möglichst schnell mit vielen Soldaten bekannt zu werden. Ich hatte das Glück, daß in der Division eine große Zahl von Priestersoldaten im Sanitätsdienst tätig war. Es gab keine Schwierigkeiten, wenn diese die Messe feierten und sich auf den Hauptverbandsplätzen seelsorglich um die Schwerverwundeten kümmerten. Ich wußte, daß die Sterbenden nicht ohne Hilfe waren, und konnte mich vorwiegend bei der Truppe aufhalten. Mein Platz war an den Schwerpunkten des Einsatzes, wo die Truppenärzte die Erstversorgung der Verwundeten durchführten. Ein großer Teil der sehr schwer Verwundeten starb dort. Es war mir wichtig, ihnen dort beistehen zu können.

Im Herbst 1942 gab es am Nordrand des Kaukasus die letzten großen Panzerangriffe. In diesem großen Aufgebot waren auch gepanzerte Fahrzeuge ohne Waffen, die nur für den Transport von Verwundeten vorgesehen waren. In diesen Fahrzeugen hatte ich meinen Platz. Es war meine Absicht, nicht beim Angriff zu sein. Ich wollte den verwundeten Soldaten beistehen, wenn sie aus den abgeschossenen Panzern gesammelt wurden. Oft konnte man gar nicht gleich zurückfahren, weil der Gegner den Rückweg abgeschnitten hatte. Da kam es vor, daß bei einem solchen Vorstoß der Verband nachts einen Igel bildete. Die Anwesenheit des Pfarrers bei den Verwundeten bekam dann eine große Bedeutung. Bei diesen Bemühungen wurde der Pfarrer auch von denen respektiert, die mit der Kirche kaum Verbindung hatten. Vielleicht dachten sie von ihrem Standpunkt aus: Die Art und Weise, wie der Pfarrer sich unter den Soldaten bewegt und sie begleitet, wirkt positiv auf die Mentalität und den Geist der Truppe.

Mit der Feier der Gottesdienste wurde es im Laufe des Krieges immer schwieriger. Im Westen gab es Kirchen und Kapellen, die wir benützen konnten. Die Situation änderte sich im Osten, besonders während der großen Offensiven. Da war an Gottesdienste oft kaum zu denken. Oft konnte ich über Wochen keine hl. Messe mit den Soldaten feiern. Etwas anderes war es natürlich, wenn die Truppe festlag. Da konnte ich Gottesdienste für die Soldaten halten, nicht an der vordersten Front, aber etwas zurück in den Stellungen.

Im Winter 1943/44 gab es dann eine andere Möglichkeit. Die Division war wie eine Infanteriedivision auf einem Abschnitt von 20 bis 25 Kilometern eingesetzt. Ich versuchte dann, im Laufe von 14 Tagen alle Truppen vorne aufzusuchen. Das war nur möglich, wenn sie versorgt wurden, also am späten Abend oder am frühen Morgen. Man konnte, besonders wenn ein Grabensystem vorhanden war, mit sechs bis acht Mann eine kurze Andacht halten, die aus einem Liedvers und einem Gebet bestand. Wichtig war aber vor allen Dingen, daß der Andacht ein persönliches Gespräch vorausging.

Bei den Gottesdiensten verwendeten wir Feldgesangbücher. Diese enthielten auch Abschnitte, auf die man hätte verzichten können: z. B. die Pflichten der Soldaten, das Gebet für Führer, Volk und Vaterland. Kaum jemand hatte das gelesen, und es spielte von meinem Verständnis her auch keine Rolle. Ich erhielt auch Predigtvorschläge der »Kirchlichen Kriegshilfe« und Hirtenbriefe des Feldbischofs Rarkowski. Damit konnte ich allerdings nicht viel anfangen. Ich hatte stets den Eindruck, der Inhalt gehe an dem vorbei, was die Soldaten bewegte. Sie erwarteten, daß man auf ihre Lage einging. Politische Überlegungen gehörten nicht dazu. Biblische Texte aus dem kleinen »Feldschott« bestimmten den Inhalt der Verkündigung. Als wir im Kaukasus plötzlich den mohammedanischen Bergvölkern mit ihrer ganz anderen Denk- und Lebensweise begegneten, da war dies etwas, was die Soldaten sehr interessierte und Anlaß für viele Fragen war. Bei all dem war ich darauf bedacht, den Männern zu helfen, sich am Glauben zu orientieren.

Es kam schon mal vor, daß die Altäre, an denen ich den Gottesdienst feierte, mit einer Hakenkreuzfahne geschmückt waren. Oft hatten wir nichts anderes, um es auf den Tisch zu legen. Zeitweise habe ich eine russische Parteifahne als Tischdecke benutzt. Sie hing in dem Rathaus eines russischen Dorfes, das wir eingenommen hatten. Ich habe sie mitgenommen und beim Gottesdienst umgekehrt auf den Tisch gelegt. Später habe ich ein Kreuz draufnähen lassen. Es war ein gutes rotes Tuch, das ich für meine Zwecke gebrauchen konnte.

Als in den letzten Kriegsmonaten das Ende bevorstand, suchte ich das Zusammengehörigkeitsgefühl der Truppe zu stärken. Denn die Männer würden die bevorstehenden schwierigen Verhältnisse nur bestehen, wenn sie in der vertrauten Umgebung der Gemeinschaft blieben. Ich sagte das nicht, um Hitler noch zu stützen, sondern weil ich überzeugt war, daß die Chance, nicht unterzugehen, größer war, wenn wir zusammenblieben. Ich verstand das nicht als Durchhalteparole. Es war meiner Überzeugung nach die einzige Chance zu überleben.

Im August 1944 kam ich in Galizien mit einem Pfarrer zusammen, der mir von Auschwitz erzählte. Bei dieser Gelegenheit hörte ich zum erstenmal von Auschwitz. Der polnische Pfarrer sagte mir: »Wenn der Krieg vorbei ist, werden wir dorthin wallfahren und unsere Toten beweinen.« Angaben über Einzelheiten machte er nicht. Wir passierten beim Truppentransport mit der Bahn diese Gegend. Um Auschwitz waren uns große Felder aufgefallen, auf denen viele Leute arbeiteten. Wir konnten uns den Zusammenhang nicht vorstellen. Der polnische Pfarrer war der erste, der mir sagte, was da geschah.

Die Haltung der Kirche zu den politischen Verhältnissen konnte ich verstehen. Ich hatte Respekt vor ihrem Versuch, in dieser schwierigen Lage zu bestehen. Als Theologiestudenten und junge Vikare standen wir hinter unserem Erzbischof Gröber. Wir konnten ihn aus der Nähe beobachten und hatten nie den Eindruck, daß er mit dem Nationalsozialismus sympathisierte. Bei der Erfüllung seiner schwierigen Aufgabe haben wir ihn bewundert.

Ich habe mit meinem Einsatz als Kriegspfarrer nicht gegen mein priesterliches Selbstverständnis gehandelt. Den Soldaten nahe zu sein, ihnen das Wort Gottes zu verkünden und die heiligen Sakramente zu spenden, ihnen in den vielfältigen Nöten und Gefahren beizustehen, hielt ich für eine wichtige Aufgabe.

Die Frage, ob dieser Krieg gerecht gewesen ist, habe ich nie gestellt. Ich hielt einen Krieg für schlimm und schrecklich. Ich wollte in ihm als Mensch und Christ bestehen und den Soldaten in demselben Bemühen helfen.

Joseph Kaul

Geboren 1912 in Freising.
In Freising 1938 zum Priester geweiht, bis 1940 Kaplan in Prien und München.
Danach im Sanitätsdienst in Frankreich.
1941 bis 1942 Kriegs- und Standortpfarrer im Generalgouvernement in Krakau.
Ab September 1942 Divisionspfarrer bei der 329. Infanteriedivision.
Bis 1950 in russischer Kriegsgefangenschaft.
Geistlicher Rat Joseph Kaul war bis 1955 Kaplan in Garmisch-Partenkirchen, dann Pfarrer in Marquartstein (Erzdiözese München und Freising).

Ich ließ mir nichts gefallen

Im Jahr 1933 machte ich das Abitur und studierte dann in Freising am Priesterseminar. Als ich das Theologiestudium begann, sprach mich der örtliche Polizeichef an. Das war ein stadtbekannter Nazi. Ich kannte ihn gut aus dem Gesellenverein. Der Polizeichef also sagte: »Sepp, sei doch nicht so dumm und studiere jetzt noch Theologie. In 20 Jahren gibt's keine Pfarrer mehr. Du hast doch das Abitur, du kannst heute alles mögliche werden, aber werde bloß nicht Pfarrer!« Da antwortete ich ihm: »Jetzt erst recht!«

Einmal – es war während meiner Studienzeit – wollte ich mit einem Kameraden mit dem Rad zu einer Tante nach Österreich fahren; da mußten wir zuvor zum Kreisleiter gehen. Das war damals in Freising ein gewisser Lederer. Bei ihm mußten wir also um ein Visum eingeben. »Und was wollen Sie dort?« fragte er uns. »Vermutlich nichts als hetzen wie Genosse Ackermann und Genosse Uschold?« Das bezog sich auf den Stadtpfarrer und den Stadtpfarrprediger von Freising, die mit der Partei Schwierigkeiten bekommen hatten. »Ziehen Sie zuerst einmal Ihren Priesterrock aus, dann können wir darüber reden, ob Sie da hinüberfahren können oder nicht!« Als wir nachmittags nochmals hingingen, warf er uns hinaus.

So war die Situation. Das glaubt man nicht. Wir fuhren aber doch nach Österreich. Ich hatte nämlich einen Vetter, der war Grenzer und seiner politischen Überzeugung nach schon fast ein Kommunist. »Was sagt der, der Lederer?« rief er, als wir ihm die Geschichte erzählten. »Heute nacht rede ich mit dem Österreicher und dann lasse ich euch hinüber. Aber morgen um die Zeit müßt ihr wieder rüberkommen.« Wir hatten die Frechheit und schrieben von Salzburg aus eine Karte an einen Kurskollegen in Freising. Auf der stand: »Der Lederer kann uns mal ...«

Das Verhältnis von ideologisch angehauchten und nichtangehauchten Pfarrern war bei den katholischen Priestern eins zu 100. Im Priesterseminar hatten wir einen Präfekten, der war das, was man ein Nazischwein nannte. Er meldete sich zur SS und brachte es fertig, unseren damaligen Seminarleiter zu denunzieren. Das trug Regens Roßberger zwei Jahre Gefängnis ein. Die Anschuldigung lautete, er habe im Refektorium beleidigend über den Nationalsozialismus gesprochen. Ansonsten kannte ich nur einen katholischen Priester, der eindeutig nationalsozialistisch gesinnt war. Aber unter den katholischen Kollegen, die Kriegspfarrer waren, befand sich kein einziger. Wer so etwas behauptet, lügt doch! Auch das Gerede vom Waffensegnen ist nichts anderes als Krampf. Kein einziger von uns hat Waffen gesegnet. Gut, es gab Rarkowski, den katholischen Feldbischof, der für seine Nähe zu den Nazis ja bekannt war; aber der hatte bei uns nichts zu sagen.

Ich wurde zunächst als Sanitäter eingezogen. Dann dachte ich mir, wenn ich nun zum Kriegspfarrer vorgeschlagen würde, könnte ich wenigstens in meinem Beruf den Soldaten etwas bieten und geben. Eine militärische Motivation für mein Amt als Kriegspfarrer fehlte mir jedoch völlig.

Als ich mich erstmals als Divisionspfarrer meldete, empfing mich der General freundlich und sagte: »Herr Pfarrer, es freut mich, daß wir so schnell wieder einen katholischen Pfarrer in meiner Division haben.« Mein Vorgänger, Pfarrer Brenner, war nämlich auf eine Mine gefahren. »Ich kann Ihnen sagen«, fuhr der General fort, »Sie haben in meiner Division keinen leichten Stand. Sie hatten einen Vorgänger, der es verstand, der Vater der Soldaten zu sein. Er war bei den Landsern bis vorne in den Graben hinein beliebt. Insofern haben Sie es schwer, ihm nachzuarbeiten. Ich hoffe nur, daß Sie als katholischer Pfarrer die Division jetzt weiter in seinem Sinn seelsorglich betreuen.«

Es war ein großer Unterschied, ob ich meinen Dienst als Kriegspfarrer hinten in der Etappe tat oder vorne bei der Division. Das drückte sich allein darin aus, daß ich an der Front von den Soldaten oder den Offizieren ganz anders aufgenommen wurde. Ich hatte ein eigenes Reitpferd, und wenn ich damit nicht mehr durchkam, lud mich der General ein, in seinem Kettenfahrzeug mit nach vorne zu fahren. Bei den Offizieren, bei den Landsern und den Regimentskommandeuren machte das natürlich großen Eindruck, wenn der Pfarrer mit dem General, oder umgekehrt: der General mit dem Pfarrer, ankam!

Nach zwei Monaten mußte ich dem General berichten, wie ich bei der Truppe aufgenommen wurde. Da sagte er zu mir: »Herr Pfarrer, wenn Sie von einem meiner Offiziere so wie das fünfte Rad am Wagen behandelt werden, kommen Sie sofort zu mir! Berichten Sie mir das! Denn Sie sind hier nicht das fünfte Rad am Wagen, sondern Sie sind im Majorsrang. Und wenn da so ein Hauptmann oder so ein Oberleutnant angeben will, lassen Sie sich das nicht gefallen!« Da wandte ich ein, ich fühlte mich doch als der Pfarrer und nicht als ein Major, selbst wenn wir im Majorsrang standen. Und er darauf: »In diesem Fall sind Sie das meinen Soldaten schuldig! Die beobachten ganz genau: Wie wird der Pfarrer von einem Regimentskommandeur oder einem Bataillonskommandeur aufgenommen?« Aber ich konnte nur berichten, daß ich bei allen herzlichst aufgenommen werde.

Das Militärische hat für mich nie irgendeine Versuchung bedeutet. Überhaupt war an der Front von einer »Versuchung des Militärischen« nichts zu merken. Wer so etwas geschrieben hat, hatte von dem, was draußen an der Front geschah, keine Ahnung. Anders war es in der Etappe. Da waren viele Nazis dabei. Aber das war wohlgemerkt keine Front. Auch in den Lazaretten der Etappe herrschte ein anderer Ton. Die Ärzte nahmen uns gerade noch als notwendiges Übel hin.

Während meiner Tätigkeit als Standortpfarrer in Krakau hatte ich einen evangelischen Kollegen; er war ein hundertprozentiger Nazi, Blutordensträger. Wir mußten immer abwechselnd die Heldenbeerdigungen auf dem Friedhof in Krakau halten, einmal er und einmal ich. Da wurde nicht gefragt, ob die Toten überhaupt an Gott glaubten oder nicht, ob sie evangelisch waren oder nicht oder ob man den Toten überhaupt kirchlich beerdigen durfte.

Eines Tages hatten wir einen Toten zu bestatten, der an der Arbeitsfront Dienst getan hatte. Seine Angehörigen hatten den evangelischen Pfarrer gebeten, er möge ihn doch beerdigen. Während der Zeremonie trat einer von der Arbeitsfront hervor und fing an: »Kamerad, du warst einer der Aufrichtigen, die sich von der Kirche getrennt haben. Jetzt bist du eingegangen in Walhall«, und weiß Gott was noch alles. Das war selbst meinem den Nazis sehr geneigten Kollegen zuviel. Der stand nur daneben und fing an zu fiebern. Diese Rede enthielt eine Beleidigung des Christentums nach der anderen. Am nächsten Tag beschwerte sich mein Amtsbruder. Er verlangte, daß man den Mann von der Arbeitsfront sofort zitiere, so etwas lasse er sich nicht bieten. In der Tat gab es ordentlichen Stunk.

Egal, ob der evangelische oder der katholische Pfarrer einen Gottesdienst hielt: es kamen alle, wenn sie das Bedürfnis hatten: ob katholisch, ob evangelisch, ob gottgläubig oder ungläubig. Hingetrieben wurden sie nicht. Sie kamen alle freiwillig. Ich habe es erlebt, daß Pioniere durch das Feuer gingen, nur um an einem Gottesdienst teilzunehmen, den ich bei der Batteriestellung angesagt hatte.

Die von oben vorgeschriebenen gemeinsamen Gottesdienste vermieden wir, so gut es ging. Mein General sagte einmal: »Ich weiß, daß es erwünscht ist, mit den evangelischen Pfarrern gemeinsame, also ökumenische Gottesdienste zu halten. Mir ist aber auch bekannt, daß meine katholischen Soldaten die Messe wollen. Machen Sie es so, wie Sie es für gut halten. Da rede ich Ihnen nicht drein.« Die katholischen Soldaten hielten den evangelischen Gottesdienst nur für einen Notbehelf. Wenn ich schon keine Zeit hatte, für sie die Messe zu halten, brachte ich ihnen dann wenigstens die Kommunion mit. Das erwarteten sie einfach.

Wenn ich einen Feldgottesdienst hielt, verteilte ich immer Bildchen; die hatten hinten einen Stempel, und da stand geschrieben: »Sakramente empfangen«. Den Soldaten sagte ich, sie sollten das Bildchen ihrer Mutter oder ihrer Frau nach Hause schicken, damit diese sähen, daß die Landser nicht als Heiden lebten, sondern als Christen. Ich tat das aber auch in dem Bewußtsein, daß es, falls sie wirklich fallen sollten, für die Angehörigen ein Trost wäre, zu wissen, daß der Gefallene noch kurz vorher die Sakramente empfangen und noch an einem Gottesdienst teilgenommen hatte. Einmal wollte ich in einem Bunker Gottesdienst halten. Die Russen hielten schon mit Granatwerfern darauf. Die Landser standen da, den Stahlhelm auf. »Herr Pfarrer, die Russen greifen an«, sagte einer. Da sagte ich: »Jetzt kommunizieren wir noch schnell.« Ich hatte das Allerheiligste bei mir. Von einer Messe konnte unter diesen Umständen nicht mehr die Rede sein. Ich nahm ihnen also die Beichte in Form der Generalabsolution ab. Dazu hatten wir ja die Vollmacht. Dann spendete ich die Kommunion. Da bemerkte ich, daß ein junger Bursche auf der Seite stand und weinte. Ich fragte ihn, was denn los sei; ob er sich denn nicht zur Kommunion zu gehen traue? »Nein, Herr Pfarrer«, antwortete er, »ich bin ja aus der Kirche ausgetreten, und jetzt tut es mir so leid.« – »Paß auf«, sagte ich, »wenn du noch einmal in den Urlaub nach Hause kommst, bringst du das wieder in Ordnung. Hier draußen stehst du in Todesgefahr. Komm her, jetzt bekommst auch du die Kommunion.« Ich erinnere mich noch gut, wie der strahlte.

Ein anderes Mal war ich bei den Panzerjägern. Die waren an der Hauptkampflinie, also an der vordersten Front, eingesetzt. Der Hauptmann sprach mich an: »Pfarrer, nehmen Sie mein Glas und schauen Sie einmal, wie nahe wir an die Russen herangerückt sind.« Da sah ich tatsächlich in die Stellungen der Russen. Der eine ging gerade mit zwei Kochgeschirren herum, ein anderer machte Holz. Da sagte der Hauptmann: »Wenn Sie jetzt ein Zielfernrohr hätten, Herr Pfarrer, dann könnten Sie einen von denen abknallen. Wollen Sie eines?« Darauf sagte ich: »Wissen Sie was, Herr Hauptmann? Das wäre Mord!« Da sagte er: »Ich wollte Sie nur auf die Probe stellen. Wir machen das auch nicht. Sie haben völlig recht. Das wäre Mord.« In den Waldaihöhen fuhr ich mit den Skiern zur Truppe. Skifahren konnte ich ja. Eines Tages entdeckte ich gerade noch rechtzeitig eine russische Patrouille in weißen Tarnhemden. Und ich hatte meinen Koppel vergessen! Wir hatten ja auch als Pfarrer immer eine Pistole zur Selbstverteidigung dabei. Da sauste ich, so schnell ich konnte, auf meinen Skiern zu meinen Kameraden zurück. Die gaben mir dann eine Begleitung mit. Ich selbst hatte die Gnade, während des ganzen Krieges keinen Menschen getötet zu haben.

Jede Division hatte in den letzten Kriegsjahren einen hauptamtlichen NS-Führungsoffizier. Bei unserer Division war dies ein gewisser Ruplow. Er war bekannt dafür, daß er sich die meiste Zeit in rückwärtigen Abschnitten aufhielt und ein leidenschaftliches Interesse für Frauen hatte. Eines Tages, als er wieder unterwegs war, ging ich zu seinem Mitarbeiter, Unteroffizier Bach, und sagte: »Na, Herr Bach, wie geht's denn so, was gibt es denn Neues bei den NS-Führungsoffizieren?« – »Jetzt kommt bald die neue Waffe zum Einsatz«, sagte der. Und ich: »Aber Sie sind doch ein gebildeter Mann, so etwas ist doch Wahnsinn!« – »Nein, Herr Pfarrer, das habe ich schwarz auf weiß, da wette ich mit Ihnen.« – »Gut, dann wetten wir jetzt. Um eine Flasche Schnaps, Marke Marketenderware!« Ich kannte den Unteroffizier ja, da er öfters zu mir in die Messe kam.

Als Ruplow zurückkam, hatte sein Mitarbeiter nichts anderes zu tun, als das alles seinem Chef zu berichten. Der rief sofort alle nebenamtlichen NS-Führungsoffiziere zu einer Besprechung beim Divisionsstab zusammen. Ich weiß das; denn einer von ihnen, ein Hauptmann von der schweren Artillerie, bei dem ich immer Gottesdienst hielt, kam anschließend gleich zu mir. Das war ein tiefgläubiger Mensch aus dem Ermland, Hauptmann Granitza, ein Ritterkreuzträger. Er richtete immer selbst den Altar her und schmückte ihn mit geschnitzten Figuren. Der erzählte mir nun in voller Aufregung: »Du, Sepp! Du kommst vors Kriegsgericht, weißt du das schon?« – »Nein, wieso?« – »Stell dir vor, der Ruplow hat uns jetzt zusammengerufen und sagte, du hättest seinem Mitarbeiter gegenüber defätistische Äußerungen getan und tätest dies wohl auch bei der Truppe. Er wird das vors Kriegsgericht bringen. Ich sag' dir bloß das eine: Wenn du Lunte riechst, dann kommst du sofort zu meiner schweren Batterie, dann machen wir Rundumverteidigung und wollen sehen, wer dich erschießt!« – »Nein, mein Lieber«, sagte ich, »den NS-Führungsoffizier kaufe ich mir selber!«

Abends standen wir in einem Raum zusammen. Ich sprach den NS-Führungsoffizier mit seinem Namen an. Da ich selbst als Kriegspfarrer im Majorsrang war, der NS-Führungsoffizier aber im Rang niedriger war als ich, konnte ich mir das erlauben. »Herr Ruplow, kommen Sie einmal her«, sagte ich. »Was glauben Sie eigentlich, wer mich erschießen soll?« Darauf er: »Wieso?« – »Was haben Sie denn da heute für eine Versammlung gehalten?« – »Das kann ich nicht durchgehen lassen, wenn Sie solche Äußerungen tun.« – »So? Passen Sie auf, daß Sie nicht eine hinten drauf kriegen. Den müssen Sie erst noch finden, der mich erschießt! Und ich sage Ihnen nur eines: Hüten Sie sich!«

Als dann die Kapitulation bevorstand, wollte sich Ruplow über die Ostsee nach Schweden absetzen. Als er aber auf kein Schiff kam, schluckte er Zyankali. Soweit die Geschichte vom NS-Führungsoffizier Ruplow. Man mußte da schon sehr vorsichtig sein. Aber gefallen ließ ich mir nichts!

Schlimme Stunden waren es, wenn ich Soldaten zu betreuen hatte, die vom Kriegsgericht zum Tod verurteilt worden waren. Ich verbrachte meist die ganze Nacht bei ihnen, bis zur Erschießung am frühen Morgen. Ich versuchte, sie religiös vorzubereiten, so gut ich es vermochte. Ich bat sie, mir zu sagen, ob sie noch einen Wunsch hätten; ich würde das den Angehörigen schreiben. Da sagte einer noch so rührend, er habe da ein bißchen Geld gespart, davon sollten dann seine Eltern hl. Messen lesen lassen. Er konnte selbst gar nicht glauben, daß er da schon kurz vor dem Tod stand. Es war furchtbar kalt in dieser Nacht. Ich schlug ihm vor, mit mir noch einen Schnaps zu trinken. Kommuniziert hatte er vorher schon. Als es soweit war, führte ich ihn an den Pfahl. Dann wurden ihm die Augen verbunden. Er fragte immer wieder: »Herr Pfarrer, sind Sie noch da?« – »Ja«, sagte ich, »bin schon noch da.« Und dann trat ich seitlich weg und gab ein Zeichen. Er bekam dann noch einen weißen Fleck auf das Herz, damit die Schützen genau zielen konnten. Und dann ist es geschehen. Anschließend habe ich ihn hinter meinem Bunker – da hatten wir einen kleinen Friedhof – beerdigt.

In der russischen Gefangenschaft war ich fünf Jahre lang unter 20 katholischen und 20 evangelischen Kriegspfarrern. Insgesamt befanden sich in dem Arbeitslager 20000 Leute. Der Russe trat anfangs an uns mit der Aufforderung heran, wir möchten doch im Lager »Kultura« machen, Vorträge halten usw. Dafür bekämen wir einen Nachschlag Suppe und einen eigenen Platz in der Baracke, wo wir dann arbeiten könnten. Wir katholischen Pfarrer waren unsicher, was die Russen damit bezwecken wollten. Wir fürchteten, wenn wir ihnen den kleinen Finger gäben, dann nähmen sie die ganze Hand. Anders die evangelischen Kollegen. Professor Wendland und Herr Petermann erklärten sich sofort bereit, Vorträge zu halten. Das begann mit hochgeistigen Lesungen über Faust, über Goethe. Aber es dauerte gar nicht lange, dann sagten die Russen: »Meint ihr, daß wir euch deswegen füttern? Ihr müßt jetzt Marxismus lehren! Hier sind die Bücher von Engels und Marx! Strengt euch doch an!« Da hatten die Kollegen die Bescherung.

Als Weihnachten kam, ging ich zum russischen Kommissar des Gefangenenlagers und bat ihn, er möge mir erlauben, daß ich in der Baracke für die katholischen Kameraden eine Messe halte. Da sagte er: »Znaju, ich kenne dich, bolschoj rabotschij, du bist ein guter Arbeiter, aber Liturgie – nix. Du kannst wohl beten, soviel du willst, für dich.« Wenn ich zum Beispiel draußen in einer Ecke stünde und betete – und er machte es vor – und er käme vorbei, so bräuchte ich nicht zu grüßen; da würde er mich nicht stören. Aber wehe, wenn wir eine Liturgie hielten. Dann drohte er uns mit Sibirien. Ich hielt aber trotzdem heimlich die heilige Messe: In der Baracke hängten wir eine Decke vor einen Verschlag, und da feierte ich dann mit zwei anderen Pfarrern auf den Knien den Gottesdienst! Einen Kelch hatte ich ja noch gerettet.

Es gab so manche Situation, in der man verzweifeln konnte. Manch einer von den Amtsbrüdern ließ sich in dieser Verzweiflung auch zum Fluchen hinreißen. Von einem weiß ich, daß er aus der Bibel, die er gerettet hatte, Zigaretten drehte; er verrauchte sie buchstäblich. Ein anderer Pfarrer ist einfach an seinem Beruf verzweifelt. Er wurde zu Straflager in Sibirien verurteilt. Erst dort hat er wieder zu seinem Glauben gefunden.

Aufgrund meiner Erlebnisse glaube ich nicht, daß Not beten lehrt, wie man sagt. Es stimmt nicht. Not lehrt nicht immer beten. Wenn einer in seiner Verzweiflung die Bibel in die Latrine wirft, ist das das pure Gegenteil.

Karl Schraaf

Geboren 1912 in Bad Honnef/Rhein.
In Köln 1939 zum Priester geweiht.
Ab Juni 1940 Sanitätsdienst in Frankreich und Polen.
Ab März 1941 als Kriegspfarrer bei der Sanitätsabteilung 602. Von Weihnachten 1941 bis Juni 1944 Standortpfarrer in Athen, danach Divisionspfarrer der 126. Infanteriedivision.
Bis Ende 1949 in russischer Kriegsgefangenschaft.
Prälat Karl Schraaf war Religionslehrer an Gymnasien, dann Direktor der Bischöflichen Hauptstelle für Schule und Erziehung sowie Referent für Seelsorge bei der Deutschen Bischofskonferenz.

Das Evangelium war Durchhalteparole genug

»Kriegspfarrer a. K.« lautete mein Titel. Ich übersetzte es mit »an Ketten«. Ich war in Belgrad stationiert und seit wenigen Wochen im Dienst, als ich mit der Kriegslazarettabteilung für kurze Zeit nach Banki bei Sofia zog. Dort sollte ich unliebsame Bekanntschaft mit einem Hauptmann machen: Ich ging gerade in der Nähe einer Moschee spazieren, als er mich ansprach. »Zeigen Sie mir Ihr Soldbuch!« fauchte er mich an. Ich musterte ihn kritisch. »Herr Hauptmann«, erwiderte ich, »wie käme ich dazu, Ihnen mein Soldbuch zu zeigen? Im übrigen scheinen Sie nicht zu wissen, daß ich als Kriegspfarrer im Majorsrang bin!«

Er ließ nicht locker, wurde sogar relativ frech und zudringlich. Anstelle von »Kriegspfarrer« hatte er »Kriegsfahrer« verstanden. Das amüsierte mich. Ganz gelassen sagte ich zu ihm: »In diesem Ton spreche ich nicht weiter mit Ihnen, Heil Hitler, Herr Hauptmann!« und ging. Am nächsten Tag rief er bei unserer Abteilung an und beklagte sich über den Mann ohne Schulterklappen – mich.

Das ereignete sich im Sommer 1941. Im Krieg war ich schon seit Juni 1940. Als ersten Wuppertaler Geistlichen hatte man mich eingezogen. Ich kam an die Sanitätsschule in Eylau in Ostpreußen. Katholische Geistliche konnten ja nur als Sanitätssoldaten eingezogen werden. Von Eylau ging es nach Frankreich und später nach Lodz. Ich hatte das Glück, dort neun Monate lang mit meinem Bruder zusammensein zu können, der dort beim Wehrmeldeamt tätig war. Ich mußte Wachdienst schieben und konnte nebenbei auch Gottesdienste halten – für Deutsche in einem polnischen Ort nahe Lodz. Das behagte mir einfach nicht. Obwohl mein Bruder ebenfalls in Polen war, konnte ich nicht zufrieden sein. Ich spürte, daß dort nicht mein Platz war, und sagte zum Leiter der Einheit, einem Oberfeldarzt: »Ich möchte Kriegspfarrer werden!«

Schon vor dem Krieg hatte ich immer den Wunsch, in die Seelsorge zu gehen. Auf Anregung des damaligen Kölner Erzbischofs Frings, der drei Semester lang mein Regens war, verzichtete ich sogar auf die Promotion. Dennoch hatte ich von der katholischen Militärseelsorge keine konkreten Vorstellungen oder Erwartungen; meine Motivation war völlig simpel. Ich wollte nicht länger »Schütze A« im letzten Glied sein. Kriegspfarrer, wußte ich, bedeutete auch als Soldat einen enormen Aufstieg: Man wird Major und kann mehr oder weniger tun und lassen, was man will.

Doch der Oberfeldarzt schien meine Bitte zu ignorieren. Ich mußte mir also einen anderen Weg suchen, zu meinem Ziel zu gelangen. Da gab es einen Wehrmachtpfarrer, den ich in Wuppertal in der Zeit vor meiner Einberufung kennen- und schätzengelernt hatte. Als er uns schließlich verließ, hatte ich zu ihm gesagt: »Lassen Sie mir doch mal Ihre Feldpostnummer da. Man kann nie wissen, wozu das gut ist!« Jetzt wußte ich, wozu es gut war: Ich schrieb den Pfarrer an und bat um Einberufung als Kriegspfarrer.

Von da an ging alles ganz schnell. Schon wenige Tage später erhielt ich meine Einberufung zum Kriegspfarrer-Anwärterkurs nach Berlin. In meiner Einheit sorgte das für Aufregung. Ich kam gerade zurück zum Gottesdienst, als ich von der Einberufung hörte. Der Oberfeldarzt habe nach mir gesucht, hieß es. Ich ging zu ihm und meldete mich vorschriftsgemäß: »Ich habe hier eine Einberufung zum Kriegspfarrer-Anwärterkurs.« – »Davon wußte ich ja gar nichts!« sagte er. Er schien etwas pikiert. »Herr Oberfeldarzt«, entgegnete ich, »da Sie mein Gesuch anscheinend nicht weitergegeben haben, war ich gezwungen, andere Wege zu beschreiten. Wie Sie sehen, mit Erfolg!«

Ich fuhr nach Berlin. Bevor der Kurs begann, wurden wir an der Heereskleiderkasse mit Mütze und Kordel ausgestattet und in einem guten Hotel untergebracht. Das war schon was – und wir fühlten uns wie »Menschen erster Klasse«. Drei, vier Tage wurden wir in der Hauptstadt mit Vorträgen, die irgendwelche Theologen hielten, geschult. Bischof Rarkowski sah ich bei dieser Gelegenheit nicht, nur den Feldgeneralvikar Werthmann.

Die Kriegslazarettabteilung 602 in Griechenland war meine erste Einsatzstelle. Es schlossen sich zwei Monate in Belgrad und in Sofia an, von denen bereits die Rede war. In Banki bei Sofia gab es nur sehr wenig zu tun. Ich hatte 30 Kranke im Lazarett zu betreuen und einen Oberpfarrer als Vorgesetzten, einen sehr netten Tiroler, der aber militärisch jegliches Geschick vermissen ließ. Nach ein paar Monaten schrieb ich ihm: »Es ist nichts zu tun, und die Kranken, für die ich zuständig bin, wollen mich nicht mehr sehen. Denen bin ich eher lästig!« Als klassische Antwort erhielt ich die Darstellung eines Heiligen, der 30 Jahre am Heil von »nur« einer Seele gearbeitet hatte. Ich schrieb dem Oberpfarrer erneut und drohte: »Wenn Sie mich nicht bald versetzen, werde ich mich dem Nachtleben von Sofia zuwenden ...« Das wirkte – bereits am nächsten Tag hatte ich einen Versetzungsbefehl nach Athen in der Tasche.

Dort blieb ich dreieinhalb Jahre, von der Planstelle her als Lazarettpfarrer, in der Realität allerdings als Standortpfarrer in der griechischen Hauptstadt für 30000 Soldaten. Darunter befanden sich allein 5000 Frauen, die als Nachrichtenhelferinnen oder als Rot-Kreuz-Schwestern eingesetzt wurden. Dreieinhalb Jahre hielt ich dort Sonntag für Sonntag in einer riesigen katholischen Kathedrale Gottesdienste und betreute einige Lazarette. Über all die Jahre blieb es in Athen vollkommen friedlich – das war ein Segen. Zudem hatte ich ein sehr gutes Verhältnis zu meinem evangelischen Kollegen, einem ökumenisch veranlagten Stadtseelsorger. Großes Interesse an gemeinsamen Gottesdiensten hatte ich allerdings nicht; wir nutzten lediglich gemeinsam ein Auto samt Fahrer.

Meine seelsorgerische Tätigkeit hatte mit der eines Kriegspfarrers eigentlich nichts zu tun. Ich arbeitete wie ein Geistlicher in einem friedvollen Land. Zu den wöchentlichen Gottesdiensten kamen sehr viele Deutsche; zusätzlich bot ich sogenannte »Soldatenkreise« an, in denen sich die Soldaten aussprechen konnten. Regelmäßig kamen rund 30 Soldaten pro Woche – damit war ich zufrieden. In Athen hatten die Soldaten auch ständig die Gelegenheit, vor der Messe zur Beichte zu gehen. In den Kampfgebieten war das ja überhaupt nicht möglich.

Ich verlebte in Athen eine sehr schöne Zeit. Das kann ich frei sagen. Schrecklich war dort nur, daß die Zivilbevölkerung so viel Hunger leiden mußte. Die Deutschen ließen keine Schiffe nach Griechenland durch, und deshalb war die Versorgungslage verheerend. Morgens auf meinem fünfminütigen Weg zum Büro sah ich oft Verhungerte in den Straßen. Grausam. Aber darüber hinaus gab es dort keine Schwierigkeiten, auch wenn die jungen Offiziere kein Verständnis für unsere Arbeit hatten.

Rückwärtige Truppenteile exhumierten die oft weitverstreut bestatteten Gefallenen und setzten sie auf großen Soldatenfriedhöfen bei.

Manche Angehörige schickten Erde aus der Heimat und baten den Kriegspfarrer, sie auf das Grab des Gefallenen zu streuen.

Feierliche Begräbnisse fanden nur bei rückwärtigen Truppenteilen statt.

Manche Kriegspfarrer waren als »Gräberoffiziere« eingeteilt. Ihre Aufgabe war es, von den Gräbern der Gefallenen genaue Pläne anzufertigen.

Auf dem Vormarsch blieb für Beerdigungen meist nicht viel Zeit. Dann wurden die Gefallenen nur in einer Zeltbahn bestattet.

Nur selten war ein Pfarrer zur Stelle, der die Gräber der Gefallenen einsegnen konnte. Dann beteten die Soldaten am offenen Grab für ihre toten Kameraden.

Bei der Luftwaffe war es üblich, daß auch die Gefallenen der Gegner mit militärischen Ehren bestattet wurden. Flaggen der verschiedenen Nationalitäten bedecken die Särge: der Union Jack, die Trikolore und die Reichskriegsflagge.

Pfarrer Fritz Andreae bei einer Beerdigung. Es war den Kriegspfarrern verboten, die Angehörigen vom Tod eines Soldaten als erste zu benachrichtigen.

Ich muß sagen – alles, was ich im Krieg geleistet habe, verdankte ich meiner persönlichen Frechheit, um es mal so drastisch zu sagen. Wenn man sich die Butter vom Brot nehmen ließ, stand man auf verlorenem Posten. Regelmäßig fuhr ich zwischen den Wochenenden von Athen aus auf die naheliegenden Inseln. Die Truppen dort hatten keinerlei Abwechslung; die begrüßten sogar einen Pfarrer sehr freundlich.

Zu betreuen hatte ich auch die Inhaftierten in einem Militärgefängnis und etwa 500 Marinesoldaten, die verwundet in einem Lazarett lagen. Bei den Gefangenen handelte es sich um Deutsche. Es waren ausgesprochene Kriminelle darunter, die zum Beispiel ein Mädchen erschossen oder Einbrüche bei den Griechen begangen hatten. Es herrschte Krieg, da war man auch mit dem Strafmaß nicht zimperlich. Ein Todesurteil war schnell gefällt, das weiß ich aus eigener Erfahrung. Zehn, 15 Soldaten habe ich betreut, die zum Tode verurteilt worden waren. Ich besuchte sie regelmäßig im Gefängnis und besorgte ihnen einen Juristen – eben Kleinigkeiten, die man für jemanden tun konnte.

Ein Fall hat mich besonders erschüttert. Da war ein Kolpingssohn aus Aachen, ein blutjunger Kerl, gerade mal 18, 19 Jahre alt, dem man wirklich übel mitgespielt hatte. Auf den hatte man einen »Agent provocateur« angesetzt, der ihn zu regimefeindlichen Gesprächen verleitet und so hinter Gitter gebracht hatte. Mit allen Mitteln versuchte ich ihm zu helfen, besorgte ihm einen guten Anwalt und redete auf den Richter ein – doch es war sinnlos. Er wurde dennoch wegen »diffamierender Äußerungen« zum Tode verurteilt. Seine letzten Stunden verbrachte ich mit ihm, habe ihm die Sakramente gespendet und ihn getröstet. Am Morgen wurde er erschossen. Ich konnte nichts tun, ich war so ohnmächtig. Alles war so ungerecht; für nichts war dieser Junge gestorben.

Bis Juli 1944 blieb ich in Athen. Dann rief man mich nach Berlin zurück; ich sollte Divisionspfarrer werden. Ich war die ganzen Jahre weit weg von Deutschland, hatte die Nazi-Diktatur fast vergessen. Doch in Berlin wurde ich wieder knallhart damit konfrontiert. Zusammen mit einem aktiven evangelischen Wehrmachtpfarrer, der in der Wehrmacht den Rang eines Leutnants bekleidete, hielt ich einen Gottesdienst.

Ich hatte den Leutnant gebeten, die Predigt zu halten. Das sollte ein fataler Fehler sein, denn er hielt eine ausgesprochene Nazi-Predigt. Nach dem Gottesdienst sagte ich zu ihm: »Herr Kollege, mit Ihnen werde ich keinen Gottesdienst mehr abhalten. Meine Soldaten sind mir zu schade, als daß sie von Ihnen mit Nazi-Predigten beglückt werden.« Er nahm es unbewegt zur Kenntnis. Wir mochten uns beide gegenseitig nicht. Doch da ahnten wir noch nicht, daß wir später für viereinhalb Jahre gemeinsam in Kriegsgefangenschaft geraten sollten …

Ich flog nach Rußland. In der Nähe von Pleskau traf ich meine Division, die 126. Infanterie. Mit ihr war ich sechs Wochen lang nur auf der Flucht – Pleskau selbst habe ich nie gesehen. Den ersten russischen Soldaten sah ich erst am 8. Mai 1945, dem Tag der Kapitulation. Zusammen mit, glaube ich, 600000 Mann, der Heeresgruppe Kurland, geriet ich in Kriegsgefangenschaft.

Bevormundungen habe ich während des gesamten Krieges eigentlich nicht erlebt. Es gab da nur diese eine Geschichte während meiner Monate in Belgrad. Ich saß in einem sehr hübschen Kasino und redete mit den Offizieren. Sie regten sich furchtbar über die Separatisten und deren Anschläge auf. Ich konnte das nicht verstehen und wandte ein: »Ich weiß gar nicht, was Sie haben! Der berühmte Major Schlageter, der am Niederrhein auf der Golzheimer Heide erschossen worden ist, der hat doch damals im besetzten Deutschland genau das gleiche getan!« Mein lieber Mann, da war's vorbei, da hatte ich den Mund zu voll genommen. Die wollten mich melden, hätten mir am liebsten sofort einen Prozeß angehängt. Zum Glück hatte ich bereits einige Offiziere kennengelernt, mit denen ich klarkam und die sich dann auch bei diesem Streit für mich verwandten. So ist diese Angelegenheit im Sande verlaufen.

Auch in Rußland war es nicht immer einfach. Ich erinnere mich da beispielsweise an einen Feldwebel, der auf einen von mir angesetzten Gottesdienst barsch mit den Worten reagierte: »Da geh' ich nicht hin.« Ich habe dann ganz nüchtern geantwortet: »Herr Feldwebel, Sie scheinen nicht zu wissen, daß wir eine vom Führer eingesetzte und geförderte Wehrmachtsseelsorge haben. Wenn Sie eine solche Bemerkung noch einmal machen, dann bringe ich Sie zur Meldung!« Anschließend hat er ganz brav gekuscht.

Im großen und ganzen konnte ich in Rußland aber zufrieden sein. Meine Division bestand zu zwei Dritteln aus Katholiken, darunter auch viele Oberschlesier, sehr fromme Leute. Die waren froh, daß ich bei ihnen war. Dadurch war meine Stellung auch relativ gut, und ich konnte gegenüber den Offizieren auch schon mal ein paar Worte verlieren. Ich sagte etwa, daß ich als Seelsorger gekommen sei und nicht als Propagandaredner des Dritten Reiches.

Es hat nie jemand gewagt, direkt Einfluß auf meine Arbeit zu nehmen. Weder der sehr gemütliche bayerische Landrat, der in Athen mein Vorgesetzter war, noch die Militärs in dem Hause, in dem mein Büro lag. Das waren in erster Linie Intellektuelle aus Österreich. Ihr Chef, ein Oberst, redete mich immer respektvoll mit »Hochwürden« an. Das konnte ich ihm nicht ausreden. Auch in Rußland hat mir niemand in meinen seelsorgerischen Dienst dreingeredet. Das lag wohl auch an der ursprünglich rheinisch-westfälischen Zusammensetzung der Division. Ich sagte damals immer, daß die Rheinländer den Soldaten Feuer unter dem Hintern gemacht und die Westfalen dafür gesorgt hätten, daß dieses Feuer nicht erlischt. Mit meinen Kollegen hatte ich in Rußland nicht sonderlich viel Glück. Ich kam mit dem evangelischen Amtsbruder der Division, Pfarrer Beckher, zusammen. Das hatte noch gefehlt, denn ihn kannte ich als ausgemachten Nazi-Prediger.

Gottesdienste konnte man in Rußland in den letzten Kriegsjahren nur sehr schwer abhalten. Wir waren ja schließlich auf der Flucht. In Schützengräben las ich während der fünf großen Schlachten, die ich in Kurland miterlebte, kaum Messen. In die Gräben ging man als Pfarrer nur, wenn nicht gekämpft wurde – und das war gegen Ende des Krieges kaum der Fall. Falls ich dann doch in die Gräben ging, habe ich mehr mit den Soldaten geredet als Gottesdienste gehalten. Die Messen wurden ganz provisorisch abgehalten. Ich hatte meinen Meßkoffer dabei und habe mir irgendwo auf Brettern einen provisorischen Altar aufgebaut. Bei dieser Gelegenheit verkündete ich immer das Evangelium, nie irgendwelche Durchhalteparolen – das Evangelium war ja auch Durchhalteparole genug. Was mich bei diesen Begegnungen sehr nachdenklich stimmte, war die Erfahrung, daß die große Kriegsnot die Soldaten eher das Fluchen lehrte als das Beten. Das war einfach so.

Meist jedoch zelebrierte ich die Messen in dem Privathaus, in dem ich als Mitglied der Führungsabteilung auch wohnte. Zu diesen Gottesdiensten kamen dann auch Russen. Sie betrachteten uns zwar in erster Linie als Feinde, aber sie hörten zu, ohne die Kommunion zu empfangen. Einer dieser Russen schenkte mir damals einen Goldrubel. Das hat mich sehr gefreut. Nach dem Krieg ließ ich mir daraus ein Kreuz machen, auf dessen Rückseite der Text eingraviert wurde, über den ich damals predigte: Jesaja 29, 11, 12, 14. Darunter steht das Datum meiner Heimkehr aus dem Krieg, der 17. November 1949, sowie die Zahl 72703, die Nummer des Lagers, in dem ich die längste Zeit meiner Gefangenschaft verbrachte.

Das Material für meine Gottesdienste bekam ich damals über die »Kirchliche Kriegshilfe« der Caritas in Freiburg, von einem gewissen Heinrich Höfler. In Athen erhielt ich die Schriften regelmäßig, später in Rußland dann nur noch selten. Ich habe auch selbst Predigten für diese Caritas-Stelle geschrieben, von denen einige veröffentlicht wurden. Neben Predigten bekamen wir auch fromme Schriften geschickt. Die konnte man aber nicht gebrauchen. Die waren derart naiv verfaßt, daß ich nicht gewagt habe, sie an Soldaten zu verteilen.

Natürlich taucht heute, wenn man über die damalige Zeit spricht, immer die Frage auf, warum man sich nicht gegen die Nazis gewehrt habe, warum niemand aufgestanden sei und gesagt habe: »Nein, ich mache das nicht!« Dazu muß ich aus meiner Erfahrung sagen: Es war als Soldat einfach nicht möglich, gegen den Strom zu schwimmen. Die hätten einen sehr schnell stumm gemacht. Das hieß aber nicht, daß man sich im Einzelfall nicht mal über Verordnungen hinwegsetzen konnte. Gerade in Athen machte ich das öfters, ohne daß es Probleme gab. Es hieß zwar, man dürfe auf keinen Fall die Zivilbevölkerung des Besatzungslandes seelsorgerisch betreuen, doch daran hielt sich niemand.

In Athen gab es zum Beispiel auch den Pater Richard, einen Franziskaner, der auch unser Beichtvater war. Er war eigentlich für die Seelsorge der Deutschen zuständig, doch er kümmerte sich in geradezu rührender Weise um die Griechen, so daß er in der Stadt schnell den Namen »der liebe Gott« weghatte. Nach dem Krieg bekam er in Deutschland dafür sogar einen Verdienstorden. Solche Formen von Mißachtung der Dienstvorschrift konnte man sich schon mal erlauben. Aber alles andere hätte eine Gefahr für das eigene Leben bedeutet. So habe ich auch nie aktiven Widerstand gegen die Nazis geleistet, ich wüßte auch nicht, wie ich es hätte anstellen sollen.

Am Tag der Kapitulation, dem 8. Mai 1945, geriet ich in Kurland in Kriegsgefangenschaft. Von dort marschierten wir zuerst nach Schlock bei Riga, wo wir von den Russen vernommen wurden. Ein Soldat sagte zu mir: »Sie müssen sicher bei Hitler ein angesehener Mann gewesen sein, wenn Sie so viel Geld verdient haben.« Er spielte auf meine Bezahlung im Rang eines Majors an. Ich konnte nichts dagegen sagen. Von seinem Standpunkt aus war diese Auffassung verständlich. Zusammen mit General Fischer und vielen Adeligen bin ich in zwei Kriegsgefangenenlagern gewesen: Das erste lag in Mordwinien, einem Verbannungsland südöstlich von Moskau, und das zweite in der Gegend von Nowgorod. Von dort aus wurde ich entlassen.

In den ersten zwei Jahren brauchten wir im Lager wegen unseres Stabsoffiziersranges nicht zu arbeiten. Wir hatten aber schnell ein Beschäftigungsfeld gefunden. Da zahlreiche Professoren ebenfalls unter den Gefangenen waren, kam die Idee von einer »Lager-Universität« auf und wurde in die Tat umgesetzt. Mit Holzschindeln unter dem Arm, denn Papier gab es ja keines, gingen wir morgens zur Vorlesung. Es ging uns wirklich nicht schlecht. Wir bekamen als Stabsoffiziere ausgewogen Butter und Zucker auf die Hand, die man den anderen Soldaten direkt ins Essen mischte, wo sie im Nichts verschwanden. Wir genossen einige Privilegien, was einen russischen Soldaten einmal zu dem Ausspruch verleitete: »Ich habe einen Lebenstraum: einmal als deutscher Offizier in einem russischen Gefangenenlager sein!«

Irgendwann dachten sich die Russen doch eine Tätigkeit für uns aus. Wir sollten »arbeiten fürs Lager«, meinten sie. Wir gingen dann in den Wald, fällten Holz und schlugen Bäume. Eigentlich kam dies jedem gelegen, denn so kam man einmal aus dem Lagermief heraus und sah etwas anderes. Die russischen Soldaten, die uns bewachen sollten, hatten irgendwo ein Liebchen und verzogen sich schnell, so daß wir machen konnten, was wir wollten. Wir kochten dann auch draußen in der freien Wildbahn, vor allem Hirsebrei, den wir mit Kohlköpfen verfeinerten, die wir bei den Russen klauten. Das war eigentlich lebensgefährlich.

Probleme, das Priesteramt im Lager auszuführen, gab es nicht. Im ersten Lager waren wir etwa 50 Pfarrer, davon je 25 katholische und 25 evangelische. Jeder von uns hielt in einer Ecke der Baracke, in der wir untergebracht waren, einmal im Jahr einen Gottesdienst. Zuerst kam immer der evangelische und anschließend der katholische – so zelebrierten wir unsere Sonntage. Außer den Leuten in der Baracke kam niemand, aber es störte nicht. Wir haben natürlich auch gegenseitig an den Gottesdiensten teilgenommen, die evangelischen Kollegen bei uns und wir bei ihnen. Ich habe nie in meinem Leben so viele evangelische Gottesdienste besucht wie dort in der Gefangenschaft. Und dann kam eines Tages ein Erlaß der Lagerleitung, in dem es hieß, wir sollten ab sofort unsere Predigten schriftlich einreichen. Das hatte noch gefehlt.

Alle waren ganz aufgebracht. Um meine Kollegen zu beruhigen, sagte ich, da ich für viele von ihnen ein wichtiger Bezugspunkt war, in die Runde hinein: »Liebe Mitbrüder, wir brauchen uns gar nicht aufzuregen. Wir reichen eine Predigt ein und predigen dann das, was wir selbst für richtig halten.« Das hat auch glänzend funktioniert.

Nicht so gut funktionierte dagegen in vielen Lagern das Gebot der Nächstenliebe. Kameradendiebstahl etwa war an der Tagesordnung; besonders Brot wurde geklaut. Jeden Tag bekamen wir 500 bis 600 Gramm Brot. Die habe ich meist sofort gegessen, denn nur so konnte man sicher sein, daß einem die Ration nicht abhanden kam. Andere Kollegen haben ihre Zuteilung an Brot teilweise gehortet, wovon manchmal große Mengen gestohlen wurden. Doch unser Lager war diesbezüglich noch von der harmlosen Sorte. In anderen Lagern soll es wegen Brot zu Mord und Totschlag gekommen sein. Ich bin froh, daß ich so etwas nicht erleben mußte.

Die harten Sitten in der Gefangenschaft hinterließen auch bei manchen Pfarrern seltsame Spuren. Da kam es plötzlich vor, daß irgendwelche Kollegen mit einer Dienstpistole zum Altar gingen und predigten – und waren auch noch stolz darauf. Mir verschlug es fast den Atem. Ich habe so etwas nie getan. Ich konnte zwar mit der Pistole schießen, doch ich habe die Waffe nie getragen. Ich habe auch nie an Altären mit Hakenkreuzfahnen gepredigt. Wenn welche dagewesen wären, hätte ich sie weggenommen.

Zum Glück mußte ich im Krieg nie Augenzeuge irgendwelcher Greueltaten werden. Das ist mir erspart geblieben. Auch von den Massenvernichtungen in den KZs wußte ich während des Krieges noch nichts. Erst in der Gefangenschaft hörte ich Soldaten über diese Dinge reden. Das hatte sicher auch damit zu tun, daß ich während des Krieges kaum Kontakt zur Heimat hatte. Von Kardinal Frings bekam ich einmal eine Postkarte, von Kollegen erhielt ich auch diverse Predigten: von Graf von Galen etwa oder Heinrich Höfler von der »Kirchlichen Kriegshilfe« in Freiburg. Aber die klärten nicht über die KZs auf. Irgendwie hatte ich über all die Jahre im Krieg den Eindruck, daß die Amtskirche daheim uns einfach vergessen hatte. Für die gab es uns nicht mehr.

Die Partei habe ich immer verachtet, es hat mir auch nie jemand die Frage gestellt, ob ich eintreten wolle. Ich bin ein echter Patriot, aber keiner im Sinne der Nazis. Ich war Kriegspfarrer und war es gerne. Sicher – ich befand mich als Priester im Heer von Hitler, aber dem Regime diente ich bestimmt nicht – das kann ich mit gutem Gewissen sagen. Ich glaube, die Nazis wußten ganz genau, was sie von uns zu halten hatten. Die haben in uns mit Sicherheit keine Sympathisanten vermutet.

In meinen Predigten schwieg ich einfach über das Regime. Aber mit Schweigen kann man auch sehr viel sagen. Ich gebe auch zu, ab und an das Gebet für Führer, Volk und Vaterland mit den Soldaten gebetet zu haben; das war meinem Dafürhalten nach noch relativ erträglich. Ich brauche mir keine Vorwürfe zu machen wegen meines Dienstes als Kriegspfarrer. Auch nach dem Krieg habe ich mich bemüht, Militärseelsorger zu werden. Kardinal Frings hatte in meinen Augen aber damals die Vorstellung, wir wären alle ein wenig nationalsozialistisch verseucht. Er verfügte, daß keine ehemaligen Kriegspfarrer in Zukunft als Militärseelsorger arbeiten dürften. Ein paar Jahre später sah der Kardinal seinen Irrtum ein. Über Prälat Schlafke fragte man aus Köln bei mir an, ob ich nicht Militärdekan werden wolle. Ich schrieb zurück: »Damals wollte ich, da wolltet ihr nicht. Jetzt wollt ihr, doch jetzt will ich nicht mehr!«

Franz Vogt

Geboren 1909 in Hünfeld.
In Fulda 1934 zum Priester geweiht.
Ab September 1939 Divisionspfarrer bei der 95. Infanteriedivision am Oberrhein und im Saargebiet.
August 1940 bis Januar 1941 Gymnasiallehrer in Kassel.
Dann als Divisionspfarrer in Belgien, Frankreich und in der Sowjetunion.
Von April 1945 bis Januar 1950 in russischer Kriegsgefangenschaft.
Msgr. Franz Vogt war bis 1972 Lehrer, zuletzt Studiendirektor in Kassel. Außerdem war er in der Jugendseelsorge und Erwachsenenbildung tätig.

Ich trage diese Erlebnisse wie ein Trauma in mir

Nach meiner Priesterweihe am 22. Dezember 1934 im Dom zu Fulda wurde ich von meinen kirchlichen Vorgesetzten für den Dienst an höheren Schulen bestimmt. Daher absolvierte ich neben meiner Tätigkeit als Kaplan an den Universitäten in Marburg und später in Frankfurt ein zusätzliches Studium mit den Fächern Katholische Religion, Hebräisch und Latein. Nach einem Studienreferendarjahr in Kassel legte ich im Frühjahr 1939 in Hannover das Assessorexamen ab, bekam aber sofort die Mitteilung, daß ich niemals angestellt würde. Wahrscheinlich war ich der letzte preußische Geistliche, der noch zum Examen zugelassen war, denn inzwischen war ein Verbot ergangen, Geistliche in den Schuldienst aufzunehmen. Meine Tätigkeit als Religionslehrer an verschiedenen Schulen Kassels endete abrupt, da ich Mitte September einen Gestellungsbefehl bekam, der mich als Pfarrer zum Truppenübungsplatz Wildflecken in der Rhön beorderte. Dort wurde die 95. Infanteriedivision aufgestellt, die zu zwei Dritteln aus Rheinländern und Westfalen und zu einem Drittel aus Hessen und Thüringern bestand.

Diese überraschende Einberufung erklärt sich wohl daraus, daß ich nicht unmittelbar in der Pfarrseelsorge eingesetzt war. Ohne einen sogenannten Kriegspfarrerlehrgang wurde ich also von einem Tag zum anderen Divisionspfarrer im Majorsrang. Da ich keinerlei militärische Ausbildung hatte und mir auch die Welt des Militärischen völlig fernlag, versuchte ich auf der Fahrt nach Wildflecken, mir anhand einer Tabelle erst einmal die militärischen Rangzeichen einzuprägen. Die fehlenden Schulterstücke veranlaßten einen Kasseler, mich zu fragen: »Gehören Sie zur Geheimwaffe des Führers?«

In ersten Gottesdiensten in Wildflecken und Umgebung erfuhr die Truppe von meinem Dasein. Das löste bei vielen Verwunderung und Freude aus. Anfang November wurde die Division, die zum großen Teil aus Teilnehmern des Ersten Weltkrieges bestand, am Oberrhein, gegenüber Straßburg, eingesetzt. An dieser Front fiel kein einziger Schuß, und die Betreuung der Truppe war fast friedensmäßig.

Auf Wunsch meines Divisionskommandeurs, General Sixt von Armin, hielt ich Anfang Januar 1940 in einem Lager mit polnischen Kriegsgefangenen einen Gottesdienst, der große Erregung auslöste. Ich wurde gebeten, doch wiederzukommen und die Sakramente zu spenden. Meinem Versprechen konnte ich nicht nachkommen, da kurze Zeit später die Division ins Saargebiet verlegt wurde, und zwar in den Raum Dillingen-Merzig. Dort war die Situation eine völlig andere: Es gab Kämpfe und Stoßtruppunternehmen, und ich machte die ersten Erfahrungen mit Toten und Verwundeten, besonders nach dem 10. Mai, dem Beginn des Frankreichfeldzuges. Die Division brachte die ersten gefangenen Engländer ein. Nach dem Durchbruch durch die Maginotlinie notierte ich die Namen der französischen Gefangenen, die Priester waren, und händigte ihr Altargerät persönlich dem Bischof von Metz aus.

Nach Abschluß der Kampfhandlungen wurde die Division in den Raum Hanau verlegt, um in der Folgezeit völlig umgestaltet zu werden. Der evangelische Kollege und ich wurden beurlaubt, da wir nicht weiter benötigt wurden, und so erteilte ich von August 1940 bis Januar 1941 an zwei Gymnasien in Kassel wieder Unterricht: in Latein und sogar in Mathematik und Erdkunde, weil entsprechende Lehrkräfte für diese Fächer fehlten. Ende Januar 1941 wurde ich erneut zur inzwischen umgebildeten und verjüngten Division einberufen, und zwar in den Raum Chimay/Belgien und Soissons-Reims. Zehn Tage vor Beginn des Rußlandfeldzuges wurden mein evangelischer Kollege und ich in den Dom von Soissons bestellt, wo Feldgeneralvikar Werthmann und der evangelische Armeepfarrer Herford uns unter dem Versprechen der Geheimhaltung sagten, daß in Kürze der Sowjetunion der Krieg erklärt würde und wir in den Osten verlegt würden.

In Gewaltmärschen durch Polen, in Staub und sengender Julisonne, suchte die Division zunächst den Anschluß an die schon weit in feindliches Gebiet eingedrungene Fronttruppe. Über Luck, Zwiahel und Schitomir war das große Ziel die Hauptstadt der Ukraine: Kiew. Nach sechs Wochen Belagerung mit schweren und verlustreichen Kämpfen fiel am 19. September die Stadt, wobei die Division als Angriffsziel die mit Kirchen und einem gewaltigen Glockenturm gekrönte Höhe über dem Dnjepr hatte. Am anderen Morgen besuchte ich mit General S. von Armin den unversehrten Höhlenklosterbezirk und das eindrucksvolle Ikonenmuseum. Nach kurzer Ruhepause im Raum Kiew ging der Vormarsch weiter Richtung Kursk, gehemmt und erschwert von der unvorstellbaren Schlammperiode und dem folgenden Frost und Schneefall, Auftakt zum berüchtigten »General Winter«, dessen Härte wir in den folgenden Monaten mit oft 40 Grad Kälte und meterhohem Schnee zu überstehen hatten. Nach der Sommeroffensive wurde die Division in den Raum Rschew verlegt; nach dem Fall von Stalingrad erfolgte der planmäßig vorbereitete Rückzug in das Gebiet ostwärts von Smolensk, später über Brjansk, Gomel in den Raum Witebsk. Dort wurde im Juni die Heeresgruppe Mitte mit über 20 Divisionen zerschlagen, von denen ca. 100000 Mann als Gefangene durch Moskau marschieren mußten, darunter mein damaliger General. Obwohl der evangelische Pfarrer und ich schon zum zweitenmal eingeschlossen waren, konnten wir uns wie durch ein Wunder nach Litauen durchschlagen. Dort wurde aus drei zerschlagenen Divisionen eine neue 95. Infanteriedivision aufgestellt, mit der ich die letzten Kämpfe um Ostpreußen, Memel und Samland erlebte. In Tenkitten, wo zur Erinnerung an die Mission des Bischofs Adalbert von Prag und seinen Märtyrertod ein Kreuz errichtet war, kam ich mit allen Verwundeten des Hauptverbandsplatzes in russische Gefangenschaft.

Mit dem Stichwort Hauptverbandsplatz ist ein Ort meiner besonderen Tätigkeit genannt. Bei Großeinsätzen waren wir Pfarrer nicht mehr beim Divisionsstab, sondern immer am Hauptverbandsplatz. Ich hatte dort wertvolle Unterstützung von Sanitätssoldaten, die Priester waren, von denen mir zwei Mitbrüder noch heute in lebendiger Erinnerung sind. In vorbildlicher Weise nahmen sie sich besonders der Schwerverwundeten und frisch Operierten an. Einige dieser Mitbrüder sind gefallen, andere gelten als vermißt. Die katholischen Verwundeten fragte ich stets, ob ich ihnen die Krankensalbung spenden dürfe. Nur ein einziges Mal wurde mir von einem Verwundeten gesagt: »Nein, dann muß ich sterben.« Hier war noch die alte Vorstellung von der »Letzten Ölung« als ausgesprochenem Sterbesakrament lebendig. Alle anderen nahmen mein Angebot dankbar an.

Ich habe noch zum Teil erschütternde Briefe von Angehörigen, in denen sie mir für die persönliche Mitteilung über den Gesundheitszustand ihres Ehepartners oder Sohnes dankten. Soweit ich konnte, verständigte ich die Angehörigen Verwundeter, zu denen ich im Lazarett Kontakt hatte oder die ich beerdigen mußte. Die Todesnachricht durften wir nicht mitteilen. Das war dem Kommandeur bzw. der Einheit vorbehalten. Aber mein evangelischer Kollege und ich schrieben den Angehörigen, gleichgültig, ob wir das durften oder nicht, vor allem auch dann, wenn Soldaten als vermißt galten, wie nach der Katastrophe von Witebsk.

Unsere Haupttätigkeit bestand natürlich in der seelsorglichen Betreuung der Truppe. Wir suchten ihre Einheiten systematisch auf und legten Gottesdienste fest. Je nach Lage waren Gottesdienste in Kompanie- und Bataillonsstärke möglich – getrennt nach Konfessionen. Das Feldgesangbuch, das allen Soldaten ausgehändigt worden war, war dabei eine gute Hilfe. Dankbar möchte ich bei dieser Gelegenheit das Schrifttum der »Kirchlichen Kriegshilfe« in Freiburg und die Veröffentlichungen des Alsatia-Verlags erwähnen, die für mich und meine Tätigkeit eine unsagbare Bereicherung bedeuteten. Das gilt vor allem für die Schriften des Dichters und Schriftstellers Reinhold Schneider.

Im Stellungskrieg suchten wir auch die Soldaten in den Schützengräben und Erdbunkern auf und sprachen und beteten mit ihnen. Dabei nahm ich als Nichtraucher gerne meine Rauchwaren mit und verschenkte sie, was oft größeren Eindruck machte als fromme Worte. Ich höre immer wieder, daß Kriegsteilnehmer sagen: »Ich habe während des ganzen Krieges an der Front nie einen Pfarrer gesehen.« Ich kann nur sagen: Wir – mein evangelischer Kollege und ich – haben uns redlich um eine umfassende seelsorgliche Betreuung der Einheiten bemüht. Das war nicht einfach. Immerhin bestand eine Division aus 16000 Mann, verteilt auf kilometerlange Frontabschnitte. Am einfachsten war es für uns, unseren Pflichten nachzukommen, wenn eine Einheit aus der Hauptkampflinie herausgezogen wurde. Weniger organisatorische Schwierigkeiten gab es bei der Artillerie und den rückwärtigen Versorgungseinheiten. Dort konnte man weitgehend problemlos einen Termin für einen Gottesdienst festlegen. Bei den Gottesdiensten waren auch meist die Kommandeure anwesend. Da ein Großteil der Division aus westfälischen Katholiken – aus der Gegend von Münster und Paderborn – bestand, war die Teilnahme erfreulich gut.

1943 wurde einmal, wohl um die Stimmung der Truppe festzustellen, die Post von Frontsoldaten durchgesehen. Der damalige Kommandeur, General Röhricht, sagte mir, daß sich die Soldaten sehr positiv über meine Gottesdienste geäußert hätten. Wir Pfarrer haben jedenfalls ernsthaft versucht, den uns Anvertrauten in dieser Situation zu helfen und ihnen ein Stück Heimat zu geben. Wir haben mit ihnen für den Frieden gebetet und für einen glücklichen Ausgang des Krieges. Leider besitze ich meine Predigten nicht mehr. Sie sind mit meinem gesamten Gepäck im Kessel von Witebsk verlorengegangen, ebenso die kurzen schriftlichen Aufzeichnungen der Jahre 1944 und 1945, die ich bei der Gefangennahme vernichten mußte.

In Frankreich praktizierten wir noch die Privatbeichte. An der Front aber hatten wir keine andere Möglichkeit als die der Generalabsolution, denn die Gottesdienste fanden ja meist im Freien oder in irgendeinem Unterstand statt. Vor jedem Gottesdienst hielt ich eine kurze Gewissenserforschung. Dabei sagte ich, wenn jemand eine wirklich schwere Schuld habe, habe er die Verpflichtung, sie später zu Hause in einer Beichte zur Sprache zu bringen. Dann erteilte ich die Generalabsolution, und fast alle gingen zur hl. Kommunion.

Durchschnittlich hatten wir Pfarrer ein sehr gutes Verhältnis zu den Kommandeuren und den einzelnen Offizieren. Vorbildlich war hier mein erster Divisionskommandeur, Sixt von Armin, ein gläubiger evangelischer Christ, der großen Wert auf unsere Arbeit legte und mehrmals auch meine katholischen Gottesdienste besuchte. Auch nach seiner Versetzung an die Stalingrad-Front haben seine Nachfolger unsere Arbeit gefördert und unterstützt. Nur einmal gab es Schwierigkeiten mit einem österreichischen Kommandeur, einem fanatischen Nationalsozialisten mit antikirchlicher Einstellung. Aber auch er konnte die Gottesdienste nicht verhindern.

Die Hirtenschreiben von Militärbischof Rarkowski habe ich nur zur Kenntnis genommen und abgelegt. Keinen dieser Hirtenbriefe habe ich vorgelesen. Einfluß auf meine Tätigkeit hatte Rarkowski nicht. Wir hatten wohl unsere Tätigkeitsberichte an die jeweiligen Armeepfarrer abzugeben, aber Bischof Rarkowski war für mich weit und fern und in seiner Haltung und Einstellung »realitätsblind«.

Ich hatte auch von den Predigten des Bischofs von Münster, Clemens August Graf von Galen, erfahren. Ich besaß sogar einige Exemplare, die ein Urlauber mitgebracht und weiterverteilt hatte. Er bekam deshalb Schwierigkeiten und ist nur knapp einem Prozeß entgangen.

Seelsorgliche Kontakte mit der einheimischen Zivilbevölkerung hat es nur am Anfang des Krieges in der Ukraine gegeben. Zu den Gottesdiensten kamen oft Frauen und Kinder. Sie standen etwas entfernt, und wie ich feststellen konnte, weinten viele. Dann kam der Befehl, der jede seelsorgliche Betreuung der Zivilbevölkerung verbot. Nur im Winter 1941/42 setzte ich mich über diesen Befehl hinweg. In der russischen Familie, bei der wir Pfarrer untergebracht waren, starb die Großmutter, der ich vor ihrem Tod noch den Segen gegeben hatte. Auf Bitten ihrer Tochter ging ich später auf den Friedhof, um ihr Grab einzusegnen.

Später kamen wir in Gebiete, die stets radikal geräumt waren, so daß keine Möglichkeit mehr bestand, mit der Bevölkerung in Kontakt zu kommen. Für uns waren es bedrückende Erlebnisse, wenn wir zusehen mußten, wie die Bevölkerung von Haus und Hof vertrieben und in Trecks nach rückwärts geschafft wurde.

Was mein Verhältnis zu evangelischen Mitbrüdern angeht, so war lediglich die Begegnung mit dem ersten evangelischen Divisionspfarrer etwas schwierig. Er war aktiver Wehrmachtpfarrer und außerordentlich stark militärisch geprägt, der sogenannten »Versuchung des Militärischen« erlegen. Er wollte militärischer sein als die Offiziere und erregte damit oft Anstoß. Nach dem Frankreichfeldzug, als die Division umgebildet war und ein neuer Pfarrer zur Division kam, wurde das völlig anders. Zu ihm hatte ich von Anfang an ein sehr herzliches und persönliches Verhältnis. Wir waren wirklich echte Freunde. Alle uns angehenden Fragen besprachen wir gemeinsam und teilten Freud und Leid unseres Daseins in wahrhaft brüderlicher Verbundenheit. Auch unsere Besuche bei der Truppe machten wir meist gemeinsam, so daß man, wenn einer von uns einmal allein kam, scherzhaft fragte: »Habt ihr euch etwa gestritten?«

Gemeinschaftsgottesdienste waren zunächst von höherer Stelle erwünscht, aber ich kann mich nicht erinnern, daß wir in Frankreich und Rußland solche gefeiert hätten. An Weihnachten, wenn wir möglichst viele ansprechen wollten, haben wir zuweilen gemeinsame Wortgottesdienste gehalten. Das waren jedoch Ausnahmen.

Mein evangelischer Kollege und ich waren uns auch darin völlig einig, daß dieser Krieg katastrophal enden würde. In Gesprächen unter vier Augen wurden mir auch von anderen gleiche Bekenntnisse abgelegt. Aber regelrechter Widerstand oder gar Revolte ist in der Zeit, in der ich bei der Division war, nicht sichtbar geworden.

Leider habe ich an fünf Hinrichtungen wegen Fahnenflucht oder angeblicher Feigheit vor dem Feind teilnehmen müssen. In allen Fällen wurde ich erst kurz vor der Hinrichtung benachrichtigt und hatte dann die schmerzliche Aufgabe, dem Delinquenten mitzuteilen, daß sein Gnadengesuch abgelehnt worden sei und er in einer Stunde sterben müsse. Diese letzte Stunde war ich mit dem Verurteilten allein, eine qualvolle Stunde, in der ich ihn einen Abschiedsbrief schreiben ließ und ihn dann mit Gebet und Spendung der Sakramente für sein Sterben vorbereitete. Jede dieser Hinrichtungen steht noch heute lebendig vor mir. Unvergessen ist mir besonders die letzte Exekution, wo zwei junge, blühende Menschen, einer katholisch, einer evangelisch, in Ostpreußen in den letzten Tagen des Krieges ihr Leben lassen mußten. Mein seelsorgliches Bemühen stieß hier weithin auf Ablehnung. Trotzdem versuchte ich, mit ihnen zu beten und begleitete sie auf ihrem letzten Gang. Den ganzen Widersinn des Krieges mit seiner erbarmungslosen Rechtsprechung habe ich so nie wieder erlebt. Ich trage diese Erlebnisse wie ein Trauma in mir.

Kontakt zu anderen Militärseelsorgern hatte ich so gut wie keinen. Nur ein einziges Mal, als wir im Sommer 1942 bei Kursk lagen, hatten wir eine Pastoraltagung für alle katholischen Kriegspfarrer dieses Gebietes. Neben fünf Vorträgen mit den Leitthemen »Erfahrungen und Aufgabe der Truppenseelsorge« und »Was erwartet die Truppe von ihren Feldseelsorgern?« war das brüderliche und fröhliche Zusammensein in diesen Tagen ein beglückendes Ereignis.

Bei Verlegungen kam es zuweilen zu Begegnungen mit Pfarrern einer anderen Division, aber ebenso schnell trennten sich wieder unsere Wege. Auch bei diesen Begegnungen hatte ich keinen Grund zur Annahme, daß ein Pfarrer in seiner Tätigkeit vom Nationalsozialismus und dessen Ideologie bestimmt gewesen wäre. Für mich persönlich war das Militärische keine Versuchung. Ich sah meine Aufgabe nur als Seelsorger.

Nach dem Fall von Königsberg kam ich am 17.4.1945 als einziger unseres Divisionsstabs in russische Gefangenschaft. Die anderen Offiziere hatten sich auf dem Seeweg nach Schleswig-Holstein abgesetzt, die Mannschaft aber an Land gelassen. Unter dem Feuer deutscher Schiffsgeschütze mußten wir Gefangenen zu den rückwärtigen russischen Stellungen laufen. Dabei wurde ich zu meinem tiefen Leidwesen von meinem evangelischen Mitbruder getrennt. Er gilt seitdem als vermißt.

Nach strapaziösen Märschen durch Ostpreußen kam ich in das große Sammellager bei Insterburg. Am Fronleichnamstag wurde ich dann mit einem Offizierstransport in das Lager Morschansk verlegt, eine Stadt 400 Kilometer südöstlich von Moskau. Ich war der einzige katholische Pfarrer in diesem Lager. Bis zu 10000 Gefangene lebten hier: Deutsche, Ungarn, Rumänen und später auch noch Japaner. Da die 30 evangelischen Pfarrer alle Offiziere gewesen waren, stand ich als einziger unter der »Genfer Konvention«. Die Lagerleitung nahm davon keine Notiz, im Gegenteil: Ich wurde immer wieder in die Gruppe der Stabsoffiziere eingereiht und war somit an ihrem Schicksal beteiligt, d. h., ich wurde wie sie am längsten zurückbehalten.

Die Gefangenschaft war noch mal ein ganz starkes, unerhörtes Erlebnis. Wie ein Stück Urkirche begann ich, zusammen mit den evangelischen Kollegen, eine Lagergemeinde aufzubauen. Wechselweise hielten wir ökumenische Wortgottesdienste im Freien. Als die russische Lagerleitung dies merkte, wollte sie es verbieten. Wir konnten das Verbot nur dadurch rückgängig machen, indem wir erklärten, wir hätten in unserer Heimatpost schon von den Gottesdiensten Mitteilung gemacht. Daraufhin zog der Politoffizier aus »außenpolitischen Erwägungen« das Verbot zurück.

Dankbar bekenne ich heute, daß man mir in der »Lagerseelsorge« erstaunliche Freiheit ließ. Erst auf Betreiben des »Deutschen Lager-Aktivs«, das sich aus ehemaligen Nazis zusammensetzte, wurde unsere Lage und unsere Arbeit schwieriger. Trotzdem gab es nur wenige Sonntage, an denen kein Gottesdienst möglich war.

Mein erster ökumenischer Gottesdienst stand unter dem Schriftwort des Johannes: »So spricht der Auferstandene: Ich lebe, und auch ihr sollt leben.« Die heilige Messe konnte ich nicht feiern, da mir jegliches Gerät und vor allem der Meßwein fehlte. In einfachster Form feierten wir unseren Gottesdienst. Wir sangen und beteten und hörten Gottes Wort in Lesung und Predigt. Wunsch und Sehnsucht blieb die Feier der heiligen Messe. Erst im Herbst 1946 brachte mir ein ungarischer Offizier ein Fläschchen Wein. Ein anderer Kamerad schenkte mir einen selbstgebastelten Holzkelch mit leichtem Metalleinsatz. Anstelle von Hostien nahm ich Weißbrot. Und da habe ich dann gespürt und erlebt, wie vom heiligen Opfer her eine neue Lagergemeinde wuchs, wie das Sakrament eine neue, lebendige Kraft ausstrahlte und alles veränderte. Erst jetzt wurden wir wirklich Gemeinde.

Es dauerte nicht lange, daß aus der Gemeinde heraus durch Opfer und Spenden die fehlenden priesterlichen Gewänder angeschafft wurden: Eine Kasel aus japanischer Seide, die wir von mitgefangenen Japanern erstanden. Weihnachten 1946 trug ich sie zum erstenmal in der Christmette um Mitternacht. Diese Christmette mit musikalischer Begleitung durch die Lagermusikgruppe war so stark besucht, daß die große sogenannte Kulturhalle bis auf den letzten Platz besetzt war.

Am Tag darauf wurde kein Brot ausgeliefert, woraufhin die Arbeitskommandos streikten. Von der deutschen Antifa-Gruppe wurde mir dieser Streik angelastet: Ich hätte die Leute mit meiner Predigt aufgehetzt. Ich wurde zur russischen Lagerleitung zitiert und dort entsprechend verhört. Als Predigttext hatte ich in der Mette aus dem Johannesprolog die Stelle genommen: »Das Licht leuchtete in der Finsternis, aber die Finsternis hat es nicht ergriffen.« Das Verhör endete ohne nachteilige Folgen.

Die Leute von der Antifa waren keineswegs beglückt über meine Tätigkeit. In ihrem und der Russen Verständnis war ich »Faschist Nr. 1«. Ich hatte eine feste Gemeinde, und meine Gottesdienste waren gut besucht, während die Antifa zusehen mußte, daß sie für ihre Veranstaltungen oder für ihre Propaganda überhaupt Leute zusammenbekam.

Unsere Predigten mußten wir schriftlich Mitte der Woche einreichen. In Ermangelung von Papier wurden sie auf ein kleines Holzbrett geschrieben. Erst später erhielten wir für diesen Zweck eine Papierzuteilung. Mein evangelischer Kollege hatte einmal in der Vorlage seiner Predigt einen Paulusbrief erwähnt, worauf die Rückfrage kam, um welchen Brief des Generalfeldmarschalls Paulus es sich hier handle.

1947 kam zu meiner großen Freude der spätere Weihbischof Ernst Tewes mit vier Mitbrüdern ins Lager. Von da ab war die Situation für mich eine völlig andere. Während ich bei der Gefangennahme nur die Versehstola, das heilige Ölgefäß, mein Brustkreuz, die Bibel und den Schott hatte mitnehmen können, brachte einer von ihnen sogar seinen Meßkoffer mit. Wir konnten nun jeden Sonntag abwechselnd eine Meßfeier halten.

In manchen Gesprächen mit russischen Offizieren merkte ich, wie hier Welt gegen Welt stand. Andererseits spürte ich ein Fragen und Suchen nach Gott und seiner Welt. Daß Gott auch in diesem Land seine Gemeinde hat, sollte ich noch einmal eindrucksvoll erfahren, als ich auf ausdrücklichen Wunsch der russischen Politabteilung hin mit meinem evangelischen Kollegen einen russischen orthodoxen Gottesdienst besuchen durfte, ohne daß uns ein Wachtposten begleitete. Ganz am Rand der Stadt fanden wir die kleine Holzkirche, schlicht und unansehnlich und uns doch wie ein Stück Heimat grüßend, da gerade bei unserem Kommen ein leises Glockenläuten ertönte. Menschen knieten oder standen und beteten in stiller Andacht. Allmählich füllte sich das Gotteshaus, und als schließlich die Liturgie begann, standen die Menschen Kopf an Kopf, wir zwei deutschen kriegsgefangenen Pfarrer mitten unter ihnen. Der Gottesdienst dauerte fast zwei Stunden. Nie werde ich jene schöne und reine Geste der Liebe und Güte vergessen, die uns durch eine russische Mutter und Frau zuteil wurde. Sie stand zu unserer Rechten; plötzlich, während des Gottesdienstes, zupfte sie uns am Mantel. In ihren Händen hatte sie ein kleines, geweihtes Brot, wie es am Eingang der Kirche verkauft wurde. Sie brach dieses kleine Brot in drei Teile und gab uns beiden je einen Teil. Könnte tiefer und inniger die weltumspannende und allen Völkerhaß überwindende Liebe unseres gemeinsamen Glaubens dargetan werden? Es war vielleicht eine Mutter, welcher der Krieg selbst liebstes Leben genommen hatte. Und nun nahm sie uns, die

Fremden, die »Feinde«, die Gefangenen und Unfreien, auf in ihre Gemeinschaft und Liebe.

Im Mai 1949 wurde ich leider von meinen Mitbrüdern getrennt und in einem Transport mit etwa zehn Stabsoffizieren und russischen Strafgefangenen nach Minsk gebracht. Das Lager von Minsk diente als Sammellager für Verhöre und Verurteilungen. Direkt nach der Ankunft wurde ich als erster verhört, weil man Auskünfte über meinen General Sixt von Armin haben wollte, der später verurteilt wurde und in der Gefangenschaft starb. Den Monat Dezember habe ich in besonders schmerzlicher Erinnerung. Jeden Tag wurden aus unserer Baracke Mitgefangene abberufen, die dann zu zehn oder 15 Jahren Straflager verurteilt wurden.

Am 15. Jahrestag meiner Priesterweihe, am 22.12.1949, wurde ich endlich aus der Gefangenschaft entlassen. Es gelang mir, meinen Holzkelch und das Brokatmeßgewand mitzunehmen. Auf dem Heimtransport feierten wir das Weihnachtsfest im Eisenbahnwaggon. Ein evangelischer Pfarrer sagte das ganze Weihnachtsevangelium auswendig auf, da uns alles Geschriebene und Gedruckte abgenommen worden war. Am 1. Januar 1950 kam ich in der Entlassungsstation Bad Hersfeld an.

Es hat mich tief betroffen gemacht, daß ich während der ganzen Zeit meiner Gefangenschaft von meiner Diözese weder ein Lebenszeichen noch einen Gruß erhielt. Bis zur Gefangennahme hatte ich noch immer das kirchliche Amtsblatt erhalten. Kein Wunder, daß zum Schluß ein Gefühl des »Abgeschriebenseins« bei mir aufkam.

Zusammenfassend möchte ich sagen, daß ich dieses Jahrzehnt vom 30. bis zum 40. Lebensjahr nicht als eine verlorene Zeit ansehe. Im Gegenteil: Nie wieder habe ich so sehr gespürt und erlebt, was ein Priester in solch außergewöhnlichen Situationen des Krieges und der Gefangenschaft bedeutet. Wie vielen Tausenden durfte ich Gottes Wort verkündigen und die Sakramente spenden, wie vielen in schweren Stunden beistehen und ihnen Gottes Trost zusprechen, wie viele Gräber in Trauer und Schmerz einsegnen. Sie alle sind mir unvergessen und bleiben es. Was ich selbst in diesen Jahren an Höhen und Tiefen seelischen Erlebens, an Erschütterungen und Glaubensanfechtungen erlebt habe, entzieht sich dem Wort. Was ich erfahren durfte, hat Bernanos in seinem »Tagebuch eines Landpfarrers« niedergeschrieben. »Oh Wunder der leeren Hände« und »Zuletzt ist alles Gnade«.

In russischen Gefangenenlagern konnten Gottesdienste oft nur im geheimen gehalten werden: Andacht mit Pfarrer Hufnagel. Die Federzeichnung wurde aus der Erinnerung angefertigt.

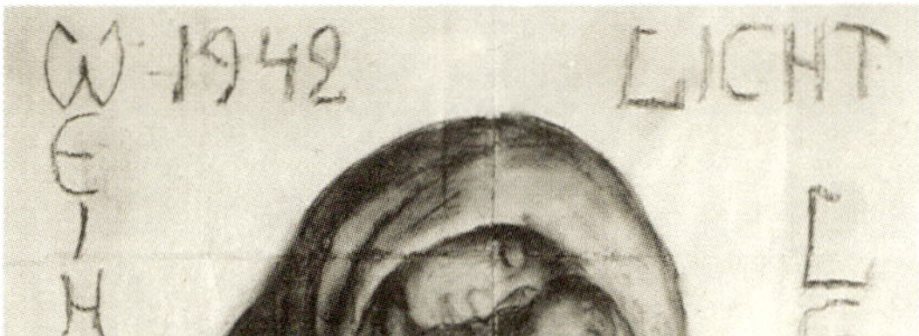

Im Kessel von Stalingrad fertigte Kurt Reuber diese Zeichnung an.

Kriegsgefangene – darunter auch Kriegspfarrer – bei der Zwangsarbeit in einem russischen Gefangenenlager. Diese Fotos wurden auf Weisung der Lagerleitung Grjasowez angefertigt. Ein Kriegsgefangener schmuggelte sie im Schuh nach Deutschland.

Bei den Westmächten konnten die Feldseelsorger ungehindert Gottesdienst halten. In Chartres gab es sogar für gefangene deutsche Soldaten ein Priesterseminar.

Die Kirche eines aufgelösten Klosters diente im Kriegsgefangenenlager Grjasowez als Unterkunft.

Johann Kaspar

Geboren 1912 in Huttenkofen-Hölsbrunn bei Landshut.
In Regensburg 1939 zum Priester geweiht.
1940 bis 1941 im Sanitätsdienst.
Ernennung zum Kriegspfarrer im Juli 1941.
Mit verschiedenen Divisionen in der Sowjetunion, in Holland, Dänemark und Westdeutschland.
April 1945 bis Januar 1946 in amerikanischer und britischer Kriegsgefangenschaft.
Geistlicher Rat Johann Kaspar war bis 1950 Kaplan in Vilsbiburg und Hirschau, dann Pfarrer in Binabiburg (Diözese Regensburg).

Schnell, schnell, jetzt einen Gottesdienst!

In Staffelstein fiel mein Entschluß. Dorthin kam ich mit meiner Kompanie nach dem Frankreichfeldzug, den ich als Sanitäter erlebt hatte. Irgendwie schien es mir, als sei der Krieg vorbei; in der Gegend wurde nirgends gekämpft. Ich war erleichtert und beunruhigt zugleich, weil ich das Gefühl hatte, als Sanitäter nur wenig helfen zu können. Helfen, dachte ich mir, kannst du eher als Feldseelsorger – und bewarb mich um eine entsprechende Stelle.

Aber das war leichter gesagt als getan. Bald darauf kamen sehr viele Fragebogen, die ich auszufüllen hatte und die meine Tauglichkeit für einen derartigen Dienst unter Beweis stellen sollten. Da wurde nach Frontbewährung gefragt, wurde ein Gutachten vom Bürgermeister meiner Heimatgemeinde, vom Ortsgruppenleiter der Partei, vom Bischof und von meinem Kompaniechef eingeholt. Der heikle Punkt dabei war das Votum des Ortsgruppenleiters, den ich aber zum Glück privat kannte und der dann geschrieben hat: »Er ist ein unbeschriebenes Blatt.« Damit war alles klar. Die Tests waren nicht zu dem Zweck, nur überzeugte Nazis für den Dienst als Kriegspfarrer auszusieben. Das erwarteten sie gar nicht – und später im Einsatz, bei den Soldaten und den Ärzten, wurde ausdrücklich erwartet, daß man kein Nazi war. Die sagten immer: »Da Sie katholischer Pfarrer sind, erwarten wir, daß Sie Pfarrer sind und kein Brauner.«

Als der Krieg losging, hatte ich nur kurze Zeit als Kaplan gewirkt. Am 10. April 1939, also nur knapp fünf Monate vor dem Überfall Hitlers auf Polen, wurde ich zum Priester geweiht und arbeitete anschließend als Kaplan in Obertraubling bei Regensburg. Kurz nach der Musterung, bei der ich als »kv«, als kriegsverwendungsfähig, eingestuft wurde, kam auch schon die Einberufung als Sanitäter. Im Februar 1940 kam ich mit einigen Kollegen nach Bad Kissingen, wo wir ausgebildet und dann nach Frankreich in die Schlacht geschickt wurden.

Nun wurde ich also Kriegspfarrer. Aus Berlin kam ein Bestätigungsschreiben vom Oberkommando der Wehrmacht und der Befehl, mich in der Hauptstadt einzufinden, um an einem Lehrgang teilzunehmen. Der Kompaniechef meiner Sanitätsabteilung, ein Stabsarzt, ließ mich nur mit Widerwillen gehen. »Verzichten Sie doch einfach auf den Kriegspfarrer-Dienst und bleiben Sie hier bei uns«, sagte er mit fast flehendem Ton. »Wenn Sie mich in kürzester Zeit zum Unteroffizier machen, dann bleibe ich hier«, antwortete ich in dem Bewußtsein, immer noch vom Dienstgrad her ein einfacher Soldat zu sein. »Das kann ich nicht allein entscheiden«, meinte er. »Ein solcher Entschluß muß gut begründet sein. So wie die Dinge liegen, würde das von höherer Stelle sicher abgelehnt.« – »Dann bleibe ich eben bei meinem Vorhaben, Kriegspfarrer zu werden«, beendete ich unser Gespräch und fuhr kurz darauf nach Berlin.

Eine Woche lang hörten wir die Vorträge von verschiedenen Herren, unter denen, vermute ich zumindest, auch Militärbischof Rarkowski war. Anschließend bekam man den Titel »Kriegspfarrer a. K.« zugesprochen. Und man bekam etwas Geld in die Hand gedrückt, da man sich seine Uniform selbst kaufen mußte. Ich war nun Kriegspfarrer im Majorsrang. Kein richtiger Major, aber in der gleichen Soldstufe und in der gleichen Beamtenstufe. Kein Vergleich mehr zum einfachen Sanitäterdienst.

Nach ein paar Tagen Urlaub wurde ich nach Polen beordert, zu einem Kriegslazarett, das noch nicht im Einsatz war und auf einen Befehl wartete. Der Krieg mit Rußland hatte inzwischen begonnen, so daß ein Einsatz nur eine Frage der Zeit war. Ich hatte keine konkreten Vorstellungen von dem, was ich nun als Kriegspfarrer tun sollte. Ich wollte Gottesdienste halten, Soldaten die Beichte abnehmen und ihnen die hl. Kommunion spenden und – wenn es nun mal passierte – sie würdevoll beerdigen. Alles andere würde eh auf mich zukommen, dachte ich.

Und da kam einiges auf mich zu. Womit ich beispielsweise nicht gerechnet hatte, war das zum Teil sehr unkooperative Verhalten der Ärzte in den Lazaretten. Wenn man da nicht klipp und klar sagte: »Ich lasse mich hier nicht wegschicken. Ich bin vom Oberkommando hergeschickt und mache meinen Dienst!« war man auf verlorenem Posten. Einmal traf ich sogar mit einem Chefarzt eines Lazarettes zusammen, bei dem man nur jene Patienten betreuen konnte, die es vorher ausdrücklich gewünscht hatten. Ich konnte da nicht einfach ins Lazarett gehen und seelsorgerisch arbeiten. Vorher hatte ein Sanitäter oder ein Wachsoldat durch den Saal zu gehen, bei dem sich jeder melden konnte, der einen katholischen oder evangelischen Pfarrer wünschte.

Dieser Arzt ließ sogar vor dem Zelt ein Schild anbringen, auf dem geschrieben stand, daß sich jeder Besucher vorher bei ihm zu melden habe, auch die Pfarrer. Wir, mein evangelischer Kollege und ich, fühlten uns durch solche Methoden diffamiert und beschwerten uns an höherer Stelle. Doch bevor der Protest behandelt wurde, wurde ich zu einer anderen Einheit versetzt. Das Problem löste sich zum Glück von selbst.

Ich kam zum 47. Panzerkorps, das im Mittelabschnitt der Ostfront stationiert war. Zum erstenmal erlebte ich die Kämpfe in den vorderen Linien, sah die Verzweiflung der Soldaten. Da mußte ich natürlich seelsorgerisch ganz anders wirken. Ich mußte mich in die Situation der Soldaten hineinversetzen, um ihnen Mut zuzusprechen, Mut – und keine platten Durchhalteparolen. In meinen Predigten sprach ich besonders in Rußland oft über die Heimat. Das fand seltsamerweise auch bei den Offizieren sehr viel Anklang, wenn man appellierte, die Leute daheim nicht zu vergessen und immer daran zu glauben, daß man eines Tages wieder zurückkehren werde.

Dieser Appell war auch wichtig, weil viele Soldaten durch die schweren Umstände des Krieges es mit der Treue nicht mehr ganz so genau nahmen. »Eure Frau oder euer Mädchen sind daheim vielleicht anständig und treu, und ihr hurt hier mit den Russenweibern herum«, mußte ich ihnen bei den Gottesdiensten oft ins Gewissen reden. Wenn ich das sagte, dann wurden sie alle ganz ruhig und schauten verstohlen vor sich hin, alle – ob Offizier oder einfacher Soldat.

Oft habe ich auch Gottesdienste für Katholiken und Evangelische zusammen gehalten, weil gerade kein evangelischer Kollege vor Ort war. Dann feierte ich mit den Soldaten einen Wortgottesdienst, bei dem ich die Lieder so aussuchte, daß alle sie singen konnten, und die Predigt dergestalt ausformulierte, daß sie für alle galt: egal, ob katholisch oder evangelisch. Nach diesem gemeinsamen Gottesdienst bot ich für die katholischen Soldaten im Anschluß daran noch eine hl. Messe an; somit war jedem gedient. Ich denke heute noch öfters an eine Begebenheit zurück, die sich nach einem dieser gemeinsamen Gottesdienste ereignete. Ich war bei Pionieren, deren Kompaniechef aus Berlin stammte. Er war Lehrer. Er war ein gläubiger Protestant und wohnte meinem Gottesdienst bei, der ihm anscheinend so gut gefiel, daß er mich anschließend zum Kaffee einlud.

Wir kamen sehr schnell zum Thema: Wie es mit den Kirchen in Deutschland wohl weitergehen würde? Ihm lag diese Problematik sehr am Herzen. Das spürte ich, als ich seinen Ausführungen lauschte. Und dann sagte er: »Eigentlich ist es ja sehr traurig. Wir Katholiken und Protestanten können miteinander leben, wir können miteinander kämpfen, wir können miteinander sterben. Nur miteinander beten, das können wir nicht.« Eine Zeitlang schwiegen wir beide, dann meinte er: »Wie soll das weitergehen? Was ist Ihre Ansicht dazu?« Ich stutzte einen Augenblick, sagte aber dann mit überzeugter Stimme: »Wenn wir das ändern wollten, dann müßten wir in die Zeit vor 1517 zurückgehen. Dann sind wir uns wieder einig!« Er schüttelte den Kopf, aber ich konnte ihm nichts anderes sagen.

Für meine Arbeit war es sehr wichtig, daß mir der Kompaniechef wohlgesinnt war. Wenn ich einen Gottesdienst halten wollte und der Spieß oder der Hauptfeldwebel gut aufgelegt waren, dann richteten sie den Zeitplan so ein, daß die Soldaten zum Gottesdienst gehen konnten. Aber der Zuspruch für meine hl. Messe lag nicht nur daran, wie der Spieß den Gottesdienst zeitlich möglich machte. Es lag auch daran, wie er ihn vor der Truppe ankündigte. Je nachdem, wie er die Messe bekanntgab, hatten die Soldaten das Gefühl, sie müßten dort erscheinen. Oft geschah es dann, daß diejenigen Soldaten, die nicht zum Gottesdienst gehen wollten, in dieser Zeit eine andere Arbeit zu verrichten hatten. Und je nachdem, wie diese Arbeit aussah, gingen die Leute dann lieber freiwillig in die Kirche.

Nach zweieinhalb Jahren Dienst in Rußland bekam ich zum erstenmal einen Urlaub bewilligt. Endlich einmal heim nach Deutschland. Ich war selig! Doch ich hatte mich zu früh gefreut. Auf der Rückfahrt aus dem Urlaub kam ich nur bis Schlesien. Ich sollte mich dort melden. Dann hieß es, meine Division sei total aufgerieben worden, nur ein kleiner Rest habe den Russen entkommen können. Das war natürlich ein Schock: Meine Division, meine Soldaten waren zum großen Teil gefallen ... Ich machte mich auf den Weg nach Oberglogau, wo die Reste der Division gesammelt wurden. Von dort ging es weiter nach Wien, zum Truppenübungsplatz, um die Truppen neu aufzustellen.

Kaum waren wir dort, hieß es plötzlich: »Schnell, schnell, jetzt einen Gottesdienst! Wer nicht hingeht, muß eine andere Arbeit verrichten.« Innerhalb weniger Minuten mußte ich eine Messe vorbereiten. Das war ein ganz schönes Durcheinander. Aber Hunderte von Soldaten kamen, darunter auch sehr viele Österreicher und zahlreiche Offiziere, und wir feierten einen schönen, andächtigen Gottesdienst.

In Wien sollte sich einiges für mich ändern. Die Truppen wurden, wie gesagt, neu aufgestellt. Sie hießen fortan »Volksgrenadierdivisionen« und unterstanden alle der Leitung der SS. In diesen Divisionen gab es keine Planstellen mehr für Pfarrer. Heinrich Himmler, der Reichsführer der SS und Oberbefehlshaber des Ersatzheeres, hatte – ohne Angabe von Gründen – sämtliche Stellen für Pfarrer gestrichen. Baldur von Schirach kam zur Division, um sich zu verabschieden, und sein Adjutant sagte zu uns: »Laßt euch nirgendwo blicken, sonst schicken sie euch sofort heim. Es gibt ja keine Planstellen mehr, und deshalb dürft ihr eigentlich gar nicht hiersein. Wenn man euch im Kasino oder sonstwo sieht, bekommen wir alle Schwierigkeiten ...« Das waren deutliche, unmißverständliche Worte.

Von Wien aus ging es mit der Bahn Richtung Westen. Wohin es genau gehen sollte, wußte niemand. Wir kamen dann bei Aachen in der Gegend des Westwalls an. Ich war nun nicht mehr Kriegspfarrer in offizieller Mission, wurde aber geduldet. Das war im Sommer 1944. Der Adjutant der Einheit sagte zu mir: »Bitte bleiben Sie. Wir sind jetzt in Deutschland, und da ist es besonders wichtig, daß bei Beerdigungen die Soldaten nicht wie ein Stück Vieh verscharrt werden.«

Was er da sagte, war für ihn persönlich sicher nicht so wichtig, sprach aber den Soldaten aus dem Herzen. Ich konnte über all die Jahre im Krieg beobachten, daß es für die Männer ein Trost war, zu wissen: Da ist ein Pfarrer dabei, der mich beerdigt, wenn ich einmal fallen sollte. Und später in Deutschland konnten wir die Beerdigungen auch sehr feierlich gestalten, mit Musik und Ministranten.

In dieser Zeit am Westwall fuhr ich auch oft mit dem Fahrrad von einer Truppe zur anderen, um möglichst viele Soldaten seelsorgerisch betreuen zu können. Während dieser Touren übernachtete ich dann meist bei irgendwelchen Pfarrern, die mich herzlich aufnahmen und mit denen man sich angeregt unterhalten konnte.

Beerdigungen habe ich im Krieg sehr oft halten müssen. Auch Beerdigungen von Soldaten, die zum Tode verurteilt worden waren, sowohl in Rußland als auch später im Westen. Meist handelte es sich um Fahnenflüchtige. In Rußland traf ich mit einem Polendeutschen zusammen, der sich geweigert hatte, für das deutsche Heer zu kämpfen. Er war ein eingefleischter Pole; doch für seine Motive hatte niemand Verständnis. »Tod durch Erschießen« lautete das Urteil. Ihn sollte ich die Nacht vor der Hinrichtung betreuen. Doch als ich in die Zelle kam, waren dort zwei Inhaftierte, einer katholisch und einer evangelisch. Mit beiden habe ich dann die Nacht über geredet, mit ihnen gebetet und sie auch zu der Stelle begleitet, wo sie erschossen wurden.

Die Nazis hatten ein sehr effektives System, um bei den Hinrichtungskommandos keine Skrupel aufkommen zu lassen. In der Regel bestand ein solches Kommando aus elf Soldaten, und einer hatte eine ungeladene Waffe. Aber niemand wußte, wer nur Platzpatronen geladen hatte. Damit konnte keiner von ihnen mit Sicherheit sagen, er hätte den Verurteilten erschossen, und so konnte jeder sein Gewissen beruhigen.

Später, im Westen, hatte ich auch mal einen waschechten Nazi zu betreuen, der zum Tode verurteilt worden war. Er war nicht zu bekehren. Die ganze Nacht redete ich mit ihm – doch ohne Erfolg. Er blieb stur bis zum Schluß. Als er am Morgen hinausgeführt wurde, sah ich, daß er ein Kettchen um den Hals trug, an dem ein Kreuz hing. »Wenn Sie an nichts glauben, dann ziemt es sich auch nicht, daß Sie ein Kreuz tragen«, sagte ich zu ihm. Er nahm es ab, drückte es mir in die Hand und meinte: »Schicken Sie das meiner Mutter«. – »Das kann ich machen«, entgegnete ich. »Aber schreiben Sie Ihrer Mutter doch ein paar Zeilen auf, die ich zu dem Kreuz legen kann.« Er lehnte ab.

Als man ihm bereits die Augenbinde angelegt hatte, um das Todesurteil zu vollstrecken, kam der Richter zu mir und fragte, ob ich den Verurteilten hätte bekehren können. »Nein, der lehnt alles ab«, antwortete ich. »Bitte gehen Sie noch einmal zu ihm und sehen Sie, ob Sie etwas machen können«, meinte er. Ich ging also erneut zu ihm und schlug vor, miteinander zu beten. Vergeblich – er lehnte alles ab. Das war nicht zu verstehen! Ich hatte den Eindruck, daß das ein durch und durch verkommener Mensch war.

In einem Lazarett habe ich einmal mit einem Arzt über den Glauben gestritten. Er war auch ein hundertprozentiger Nazi, stammte – glaube ich – aus Wien und glaubte ebenfalls nicht an Gott. Seine Aussagen gipfelten in den Worten: »Ich muß Ihnen schon etwas recht geben; der Krieg gegen Rußland ist sicher unsinnig. Aber der Kommunismus und der Nationalsozialismus haben sehr viel gemeinsam: Wir kämpfen beide gegen die Kirche, gegen Gott. Es ist ein Schmarrn, wenn die Nazis die Kommunisten umbringen. Wir wollen doch beide das Gleiche!« Was sollte man darauf antworten …

Am 14. April 1945 kam ich in amerikanische Kriegsgefangenschaft – in eine kleine Stadt im Sauerland. Ich weiß nicht mehr genau, wie diese Stadt hieß, ich weiß nur noch, daß dort Schuhe gefertigt wurden. Ohne daß ein Schuß fiel, wurde der Ort den Amerikanern übergeben. In der Nähe war ein großes Gefangenenlager, dessen Insassen ich seelsorgerisch betreuen wollte. Ich habe mich bei einem Posten gemeldet und von meinem Vorhaben berichtet. Daraufhin kam ein amerikanischer Offizier. Was ich denn wolle, meinte er. Dann erzählte ich ihm von meiner seelsorgerischen Tätigkeit und von meinem Wunsch, ins Gefangenenlager zu gehen. Er zeigte kein Entgegenkommen. Ich stellte dann klar, daß ich kein Gefangener sei, sondern laut Genfer Konvention ein Internierter.

Er ließ sich nicht beeindrucken und lehnte mein Anliegen endgültig ab. Entweder ich bliebe hier im Dorf, oder ich würde ins Gefangenenlager gehen, könnte dann aber auch nicht mehr zurück. Doch im Dorf wurde mir schnell langweilig. Ich meldete mich erneut beim Posten, ließ zum zweitenmal nach dem Offizier schicken. Wer ich denn sei, fragte er provokativ. »I'm the catholic chaplain«, antwortete ich trocken. »Den gibt es nicht«, sagte er. – »Wieso?« – »Uns wurde immer gesagt, im deutschen Heer gibt es keine Pfarrer!« Ich schaute ihn ungläubig an. »Sie sehen mich doch vor sich. Bin ich etwa eine Fata Morgana?« Dann meinte er, im Grunde würde doch jede Propaganda lügen, egal, ob sie aus Deutschland, aus Amerika oder aus Rußland komme. An seiner Meinung änderte er aber nichts: entweder ganz ins Lager oder gar nicht.

Ich ging ganz ins Lager, das in Rheinberg bei Düsseldorf lag. Bis zu 100000 Menschen waren dort zeitweise inhaftiert. Ich wurde dem sogenannten Offizierslager zugeteilt, das sich durch ein Zelt vom übrigen Lager abhob; alle anderen mußten im Freien zurechtkommen. Mein erster Weg führte mich zum Captain des Lagers. Dort stellte ich mich als Pfarrer vor und fragte, ob ich Gottesdienste halten könne. Das könne er nicht entscheiden, meinte er. »Dann verschaffen Sie mir einen Termin beim Kommandanten«, sagte ich bestimmt. Bei den Amerikanern erreichte man nur etwas, wenn man frech auftrat.

Nach ein paar Tagen durfte ich zur Kommandantur. Sie fragten mich, wie ich zur Wehrmacht gekommen sei, welche Rolle ich im Dritten Reich gespielt hätte und was weiß ich nicht alles. Mein Anliegen, mich als Seelsorger frei bewegen zu können, lehnten sie ab. Ich könne zwar im Offizierslager arbeiten, aber nicht außerhalb. Das könne nur ein amerikanischer Geistlicher erlauben! »Mit anderen Worten: Es ist mir verboten«, sagte ich. »Wir können so etwas nicht zulassen, das müssen Sie doch verstehen«, sagten sie. Ich war aufgebracht. »Ihr seid ja schlimmer als die Nazis!« sagte ich. »Ich war jahrelang im Krieg, da hat mir kein Mensch, auch keiner von der Wehrmacht, verboten, als Seelsorger zu arbeiten. Aber ihr wollt es mir jetzt verbieten?«

Ich verlangte nach einem amerikanischen Pfarrer, um von ihm die Erlaubnis für die Lagerseelsorge zu bekommen. Nach Kriegsende kam dann ein amerikanischer Pfarrer, und ich konnte noch bis zur Entlassung am 15.1.1946 Gottesdienste halten und seelsorgerisch wirken.

Einige Jahre wirkte ich noch als Kaplan in Vilsbiburg und Hirschau. Ich arbeitete dort mit einem Stadtpfarrer zusammen, der regelmäßig die Erstkommunion hielt. Meine Aufgabe dabei war, dafür zu sorgen, daß sich die Kommunionkinder beim Zug vom Pfarrhaus zur Kirche und dann in der Kirche diszipliniert verhielten. Nach einem dieser Erstkommunions-Gottesdienste kam der Pfarrer dann zu mir und sagte mit verwunderter Miene: »Man merkt schon, daß Sie lange im Krieg bei den Soldaten waren. Das hat noch niemand fertiggebracht, daß sich die Kommunionkinder so ruhig verhalten und so aufmerksam mitmachen. Man merkt, daß Sie all das selbst gelernt haben – Ordnung, Pünktlichkeit, Disziplin!« »Ordnung, Pünktlichkeit, Disziplin«, dachte ich, »was ist eigentlich darüber hinaus von dieser Zeit übriggeblieben?« Und ich konnte mir die Frage nicht beantworten.

Friedrich Dörr

Geboren 1908 in Wolframs-Eschenbach (Mittelfranken).
In Rom 1933 zum Priester geweiht.
Seit April 1940 im Sanitätsdienst in München, dann in Südfrankreich und Leningrad.
1942/43 Kriegspfarrer in der Sowjetunion und in Kroatien.
Ab März 1944 Standortpfarrer in Dänemark, dann Versetzung nach Westpreußen.
Nach Kriegsende einige Monate Seelsorger in Lazaretten und Flüchtlingslagern in Kopenhagen.
Prof. Dr. Friedrich Dörr lehrte ab November 1945 Philosophie an der phil.-theol. Hochschule Eichstätt.

Wenn ich gehe, wird mein Platz nicht mehr besetzt

Nach unserer Ausbildung als Sanitätssoldaten in München war gerade Schluß in Frankreich. Jetzt wußte man nicht, wohin mit den Leuten. Ich war in der Schreibstube gelandet, im Offiziersreferat der Kaserne. Eines Tages sagte mir mein Chef dort: »Ja warum sind Sie eigentlich hier? Warum sind Sie nicht Kriegspfarrer? Machen Sie doch ein Gesuch, ich werde es empfehlen.« Das tat ich, und es lief weiter nach Berlin. In der Zwischenzeit wurde ich ein halbes Jahr aus der Wehrmacht entlassen und kam zur seelsorgerlichen Betreuung der Bevölkerung nach Eichstätt. Ein guter Mann im Wehrbezirkskommando Ingolstadt hatte das veranlaßt. Vor dem Rußlandkrieg wurde ich wieder geholt, bin eingerückt zur Sanitätskompanie 212 und bei dieser geblieben. Als Militärpfarrer, so dachte ich, hilft man Soldaten, die in Not sind. Zunächst einmal denen, die im Krieg verwundet werden. Dann versucht man, bei den allgemeinen Gottesdiensten die Soldaten innerlich zu ermutigen. Natürlich war das in gewisser Weise ein Dienst für das Regime Adolf Hitlers, aber es war unsererseits nicht in dem Sinne gedacht. Die Männer sollten ihren Glauben an Gott behalten und trotz all der Schwierigkeiten, die sie nun kommen sahen und erlebten, Halt finden und standhaft bleiben.

In den Lazaretten hielt ich in der Regel jeden Sonntag Feldgottesdienste. Ich hielt am Sonntag oft, je nach Bedarf und wo gerade Gelegenheit war, zwei oder drei Gottesdienste. An Wochentagen war dort weniger los und Zeit für Krankenbesuche. Man ging von Zimmer zu Zimmer, von Bett zu Bett, und hat mit allen, auch mit den nichtkatholischen Kameraden, gesprochen. Das wurde gerne aufgenommen. Die Anwesenheit des Pfarrers wurde als angenehm empfunden. Natürlich besonders von den Schwerverwundeten, die doch zum großen Teil gestorben sind und die man auf diese Weise noch versehen konnte. Das war das Trostreiche daran, und das haben auch die Kameraden miterlebt, die wieder gesund wurden.

Es gab auch erschütternde Beispiele von Bekehrungen. In einem Fall beobachtete mich ein Kamerad unaufhörlich dabei, wie ich seinem Bettnachbarn, einem katholischen Soldaten, die letzten Sakramente spendete. Beim nächsten Besuch sagte er zu mir: »Herr Pfarrer, ich muß Sie sprechen. Ich bin katholisch, aber ich bin aus der Kirche ausgetreten. Ich möchte wieder in die Kirche aufgenommen werden.« Es hat ihn so betroffen und nachdenklich gemacht, wie ich mich mit dem anderen Kameraden seelsorgerlich unterhielt und mich um ihn bemühte. Er ist dann auch sehr schön gestorben.

Der Pfarrer war natürlich auch ein guter Plauderer, mit dem man über die Schwierigkeiten der militärischen Lage oder über das Naziregime reden konnte, obwohl man da sehr vorsichtig sein mußte. Hätten die Soldaten verraten, was ihr Pfarrer alles gesagt hat, wäre ich wenigstens ein dutzendmal hingerichtet worden. Aber die hielten dicht. Nach dem Sturz Mussolinis wurde ich mit den Worten empfangen: »Was sagen Sie jetzt dazu, Herr Pfarrer, daß Italien weg ist?« – »Jetzt geht's ein halbes Jahr schneller dem Ende zu«, war meine Antwort.

Als Pfarrer den Leuten Halt zu geben, war nach der Kapitulation vielleicht noch wichtiger. In Kopenhagen hatte ich vier Kriegslazarette zu betreuen. Gerade in der Zeit des Zusammenbruchs war eben die katholische Kirche und die Religion das feste Fundament, das geblieben war. Ich erinnere mich noch, als ein Kamerad nach dem Tode Hitlers am 2. Mai 1945 sagte: »In mir ist eine Welt zusammengebrochen.« Worauf ich entgegnete: »In mir nicht.« – »Ja«, sagte er dann, »weil Sie nicht in dieser Welt gelebt haben.«

Meine schlimmsten Erlebnisse waren zwei kriegsgerichtliche Hinrichtungen. Eine fand in der Ukraine statt, und es handelte sich dabei um einen jungen Theologiestudenten aus dem Sudetenland, der mit dem Benediktinerabt Prokop sehr vertraut war. Das erschütterte mich sehr. Ich reichte ihm die Kommunion, und er betete lateinisch das Confiteor. Wir durften ja nicht die ganze Nacht bei den Verurteilten bleiben, sondern wurden erst zwei Stunden vor der Hinrichtung zugelassen. Das war das Allerschwerste, was ich mitgemacht habe. Ein gläubiger junger Mensch wird da niedergeschossen, weil er desertieren wollte. Das hat er dann auch vor dem Kriegsgericht gestanden. Erst nach einiger Zeit schrieb ich der Mutter einen Brief. Ein Vierteljahr später erhielt ich von ihr eine Antwort: »Immer wieder habe ich angesetzt, Ihnen zu schreiben und Ihnen zu danken für Ihren Brief. Aber ich konnte nicht, weil mir die Hände gezittert haben.« Ich erinnere mich noch an die Morgenstunde, als die Sonne aufging und er schon dort stand. Ich als Kriegspfarrer konnte immer noch hingehen und ein letztes Gebet mit dem Verurteilten sprechen. Er stand schon angebunden da, und ich sagte zu ihm: »Auf Wiedersehen!« – »Auf Wiedersehen im Jenseits!« antwortete er mir noch.

Der andere Fall war in Kopenhagen. Das war ein Mann aus Oberfranken, ein Familienvater. Er konnte sein Urteil nicht begreifen. Er hatte ein paar ungeschickte Bemerkungen über die militärische Lage gemacht. Das war alles. Nachdem er mir einen Brief an seine Frau diktiert hatte, sagte er resignierend: »Jetzt lassen sie einen Mann erschießen, der Familienvater ist und drei Kinder hat.« Das war ein schlimmer Augenblick.

Für meine Predigten bekam ich öfter Schriften von der Caritas aus Freiburg. Ich muß sagen, es hat mich doch ein bißchen berührt, daß ich von meiner Heimatdiözese Eichstätt fast nichts erhielt. Notfalls konnte ich die Hirtenbriefe von Feldbischof Rarkowski verwenden, sonst existierten an Schriften vor allem Gedichte und Abhandlungen von Reinhold Schneider. Ein Buch ist im Offizierskorps von Mann zu Mann herumgereicht worden, das hatte den Titel »Geniale Menschen« und war von Ernst Kretschmer, einem Psychiater in Tübingen. Als erster Satz stand da: »Psychopathen hat es immer gegeben. In kühlen Zeiten begutachten wir sie, in heißen Zeiten beherrschen sie uns.« Dann schreibt er, daß der Boden für Geniebildung um so günstiger ist, je weiter die Ent-Nordung voranschreitet, daß also die Rassenmischung förderlich ist für die Geniebildung. Das war ein interessantes Buch. Als es verboten wurde, bewahrten wir es im Kühlschrank auf und hielten es geheim.

Im großen und ganzen konnte man durchaus tätig sein. Erst als die nationalsozialistischen Führungsoffiziere kamen, wurde es etwas schwieriger. Sie waren gegen Ende des Krieges unsere große Konkurrenz: Diese Weltanschauungsoffiziere, die doch eigentlich die Kriegspfarrer ersetzen sollten. Man mußte immer ein bißchen vorsichtig sein in seinen Äußerungen, damit sie einem nichts anhaben konnten.

Unsere materiellen Möglichkeiten waren oft sehr dürftig. An Weihnachten 1941 in Rußland – wir waren vielleicht ein Dutzend Theologen in der Sanitätskompanie – fehlte uns die Ausrüstung für die hl. Messe. Nun hatte ich meine Schwester, die Schulschwester in München war, schon längst darum gebeten, das Notwendige zu besorgen. Über den Frauenbund in München konnte sie dann eine Meßtasche zusammenstellen und mir nach Leningrad schicken. Das Paket kam glücklicherweise am Heiligabend an. Der Meßwein war gefroren, die Korken lagen in dem Paket herum. Aber der Wein war noch zu gebrauchen, und so konnten wir die hl. Messe feiern.

Nie habe ich Waffen gesegnet. Ich war auch nie im Schützengraben; nur am Hauptverbandsplatz und im Lazarett. Dort kamen merkwürdige Dinge vor. Zum Beispiel sollte einer wieder zu seiner Kompanie, wollte aber nicht. Er war evangelisch und beschloß, zur katholischen Kirche zu konvertieren. »Das geht nicht so einfach«, erklärte ich ihm, »das dauert Monate oder Jahre. Sie müssen Unterricht im katholischen Glauben bekommen, und dann können wir weiterschauen!« Gut, wir bekamen drei Tage zugestanden; die durfte er noch im Lazarett bleiben. Ich unterrichtete ihn währenddessen, und er beichtete und kommunizierte. Ich hörte nichts mehr von ihm bis nach dem Krieg. Es wurde von ihm erzählt, daß er die Nerven verloren habe. Ein anderer Mann, ich sehe ihn heute noch sitzen, der sollte auch wieder hinaus und wollte nicht, weil der Kompaniechef ihn recht geplagt und geschunden hatte. Aber im Lazarett konnte man ihn nicht behalten. Auf einmal tat es einen Knall. Er hatte sich selbst mit dem Gewehr in den Kopf geschossen. Tot. Hätte ich das geahnt, hätte ich ihm vielleicht beistehen können.

Natürlich hatte ich auch mit den Angehörigen der Verwundeten Kontakt und erhielt sehr schöne Briefe. Eine Mutter schrieb mir: »Ihr Brief war der einzige, der mir wirklich Trost gebracht hat.« Als sie erfuhr, daß der Sohn noch die Sakramente empfangen konnte, bedankte sie sich sehr.

Kontakt zur zivilen Bevölkerung war nicht erlaubt. In Rußland hielt ich zwar einige Taufen, doch das war eigentlich schon zuviel. In Kroatien hielt ich einige Soldatengottesdienste, an denen auch die Zivilbevölkerung teilnahm. Vor allem kamen viele Deutsche und Deutschsprachige, die dort noch aus der Zeit der Monarchie lebten. So etwas konnte nicht verhindert werden, auch wenn es uns strengstens untersagt war.

Wir standen den Leuten aber immer freundlich gegenüber. Jeder Mensch ist ja von Gott geliebt, und uns ist von Gott aufgegeben, wir sollen ihn lieben. Denn die, die uns als Feinde gegenüberstanden, waren ja auch im Grunde Menschen und Christen und guten Willens. Sie befanden sich in der gleichen verdammten Lage wie wir. Haß haben wir nie gepredigt. Wieweit wir Liebe erzeugen konnten, ist die andere Frage.

Natürlich hat man sich auch immer wieder Gedanken gemacht, ob das ein gerechter Krieg sei. Man wollte sich ja auch vor sich selbst rechtfertigen. Oft habe ich mich gefragt: Warum denn weitermachen? Einerseits konnte man als Christ das Regime nicht gutheißen und nicht unterstützen, andererseits haben wir es indirekt doch getan, indem wir die Soldaten ermutigten. Und wiederum war ja auch wichtig, für sie dazusein in diesen schwierigen Zeiten, ihnen beizustehen, Sakramente zu spenden. Es gab einige tapfere Unentwegte, die »Nein!« gesagt haben und hingerichtet wurden. Die fehlten nachher. Kann man das verantworten? Das war für mich ein großer innerer Zwiespalt. Und schließlich: Ist es meine Aufgabe, als einfacher Soldat oder auch als Kriegspfarrer zu sagen: »Das ist ein ungerechter Krieg?« Hinterher kann man es ruhig sagen. Aber bei Kriegsausbruch war uns nicht alles so klar, wie es uns heute ist. Und es ist ein alter Grundsatz, daß der einfache Soldat sich nicht zu fragen braucht, ob es ein gerechter oder ungerechter Krieg sei. Wo käme man da hin, wenn jeder Soldat sich frei entscheiden wollte. Da gibt es eben das höhere Recht des Volkes, für das und in dem man lebt und dem man zu dienen glaubt. Aber der Zweifel hat mich oft befallen: Mache ich weiter oder nicht? Doch wenn ich an die Soldaten dachte, dann konnte ich nicht anders. Ich war nun einmal vom lieben Gott dafür eingesetzt und Kriegspfarrer geworden.

Einmal passierte es mir, während eines Urlaubs, daß ich zur Äbtissin von St. Walburg in Eichstätt kommen sollte. Sie war eine sehr mannhafte Frau. Als ich reinkam, platzte sie gleich los: »Wollen Sie sich nicht als Spiritual melden?« – Ich sagte: »Ehrwürdige Frau Mutter, das kann ich jetzt nicht beantworten. Ich kann nicht weg von dem Platz, an dem ich jetzt bin. Wenn ich schon Kriegspfarrer geworden bin, kann ich das jetzt nicht wieder aufgeben. Wenn ich weggehe, ist der Platz nicht mehr besetzt.« – »Na gut, Sie wollen also nicht«, sagte sie dann. Ich sagte: »Beim besten Willen, selbst wenn ich nicht mehr lebendig heimkomme, ich müßte es mir als Verrat vorwerfen, wenn ich jetzt die Soldaten verließe.«

Natürlich war klar, daß Christentum und Nationalsozialismus zwei Weltanschauungen sind, die sich nicht vertragen. Vor dem Krieg konnte man das noch einigermaßen zusammenbringen: Vaterlandsliebe und Christentum. So steht es zum Beispiel in den Predigten von Faulhaber über das Alte Testament. Er selber war ja nicht ganz frei von Sympathie … Er war Feldpropst im Ersten Weltkrieg, also nicht der Mann des starken Widerstandes, wie man immer meinte. Leute, die ihn gut kannten, wußten das.

Ich habe nie bereut, Militärpfarrer gewesen zu sein. Im Gegenteil. Ich bin dem Herrgott dankbar für das, was ich erlebte, und für das, was ich an Gutem tun konnte. Wenn auch mit Einschränkungen natürlich, so hat man vielleicht mehr getan, als man daheim hätte tun können. Auch nach dem Krieg war es mir nie unangenehm, daß ich Militärpfarrer war. Im Gegenteil. Ich konnte auf meine Erfahrungen verweisen, gerade gegenüber unseren jungen Theologen. Zwar habe ich nicht damit geprotzt, aber es hat hie und da doch imponiert. Übelgenommen habe ich zu jener Zeit, daß die Diözese Eichstätt nichts für mich getan hat. Als ich ein halbes Jahr nach Kriegsanfang aus der Wehrmacht entlassen wurde, brachten meine kirchlichen Oberen es nicht fertig, meine erneute Einberufung zu verhindern. Wenn sie mich zum Rektor der Frauenbergkapelle ernannt hätten, wäre ich unabkömmlich gewesen und hätte nicht wieder fortgemußt. Damals ging ich zu Bischof Rackl und sagte ihm, er könne mich mit einer Ernennung zum Professor davor retten, daß ich wieder einrücken müsse. Das war natürlich zuviel verlangt. So rasch war er nicht im Entschluß.

Ich wurde also wieder eingezogen. Diese, ich möchte schon fast sagen, Teilnahmslosigkeit ärgerte mich sehr. Während des ganzen Krieges kam aus Eichstätt nur ein Brief, nämlich vom Jugendseelsorger. Der hat allen kriegsbeteiligten Pfarrern »da draußen« geschrieben. Das war das einzige Mal, daß sich die Diözese Eichstätt um uns kümmerte. Etwas wenig. Ich schrieb dann im Januar 1945 einen kräftigen, sehr deutlichen Brief. Da waren wir irgendwo in Danzig und wußten, es geht dem Ende entgegen. Dieser Brief wurde in der Sitzung des Ordinariates verlesen, aber was nutzte das. Getan wurde nichts, und es war auch schon zu spät.

Josef Hoser

Geboren 1910 in Deiningen bei Nördlingen.
In Dillingen/Donau 1938 zum Priester geweiht.
Beim Frankreichfeldzug im Sanitätsdienst.
Ab Januar 1941 als Kriegspfarrer beim Stab des 12. Armeekorps in Gnesen (Warthegau).
Als Divisionspfarrer in Finnland und Norwegen.
Zuletzt in Polen an der russischen Front bei der 72. Infanteriedivision.
1945 bis 1949 in russischer Kriegsgefangenschaft.
Prälat Josef Hoser war Stadtpfarrer in Nördlingen und von 1962 bis 1975 Direktor des Exerzitienhauses der Diözese Augsburg.

Ich habe mir nie den Sieg gewünscht

Als der Krieg ausbrach, war ich Stadtkaplan in Sankt Georg in Augsburg. Gleich 1939 wurde ich eingezogen umd kam zunächst zum Sanitätsdienst und zur militärischen Grundausbildung nach München in die Saarstraße. Dort wurden fast ausschließlich Theologen zu Sanitätern ausgebildet. Ein mir bekannter Oberstabsarzt, Dr. Christ, forderte mich dann für den Dienst in seinem motorisierten Feldlazarett an. Vor dem Frankreichfeldzug waren wir in Niederfischbach bei Siegen einquartiert. Mein Chef, Dr. Christ, gab mir die Möglichkeit, dort als einfacher Sanitätssoldat täglich in einer Schloßkapelle zu zelebrieren. Er nahm selbst an der hl. Messe vor Dienstbeginn teil. Ich durfte aber auch vor und während des Frankreichfeldzuges Gottesdienste und Beerdigungen im Auftrag des Divisionspfarrers für die Soldaten abhalten. Viele waren religiös eingestellt und daher – besonders vor einem Angriff – froh darüber, zum Gottesdienst gehen zu können.

Meine eigentliche Aufgabe als Sanitäter war es, am Operationstisch zu stehen – für Seelsorge blieb da oft nicht viel Zeit. Da gab es sogenannte Kampfzeiten, in denen wir Tag und Nacht als Sanitäter im Einsatz waren. Ich half mit, gab die Narkose, konnte aber auch da und dort einzelnen noch die Sterbesakramente reichen. Auf diese Weise konnte ich noch mit so manchem Schwerverwundeten sprechen, beten und ihm in seiner schweren Stunde beistehen.

Mit 32 Jahren, 1941 war das, wurde ich Feldgeistlicher und als solcher zunächst nach Krakau berufen. Eine richtige Ausbildung bekam ich für diese Aufgabe nicht. Wir wurden einfach nach Berlin beordert, bekamen dort unsere Bestallung und wurden eingekleidet. Jemand muß mich für den Dienst als Kriegspfarrer im Feld empfohlen haben, denn darum beworben habe ich mich nie.

Von Krakau aus wurde ich dann nach Gnesen zum XII. Armeekorps berufen, zu General Schroth, der mit seinem Stab im Palais des Kardinal Hlond einquartiert war. Gnesen lag nicht an der Front, sondern im sogenannten Warthegau; Posen gehörte dazu und das ganze umliegende Gebiet. Die Stadt lag an der Straße, auf der die Truppen auf ihrem Weg nach Osten marschierten. Vielen von ihnen war daran gelegen, einen Gottesdienst im Dom zu Gnesen mitzuerleben, bevor sie weiter nach Osten zogen. Daß der Dom tatsächlich als Wehrmachtskirche genutzt werden durfte, verdankten wir einem Militärpfarrer aus Köln, Hubert Scheidt. Der argumentierte vor der zuständigen Stelle genauso wie damals die Franzosen beim Einmarsch in Aachen: »Die schönste Kirche ist für unsere Soldaten gerade gut genug.« So überzeugte also Scheidts Begründung: Wir durften den Dom als Wehrmachtskirche nutzen, aber er wurde bald zum großen Problem.

Der Reichsstatthalter Greiser in Posen und sein Strohmann, ein Stadtbaumeister namens Sulzmann, wollten nämlich den Dom unbedingt zu einer nationalen Feierstätte umwandeln: Mit dem Reichsadler obendrauf und den ganzen nationalen Symbolen dazu. Eines Tages, ich saß gerade beim Frühstück in meinem Quartier, kam ein SS-Mann zur Tür herein. »Hauptsturmführer Umpfenbach« stellte er sich vor, machte seine militärischen Ehrenbezeugungen und erklärte, er solle im Auftrag des Reichsstatthalters Greiser bei mir den Schlüssel vom Dom zu Gnesen abholen. »Herr Umpfenbach«, antwortete ich, »die Schlüssel habe ich, und die werden Ihnen nicht ausgehändigt.« Er hatte eine Pistole, aber ich dachte: »Dann geht es eben hart auf hart.« Ich habe die Schlüssel nicht herausgegeben.

Bald darauf kam dann eine ganze Gruppe von ca. 20 Mann unter Führung eines Polizeihauptmanns, darunter auch Parteifunktionäre in Uniform, um die Kirche nach versteckten polnischen Akten zu durchsuchen. »Herr Polizeihauptmann«, sagte ich, »diese Kirche hier ist Wehrbereichsgebiet. Hier hat weder die Polizei noch eine Partei irgend etwas verloren. Durchsuchen können Sie den Dom nur mit Erlaubnis des Generals.« Doch der Hauptmann gab seinen Männern den Befehl, alle Grüfte, Winkel und Nischen im Kirchenraum und auf der Empore zu durchstöbern. Da trampelten sie herum, brutal und ehrfurchtslos mit ihren schweren Stiefeln, auf dem weißgedeckten Altartisch und auf dem silbergetriebenen Sarkophag des heiligen Adalbert. Als ich dem Ortsgeneral den Vorfall meldete, sagte er: »Herr Pfarrer, die werfen Sie sofort hinaus.« Aber wie sollte ich? Der General schickte dann tatsächlich eine ganze Kompanie, feldmarschmäßig in Waffen und Stahlhelm, bis zum offenen Portal der Domkirche. Die Braunen mußten grollend abziehen – für dieses Mal. Lange konnten wir den Dom dann doch nicht mehr halten. Als ich nach Finnland abberufen wurde, spitzte sich die Lage zu. Der katholische Wehrkreispfarrer konnte noch das Allerheiligste aus der Sakristei holen, dann wurde der Dom von der Partei beschlagnahmt, und es wurde mit dem Umbau zur nationalen Feierstätte begonnen.

In Gnesen hatte ich auch noch ein anderes einschneidendes und unvergeßliches Erlebnis: eine Hinrichtung, eine Exekution. Paul Jungblut hieß der Mann, er kam aus dem Rheinland. Ich besuchte ihn in seiner Zelle im Gnesener Gefängnis, wo er auf seine Verurteilung wegen Fahnenflucht wartete. Wahrscheinlich, so sagte mir der Kriegsgerichtsrat, würde er hingerichtet werden.

Der Beschuldigte erzählte mir dann seine ganze Geschichte. Vom Brief seiner Schwester, der ihn während ein paar ruhiger Tage in der Truppe erreichte. »Die Mutter liegt im Sterben«, schrieb sie, und daß er bald kommen müsse, wenn er sie noch einmal sehen wolle. Als der Chef der Einheit sein Urlaubsgesuch verweigerte und ein weiterer Brief der Schwester mit der Bitte kam: »Komm doch, die Mutter wartet so sehnsuchtsvoll« – da klaute er ein Fahrrad und machte sich auf und davon. Bis nach Schneidemühl ist er gekommen. Dort haben sie ihn dann geschnappt, am nächsten Morgen schon. Er wurde verhaftet und vor Gericht gestellt: Erstens wegen Fahnenflucht und zweitens wegen Diebstahls eines Fahrrades. Darauf stand also die Todesstrafe! Ich hatte immer den Eindruck, daß das Kriegsgericht so hart und rigoros war, weil man einen Fall brauchte, der abschreckend wirkte.

Bei der Urteilsverkündung war ich dann dabei. Abends war das, um sechs Uhr, in seiner Zelle. Ich wußte, daß er viel rauchte, und steckte für die Nacht ein paar Schachteln Zigaretten ein. Als der Kriegsgerichtsrat ihm das Todesurteil verkündete, brach er wie vom Schlag getroffen zusammen. Er war ja verheiratet, hatte zwei Kinder. Ich setzte mich zu ihm auf die Pritsche und blieb. Er weinte zwei Stunden lang so weh und bitterlich – er war ja kein Verbrecher. Meine Feldbluse war bald tropfnaß vor lauter Tränen, und ich sagte: »Komm, Paul, wir beten jetzt miteinander.« Und wir beteten, so wie man im Angesicht des Todes nur beten kann. Dann legte er eine Lebensbeichte ab, kommunizierte und schloß innerlich sein Leben vor Gott ab. Zuletzt schrieb er seiner Mutter und seiner Familie einen Abschiedsbrief. Ein Körbchen gab er mir noch, das er im Gefängnis geflochten hatte, und andere Habseligkeiten, die ich den Angehörigen schicken sollte. Alles war gerichtet, und ihm war es plötzlich so leicht, als hätte er den Tod schon überstanden. Er fragte dann noch: »Wie ist das denn jetzt bei der Exekution – wo schießen die denn hin?« »Vermutlich schießen die aufs Herz«, habe ich ihm geantwortet. Er war besorgt: »Ich habe einen Rosenkranz umhängen, daß die nicht auf den Herrgott schießen.« – »Den kann man ja nicht erschießen«, beruhigte ich ihn.

Man hatte ihn draußen am Richtplatz an einen Pfahl gebunden. Ich betete mit ihm und bat ihn, nur auf mein Kreuz zu schauen. »Gehn's doch weg, Herr Pfarrer«, sagte er noch, und die Schüsse kamen, und er brach zusammen. Er war aber nicht tot, die Männer hatten ihn nicht richtig getroffen. Man band ihn los, und der Arzt gab ihm den Gnadenschuß. Später kauften wir ohne Wissen der Truppe einen Sarg und beerdigten ihn im stillen.

Für mich war das so entsetzlich, als wäre ich selber erschossen worden. Ich konnte nach dieser Exekution zwei Tage nicht mehr essen, nicht mehr schlafen, so nahe ist mir das gegangen. Ich rauchte bloß noch. Es blieb aber nicht bei dieser einzigen Exekution.

Über einen kurzen Einsatz in Finnland wurde ich schließlich nach Norwegen beordert, zur 214. Division. Dort gab es sehr viele Heeresküsten-Batterien, draußen auf den Inseln in den zerklüfteten Fjorden, die nur mit dem Fischerboot zu erreichen waren. Aber zu einer Einheit getraute ich mich nicht: Zu der von Major Kiß, dem Kommandeur der Panzerjägerabteilung. Man hatte mir erzählt, er sei ein Freund von Himmler und würde mich ablehnen. Doch eines Tages faßte ich mir ein Herz und ging hin. Es kam ganz anders, als befürchtet. Der saß da, hinter seinem Schreibtisch, die Brille auf die Stirn geschoben, und ich wollte schon die Hand zum Gruß heben. Da sagte er: »Ja grüß Gott, Herr Pfarrer, kommen Sie doch herein. Ich habe mich gewundert, daß Sie bei allen Truppen schon Gottesdienste gehalten haben, wie ich aus den Divisions-Tagesbefehlen entnahm, nur zu mir, zu den Panzerjägern sind Sie nicht gekommen! Setzen Sie sich, trinken wir einen Bohnenkaffee – Frau Himmler hat mir gerade zwei Kilo frischen Kaffee geschickt.« Ich sagte: »Da wird sie sich aber entsetzen, wenn ein ›Schwarzer‹ davon trinkt.« »Die kann meinen, was sie will«, antwortete er. So kann man sich also in Menschen täuschen! Da meint man, das sei der furchtbarste, rabiateste Nationalsozialist, und er ist doch ganz anders! Noch am gleichen Tag durfte ich bei seinen Männern einen Gottesdienst abhalten.

Ich hatte kaum Schwierigkeiten mit den Vorgesetzten. Natürlich, es gab sie, die Nationalsozialisten aus Fleisch und Blut. Aber das waren wenige. Vielfach habe ich Anerkennung und Dank erfahren. Sicher auch deshalb, weil die Soldaten und überhaupt das Militär eher gegen die Partei eingestellt waren. Einmal bat mich ein Kommandant, für seine Männer einen Gottesdienst zu halten, kurz bevor sie zum Einsatz mußten. Sie alle wußten, wie ernst ihre Situation war. Und für diese vielen Tausende habe ich dann die Messe gehalten. Alle wollten zur Kommunion gehen, und ich mußte die Hostien teilen und teilen: in Splitter und Parzellchen. Nachher sind noch Hunderte von ihnen zur Einzelbeichte gekommen, obwohl ich Generalabsolution gegeben hatte.

Zu den evangelischen Kollegen hatten wir ebenfalls ein gutes Verhältnis. Wir hielten zwar kaum gemeinsam Gottesdienste, fuhren aber immer im selben Auto zu den Einsatzorten. An manchem Tag hielt ich drei bis vier Messen. Gepredigt habe ich in der Regel nach dem Evangelium. Eine segensreiche Einrichtung war auch die »Kirchliche Kriegshilfe«: Tausende von Rosenkränzen konnten wir in ihrem Auftrag an die Soldaten verteilen! Waffen haben wir übrigens niemals gesegnet. Ich weiß, daß das der Kirche immer wieder zum Vorwurf gemacht wurde, aber bei mir ist es nie vorgekommen. Die Männer haben wir gesegnet, aber doch nicht die Panzer!

Die Enzyklika »Mit brennender Sorge« kannte ich zwar. Aber wir waren in einer ganz anderen Welt in diesen Jahren. Die Bischöfe forderten von den Soldaten immer wieder vaterländische Pflichterfüllung, Opferbereitschaft, Treue und Gehorsam. Wir waren zwar als Christen verpflichtet, Gott und der Welt, in der wir leben, Gehorsam zu leisten. Andererseits mußte jeder nach seinem Gewissen entscheiden, wenn Unrecht von ihm gefordert wurde. Ich denke manchmal noch heute: »Waren wir es denn, die diese Leute, die Soldaten, vergewaltigt haben?«

Von der Ermordung der Juden wußte ich in meiner Zeit als Kriegspfarrer nichts. Von der Existenz des KZs Dachau aber wußte ich schon früh. Und das Leid der Juden erlebte ich noch zweimal. Entsetzliches Leid, als ich durch das Ghetto von Warschau durchgefahren bin. Ich war sprachlos, bis ins Innerste getroffen, daß so etwas möglich war. Später kamen wir in Polen noch einmal an einem kleineren Ghetto vorbei. Da standen wir auch an den Zäunen und sahen diese Menschen. Wie Leichen sahen sie aus, vollkommen ausgehungert und ausgemergelt. Daß Menschen Menschen solch ein Leid zufügen konnten, war und ist mir unbegreiflich.

Ich habe mir nie den Sieg gewünscht. Ich fürchtete, alles würde sich dann ins Unermeßliche steigern, bis schließlich die ganze Welt zusammenbricht. »Je früher das Ende kommt«, dachte ich dann, »desto besser – auch wenn es ein Ende mit Schrecken wäre.« Als Patriot konnte ich mich nie bezeichnen. Im Gegenteil. Manchmal wünschte ich mir auch, die Uniform auszuziehen, um in Frieden meine Seelsorgearbeit wieder verrichten zu können.

Später wurde meine Division nach Rußland, in die Nähe von Leningrad, versetzt. Damals hofften wir noch immer, daß Leningrad fallen würde. Es fiel nicht. Alle Truppen wurden dort restlos vernichtet. Wie in einer Todesmaschine.

Am Ende des Krieges war ich in der Nähe des großen Weichselbogens stationiert und habe dort, weil ich auch das Amt eines Gräberoffiziers zu versehen hatte, zwei Friedhöfe angelegt. Hier wurden in einem einzigen Monat 800 Tote beerdigt. Dort fotografierte ich alle Gräber, ließ Lageskizzen anfertigen und versuchte, alle Angehörigen der Toten zu benachrichtigen.

Und gerade, als mein evangelischer Kollege und ich in einer kleinen Panje-Hütte saßen, um diese 800 Angehörigen anzuschreiben – das wurde ein ganzer Karton voller Briefe! –, kam ein Offizier von der Nachrichtenabteilung und rief: »Höchste Alarmstufe!« Draußen im Freien, mitten in der Nacht, bevor wir unser Gepäck und den Meßkoffer auf einen Panje-Wagen aufluden und wegfuhren, nahm ich ihm noch die Beichte ab und reichte ihm die hl. Kommunion. Der Wagen wurde dann von einem Panzer angeschossen. Es verbrannte alles: mein Feldmeßgerätekoffer und all die Briefe. Auch mein Mesner, der Gebirgsjäger Toni Notz, ist dabei gefallen.

Ich schlug mich dann durch bis ins Sudetenland und wurde dort gefangengenommen. Zuerst brachte man uns in ein kleineres Lager, dann in ein Schulhaus. Der Keller, jeder Gang, jeder Raum und das Treppenhaus, alles voller Gefangener: Tausende wurden in diese Schule gesperrt, Mann an Mann, so daß sich keiner mehr bewegen konnte. Von einem Fenster aus sah ich, wie unten eine Truppe Verwundeter vorbeizog, schrecklich heruntergekommen, verstaubt und verdreckt. Mit meiner Rot-Kreuz-Binde am Arm überzeugte ich den Wachposten, mich zu ihnen zu lassen – der dachte, ich sei Arzt. Ich marschierte mit diesen 500 Mann weiter bis zur nächsten Ortschaft. Alle hatten Hunger und Durst, aber wir bekamen nichts. Erst die Frauen und Mütter, die an den Zaun des provisorischen Lagers kamen, um etwas über ihre Männer, Söhne und Brüder zu erfahren, brachten uns schließlich zu essen und zu trinken: Kartoffeln, Brot, Milch und Kaffee. Das alles haben wir in einem Trog zerquetscht und gleichmäßig an alle verteilt.

Nächste Station war ein Lager in Dresden. 5000 Soldaten waren dort in der Zeiss-Ikon-Siedlung untergebracht. Wir hofften, es würde jetzt nach Hause gehen. Statt dessen wurden wir auf Züge verfrachtet und nach Rußland gebracht; in Viehwaggons verladen, ohne Bänke, ohne alles, nur mit einem alten Marmeladenkübel für die Notdurft. In jeden Wagen kamen 45 Mann, und dann wurde zugemacht – für 31 Tage! Zuwenig zum Leben war das und zuviel zum Sterben. Einer wurde krank. Er starb. Wir wollten den Toten aus dem Wagen ausladen, aber der Russe erlaubte es nicht. Er öffnete einfach nicht. 45 Mann hatte er übernommen, 45 mußte er abliefern. Der Nächste starb und der Nächste. Wir setzten uns dann auf die Toten. Der Marmeladeneimer lief schließlich über von der ganzen Brühe. Wie schrecklich das war, läßt sich nicht beschreiben.

Einquartiert wurden wir in einem sibirischen Lager in primitive Baracken – fünfeinhalbtausend Mann: Stabsoffiziere, Majore, Oberstleutnante, Oberste und wir, die 40 katholischen und 30 evangelischen Kriegspfarrer.

Erst nach zwei Jahren konnten wir, obwohl offiziell verboten, einen Gottesdienst abhalten. Nur ein Brevier hatten wir; ein Kapuzinerbruder hatte das hereingeschmuggelt, und das ging reihum. Die Vorbereitung dieses ersten Gottesdienstes war eine Riesenarbeit, unbeschreiblich. Wir brauchten einen Tisch zu einem Altar, aber im ganzen Lager gab es keinen. Schließlich bastelten wir selbst einen aus Birkenstöcken und Stämmen. Ein Russenhemd wurde zur Albe verlängert. Ein Zingulum flochten wir aus Flachs, und als Altardecke diente die schmutzig-schwarze Bauchbinde des Neffen von Kardinal Preysing, bestickt mit einem Christuszeichen und umrandet mit den Schulterpaspeln der Offiziere. Ein Ingenieur der Luftwaffe machte schließlich noch aus einer Konservendose einen Kelch. Aber das schwierigste Problem war das Meßbuch: Wir hatten ja kein Papier. Ein Bautrupp brachte uns schließlich Zementsackpapier mit. Das wurde gewaschen und gepreßt und Seite um Seite aufeinandergeklebt. Aus Brettern machten wir dann den Buchrücken und brannten die Schrift hinein.

Dann hatten wir keine Texte! Den Kanon wußten wir schon, aber die einzelnen Evangelien und Lesungen mußten wir uns in langen Sitzungen erarbeiten. Jeder der 40 Priester trug etwas dazu bei, und wir assoziierten so lange, bis wir die Texte zusammenhatten. Jetzt fehlte noch der Wein. Nach langem Hin und Her hatten wir einige Rubel von ungarischen Offizieren bekommen, um draußen im russischen Magazin Portwein zu kaufen. Wir schmuggelten ihn in Feldflaschen ins Lager, um dann festzustellen, daß wir uns geirrt hatten. Man hatte uns Wodka verkauft! Erst als wir in selbstgetöpferten Tonkrügen Weinbeeren ansetzten und den Extrakt als Wein verwendeten, konnte die hl. Messe endlich gefeiert werden.

Da standen wir dann, zerlumpt und zerrissen, mit unseren Bärten, verhärmt und mit eingefallenen Gesichtern. Aber die Messe! Die Messe – was für ein Erlebnis! Professor Dr. Stelzenberger las sie und hielt auch die Predigt. Uns allen, den evangelischen und katholischen Gläubigen, liefen die Tränen übers Gesicht.

Bei all dem konnte man nur immer wieder sagen, zu sich selbst und zu den Soldaten: »Habt Gottvertrauen, denn alles liegt im Letzten doch in Gottes Hand. Hauptsache, daß du deine Sache recht machst an deinem Platz, und daß du mit deinem Gott in Frieden bist.«

Widerstand habe ich nicht geleistet. Wir waren aber von Anfang an gegen Hitler eingestellt. Für uns Priester war nur wesentlich, daß wir wenigstens die Möglichkeit hatten, als Soldatenpfarrer und als Soldaten an unsere Leute heranzukommen. Aber wir bewunderten sie, diese mutigen Leute wie Graf von Galen oder Pater Rupert Mayer. Für uns im inneren Kreis waren das die Helden dieser Jahre.

Ich diente nie dem Regime, nur meiner Kirche, mehr aber noch den Männern. Und eines habe ich für immer gelernt in dieser Zeit als Kriegspfarrer: Man muß alles tun, damit es nie mehr zu einem Krieg kommt, damit niemals mehr jemand in solchen Verhältnissen leben muß. Man hat uns zehn Jahre des Lebens einfach weggenommen – und wofür?

Josef Kayser

Geboren 1895 in Schmallenberg (Sauerland).
Kriegsteilnehmer im Ersten Weltkrieg.
In Paderborn 1931 zum Priester geweiht.
Nebenamtlicher Standortpfarrer in Höxter/Weser bei den Pionieren. Ab 1933 Standortpfarrer in Brandenburg, dort ab 1939 kommissarischer Wehrmachtpfarrer.
Ernennung zum Wehrmachtpfarrer im Januar 1940.
In Stalingrad kam er bis Ende 1945 in russische Kriegsgefangenschaft.
Msgr. Josef Kayser war nach dem Krieg in der Seelsorge, zuletzt im Landeskrankenhaus Eickelborn (Erzdiözese Paderborn).

Wir brauchen zum Himmel den Hitler nicht

Ich machte 1914 Abitur. Im Abitur hatte ich in Religion nur »genügend«, weil ich von der Evolutionstheorie überzeugt war. Dann ging es gleich in den Krieg. Natürlich sangen wir: »Siegreich woll'n wir Frankreich schlagen.« Von meinem Jahrgang sind alle Offiziere geworden.

Zunächst wurde ich in Leipzig zum Infanteristen ausgebildet. Da war ich Flügelmann am rechten Flügel, später Funker bei der 12. Kompanie. Ich war 1916 Leutnant vor Dünaburg, hatte 1918 sechs Maschinengewehre unter mir. Ich bin gerne Soldat gewesen.

Ich lernte den wohl bekanntesten Militärseelsorger im Ersten Weltkrieg kennen: Pater Rupert Mayer. Als ich Kompaniechef war, habe ich ihm »Messe gedient«. Zugegeben, ich konnte es nicht mehr richtig und goß ihm das Wasser bei der Händewaschung übers Meßgewand.

Als ich aus dem Ersten Weltkrieg als Leutnant der Reserve heimkehrte, hätte ich eigentlich den väterlichen Betrieb übernehmen sollen. Aber mein Vater sagte zu mir: »Junge, in dir steckt kein Kaufmann. Werde etwas anderes.« – »Dann werde ich Bergmann«, sagte ich. Und so machte ich das Diplom als Bergingenieur.

Eigentlich wollte ich schon als Junge Priester werden. Als ich das meinem Vater vortrug, sagte er: »Erst machst du den Bergingenieur fertig, dann kannst du machen, was du willst.« 1931 wurde ich geweiht. Nach der Priesterweihe kam ich zunächst in eine reiche Gemeinde nach Dortmund. Dann lernte ich Heinrich Marx von der Katholischen Arbeiterbewegung kennen. Ich war schon zuvor an der sozialen Frage interessiert. Über Marx wurde ich mit dieser Thematik jedoch erstmals wirklich konfrontiert, denn in einer Gemeinde, in der Millionäre nicht auffielen, konnte ich natürlich keine Erfahrungen machen. Er machte mich mit dem Pastor Jakobs in Mühlheim an der Ruhr bekannt. Das war der Mann, der 90 Prozent Kommunisten in seiner Gemeinde hatte, als er dort anfing. Als er dann auf dem Weg zum Beichtstuhl zusammenbrach und starb, da waren zehn Prozent Kommunisten und 90 Prozent Zentrum. Ich hatte das Gefühl, daß das auch meine Sache sein könnte.

Pastor Jakobs machte uns klar, daß wir die Hände der deutschen Jugend mit Arbeit füllen müßten – die wirtschaftliche Situation war damals ja erbärmlich. Und dann fingen wir den Freiwilligen Arbeitsdienst an. Ziel war die Regulierung der Ems von der Quelle bis zur Mündung. In zweieinhalb Jahren bearbeiteten wir 50 Morgen Land, gemeinsam mit den Betheler Anstalten und der Katholischen Arbeiterbewegung der Erzdiözese Paderborn.

Ich war Lagerkaplan im Arbeitslager von Staumühle. 1932 war die Ablösung durch den Reichsarbeitsdienst, und ich kam nach Höxter, wo ich die männliche Jugend zu betreuen hatte. Die Hitlerjugend sang: »Wir brauchen zum Himmel den Mittler nicht. Uns leuchten ja Sonne und Sterne, und Hakenkreuz und Sonnenrad sind Helfer in der Ferne.« Wir – die Katholische Jugend – sangen: »Wir brauchen zum Himmel den Hitler nicht.« Und dann hieß es für mich daraufhin: »Entweder ins KZ nach Oranienburg oder in die Wehrmacht.« Das Auto, das mich nach Oranienburg bringen sollte, stand schon bereit, und da sagte ich: »Zur Wehrmacht.«

Ich wurde zunächst Standortpfarrer im Nebenamt. Hitler gab den deutschen Bischöfen damals die Möglichkeit, 84 aktive Wehrmachtpfarrer zu ernennen, einer davon war ich. Mein Standort war Brandenburg im Wehrkreis III, Berlin. Das war etwas anderes als die Jugendarbeit. Auch mit der Mentalität der Leute hier hatte ich zu kämpfen. Viele waren in der Partei. Das hat mich natürlich auch gereizt. Einmal versuchte ich sogar, Gottesdienst bei der SS zu halten – ein wenig erfolgreiches Unternehmen. Der Posten guckte mich derartig an, daß mir die Spucke im Mund gefror. Bei denen kam ich nicht an.

Als Militärpfarrer mußten wir uns ja bei Rarkowski vorstellen. Der machte den Hitlergruß. Ziemlich stark! Das machten wir kaum. Ansonsten habe ich Rarkowski als netten Kerl und frommen Mann in Erinnerung. Aber uns war der evangelische Feldbischof Dohrmann lieber. Rarkowski übertrug mir dann die Gesamtseelsorge im Kessel von Stalingrad. Als ich zur Truppe kam, meinte mein General: »Für den Krieg wie geschaffen.«

Die Tätigkeit als Kriegspfarrer stellte einen vor die unterschiedlichsten Menschen und Situationen. In Rumänien begegnete ich einem Vikar aus Berlin, der mir berichtete, daß man ihn als Sanitätssoldaten ins Bordell schicke, um dort Spritzen zu geben. Ich sprach mit dem Arzt und stellte ihm vor: »Was passiert, wenn der Kerl nachher in Berlin Pfarrer ist, und bei der Predigt stecken die Berliner die Köpfe zusammen und sagen: ›Das ist doch der Puff-Vater aus Botosani!‹« Das sah der Arzt ein und versprach mir, daß der Vikar da wegkomme. Als ich dem Vikar sagte, daß er nicht mehr in die Bordelle zu gehen brauche, sagte er zu mir: »Lassen Sie mich bloß da drin! Sie ahnen nicht, wie viele Beichten ich dort habe!« Meistens Verheiratete, Hochdekorierte. Post coitum omne animal triste ...

Ich war einfach »der Olle«. Bekannt in der ganzen Division. Jedes Fahrzeug nahm mich mit. Einmal, es war an einem Sonntag in Rußland, in dem Gebiet zwischen Prut und Wolga, sahen wir eine Gruppe von Einheimischen und deutschen Soldaten. Als die Einheimischen hörten, daß ich mit den Soldaten deutsch sprach, kamen sie zu mir und sagten auf deutsch: »Herr Pfarrer, Sie müssen bei uns bleiben. Kommen Sie mit. Wir wollen mal wieder Messe haben.« Es waren mit Rom unierte Katholiken. Mit dem Auto war nicht in ihre Ortschaft zu kommen; dazwischen lag ein Sumpf. Aber wir gingen zu Fuß. Wir waren schon angemeldet, denn eine ganze Prozession von Leuten kam uns entgegen, angeführt von einer Alten. Sie hatte schon einen kleinen Schnurrbart und küßte mich – rechte Backe, linke Backe – unter salzigen Tränen und sagte: »28 Jahre haben wir dafür gebetet, daß wir mal einen katholischen Priester sehen. Kommen Sie, bleiben Sie bei uns, taufen Sie unsere Kinder und segnen Sie unsere Ehen ein. Bisher habe ich das getan.« Es war schon seltsam: Während die orthodoxen Popen für die Tanks der Roten Armee sammelten, hängten die Unierten das Hitlerbild in die Ikonenwand. Schließlich hatte Stalin 600 Kirchen der Unierten den Orthodoxen gegeben. Und als wir kamen, dachten die mit Rom Unierten, jetzt bekämen sie die Religionsfreiheit wieder.

Im ersten Winter waren wir in Willenberg in Ostpreußen. Im Gefangenenlager waren Engländer, Franzosen und Polen. Selbstverständlich gab ich ihnen auch die Möglichkeit, zum Gottesdienst zu kommen. Die Engländer knieten zur Wandlung nieder. Die Franzosen knieten nieder von der Wandlung bis zur Kommunion. Die Polen lagen auf der Nase von vorne bis hinten und sangen zum Schluß ein Lied zur Muttergottes als der gekrönten Königin von Polen – bis zu 40 Strophen.

Stalingrad war in jeder Hinsicht ein tiefgreifendes Erlebnis: Ich hielt Gottesdienst bei 40 Grad minus. Zwischen Wandlung und Kommunion ist der Wein im Kelch eingefroren. Aber dann habe ich statt Gottesdienst Köpfe gehalten, wenn sie einem ein Bein absägten und bei ähnlichen Operationen. Und als ich dann rausging zum Luftschnappen, lief da ein Hund herum, der hatte einen nackten Männerarm in der Schnauze, an dem war der Trauring noch dran. Da bin ich dann selber zusammengebrochen.

Danach kam die Gefangenschaft. Hier waren unsere Möglichkeiten als Seelsorger schon allein aufgrund der fehlenden Schriften stark beschnitten. Ein Major hatte eine Taschenbibel dabei; die ging von Hand zu Hand. Schließlich wollten wir regulär Gottesdienst halten. Die Russen beobachteten derartige Aktivitäten mit großem Mißtrauen. Ohne ihre Zustimmung war an eine reguläre Seelsorgetätigkeit natürlich gar nicht zu denken.

Eines Tages bestellte mich der russische Lagerkommandant abends um neun Uhr zu einer Besprechung. Sie dauerte bis nachts um zwei oder drei. »Wie können Sie als Priester auf der Seite der Lüge stehen?« Der große, ungeschlachte Riese wirkte in der Unterhaltung wie ein Kind. Am Ende dieser Besprechung erklärte ich mich – durch die Kindlichkeit dieses Menschen mehr bewogen als durch seine Gründe – bereit, in der antifaschistischen Bewegung mitzumachen. Nur solchen Priestern würde Gelegenheit zum Gottesdienst in den Lagern gegeben werden.

Ich tat es unter zwei Bedingungen: Erstens, wenn ein Unterschied zwischen »Faschisten« und »Antifaschisten« in der Behandlung gemacht würde, wollte ich in ein Faschistenlager gehen. Zweitens wollte ich als letzter Kriegsgefangener aus Sowjetrußland nach Deutschland fahren. Am Tage darauf schrieb ich mein Gesuch um Aufnahme und erklärte meinen Beitritt mit folgender Begründung, die 14 Tage lang öffentlich am Schwarzen Brett des Lagers ausgehängt wurde: »Ich erkläre meinen Beitritt zur antifaschistischen Bewegung. Ich will einen Anfang machen, daß sich finde Mensch zu Mensch und Volk zu Volk. Es lebe die Liebe und die gegenseitige dienende Hingabe. Es sterbe der Haß und der Stolz.« Damit war der Weg für die Lagerseelsorge frei.

Die Aktivitäten der antifaschistischen Bewegung umfaßten darüber hinaus das Verfassen und Verbreiten von Flugschriften und Aufrufen an das deutsche Volk und die Wehrmacht. Wir Geistlichen riefen die deutschen Christen auf, »den Verführern und Verführten Gottes Gericht und Gottes Gebot zu bezeugen«. Uns war klar, daß der Nationalsozialismus zu einer menschlichen Beendigung des Krieges nicht willens war. Also wandten wir uns an die Heerführer, Generäle und Offiziere: »Verweigert Euch nicht Euerer geschichtlichen Berufung! Nehmt die Initiative in Euere Hand! Wehrmacht und Volk werden Euch unterstützen. Fordert den sofortigen Rücktritt Hitlers und seiner Regierung! Es lebe das freie, friedliche und unabhängige Deutschland.« Die Frage war also nicht, inwieweit gerade dieser Krieg gerecht war oder nicht. So habe ich sie mir gar nicht ausdrücklich gestellt. Schließlich ist jeder Krieg eine ungerechte Sache. Nur wenn er der Verteidigung dient, läßt er sich rechtfertigen, und dieser Krieg war kein Verteidigungskrieg.

Trotzdem bin ich dabeigewesen, denn für mich war ganz klar: Hitler nein, aber Deutschland ja. Ich sah das so: Da ist der rote Abgrund und da der braune Abgrund. Und als Christ muß man zwischen diesen Abgründen als einzelner gehen!

Rudolf Peifer

Geboren 1906 in Bad Godesberg.
In Köln 1931 zum Priester geweiht.
1940 Einberufung zum Sanitätsdienst in Ostpreußen.
Ernennung zum Kriegspfarrer 1941. Eingesetzt als Lazarettpfarrer bei der Kriegslazarettabteilung 541.
Oktober 1942 Kommandierung zur 3. Infanteriedivision.
In russischer Kriegsgefangenschaft von Januar 1943 bis Dezember 1949.
Prälat Rudolf Peifer war 1950 bis 1960 Pfarrer in Bonn-Dottendorf, dann Pfarrer und Stadtdechant in Neuss. Ab März 1963 Regens des Kölner Priesterseminars, 1970 bis 1981 Domkapitular.

Herr General, hier gilt das Gewissen!

Ich habe zunächst einmal alles getan, um überhaupt nicht eingezogen zu werden, weil ich mir sagte, das sei nicht mein Platz als Seelsorger. Ich wurde also gezwungenermaßen eingezogen. So viel war mir dann klar: »Jetzt mußt du deine Aufgabe dort lösen, wo du hinkommst, und das Angebot für die Menschen bleiben, mit denen du es jetzt zu tun haben wirst.« Das waren eben die Soldaten.

Im Januar 1940 wurde ich dann zur Lazarettersatzabteilung Nr. 1 in Ostpreußen einberufen. Mit mir mußten noch sechs Essener Kapläne einrükken. Wir waren die ersten aus unserer Gegend, die als Priester eingezogen wurden. Zunächst bekamen wir dort die militärische Grundausbildung mit der Waffe, dann folgte die eigentliche Ausbildung zum Sanitätsdienst, Krankenträgerdienst usw.

Es war deutlich zu spüren, daß wir sechs auf keinen Fall als Gruppe zusammenbleiben sollten. Jeder von uns kam zu einer anderen Einheit. Ich kam also zu einer ostpreußischen Division. Die staunten alle nur so, als wir uns in Reih und Glied aufstellten und sagen mußten, was wir von Beruf seien. Der Feldwebel schreckte geradezu hoch, als ich sagte, ich sei katholischer Geistlicher.

Nach meiner Ausbildung zum Krankenträger wurde ich zu einer ostpreußischen Division versetzt, die im Rheinland lag. Als wir Privatquartiere beziehen sollten, fragte mich der Feldwebel, ob ich zu einer katholischen Familie wolle. Ich sagte, das wäre zwar schön, sei aber völlig egal. Er schlug mir dann eine Familie mit drei jungen Mädchen vor, die seien schon scharf auf Soldaten. »Soll ich Sie dahin tun?« – »Hören Sie mal«, sagte ich, »ich habe in meinem Leben noch keine Angst gehabt. Ich fürchte mich auch nicht vor drei wilden Weibern.« Das warf ihn um! Soweit der Herr Hauptfeldwebel. Letztlich brachte er mich bei einer sehr netten, einfachen Arbeiterfamilie unter. Von da aus zog ich dann in den Frankreichfeldzug. Wir hatten am Anfang schwere Kämpfe. Obwohl ich nur ein einfacher Krankenträger war, wurde ich von den Ärzten in den OP geholt. Als Priester hatte ich ja Griechisch und Latein gelernt und kam von daher mit den medizinischen Ausdrücken schnell zurecht. Nach dem Waffenstillstand wurden wir als Besatzungstruppe in die Bretagne geschickt. Dort wurde ich dann auf eine Sanitätsschule kommandiert.

Eines Tages eröffnete mir der Hauptfeldwebel der Division, bei der ich als Sanitäter eingezogen war, ich hätte eine Einberufung nach Berlin zum Kriegspfarrerlehrgang. Ich fiel aus allen Wolken. Ich hatte mich ja gar nicht gemeldet. Die einzige Sorge des Hauptfeldwebels war: »Stellen Sie sich das einmal vor, Peifer, wenn Sie das bestehen, dann muß ich vor Ihnen grüßen.« Dann kam dieser Lehrgang: Umgang mit Soldaten, mit Offizieren. Ich bestand ihn und war dann auf einmal im Hauptmannsrang. Nach halbjähriger Frontbewährung kam man dann in den Majorsrang.

Erst war ich bei einem Armeekorps Pfarrer. Das war eine Stellung, die mir gar nicht paßte. Dann wurde ich zu einem Armeefeldlazarett abkommandiert. Das war sozusagen eine fliegende Lazaretteinheit. Wir konnten innerhalb weniger Stunden ein komplettes Lazarett für 200 bis 300 Verwundete aufbauen. Wenn das Lazarett voll belegt war, befanden sich auch Angehörige der Waffen-SS darunter. Ich hatte gedacht, die würden einen als Priester anfrotzeln, aber das war überhaupt keine Schwierigkeit. Vielleicht kam jeder, der dem Tod ins Auge geschaut hatte, ein bißchen mehr zum Nachdenken.

Das Lazarett war manchmal mit bis zu 1000 Verletzten belegt. Wenn die Ärzte dann nervös wurden, dachte ich mir: »Menschenskind, du hast noch die Ruhe; solltest du dich nicht zum Instrumentieren anbieten? Vielleicht kommt es wieder der Seelsorge zugute.« Ich bot also meine Hilfe an. Nach einiger Zeit dieser Zusammenarbeit sagte mir ein Arzt: »Wissen Sie was? Wenn Sie die Sakramente gespendet haben, dann sind die Verwundeten viel ruhiger und gefaßter. Dann kann ich viel mehr mit denen anfangen.«

Im Oktober '42 bekam ich dann den Befehl, mich nach Stalingrad in

Marsch zu setzen. Als ich mich beim Stellvertreter unseres Divisionskommandeurs meldete, einem Oberst, merkte ich gleich, daß der mit mir nicht viel am Hut hatte. Dennoch verhielt er sich sehr korrekt. Ich sollte dort den Stab betreuen. Das paßte mir gar nicht. So bat ich darum, unsere Leute an der Front besuchen zu dürfen. Ich meinte, ich sei dort wichtiger. Der Oberst stimmte dem gleich zu. Ich hatte ja keine Ahnung, was sich an der Front abspielte.

Zuerst wurde ich zu einem Major geschickt, der mich fragte, wie ich mir denn das vorstelle. Ich würde da am hellichten Tag doch abgeknallt wie ein Kaninchen. Nur bei Einbruch der Nacht könne ich mich nach vorne wagen. Er versprach, mir dann einen Melder mitzugeben. Da ich jetzt ohnehin nichts machen könne, lud er mich zu einem Gespräch ein. Da stellte sich heraus, daß er begeisterter Nazi war. Nicht, daß er mich böse oder schlecht behandelt hätte – er wollte mir nur klarmachen, wie dusselig es von mir sei, die Zeichen der Zeit nicht zu erkennen. Bei ihnen in der Partei könne ich Karriere machen, meinte er. Und ich entgegnete: »Wissen Sie, Herr Major, Karriere zu machen kann mich nicht reizen. Ich möchte meinen Glauben leben.« Und er darauf: »Jetzt will ich einmal in meiner Geheimschatulle nach einigen Zitaten des Führers kramen!« Er war nämlich Ordonnanzoffizier bei einem Artilleriegeneral gewesen. Der war, wie das ja häufig vorkam, schier taub, und so mußte er ihm bei den Sitzungen mit dem Führer alles ins Ohr brüllen. Und bei einer dieser Sitzungen habe der Führer gesagt: »Die einzigen, die die deutsche Einheit noch stören, sind die katholischen und protestantischen Pfarrer. Und die werde ich alle an die Wand stellen, wenn sie nicht endlich einsehen, daß sie die Einheitszerstörer des deutschen Volkes sind.« Dann sagte ich ihm: »Wissen Sie, die Konsequenzen muß ich ziehen. Ich bin ja kein Anfänger mehr. Ich bin alt genug, um mir klarzuwerden, was mir mein Glaube bedeutet.«

Vorne an der Front wurde ich freudig begrüßt, obwohl in dieser Einheit kaum Katholiken waren. Es war eine sächsische Einheit. Mein evangelischer Kollege war aus dem Kessel von Stalingrad ausgeflogen worden. Im Unterschied zu mir hatte er sich freiwillig gemeldet.

An der Front konnte man seelsorgerisch weit weniger leisten als in einem Lazarett. Ich kroch in irgendein Loch und versuchte, den Menschen Mut zu machen. Beim ersten Mal, als ich an der Front war, konnte ich das nur nachts tun. Am Morgen mußte ich wieder zurück. Die Löcher waren so klein, daß es unmöglich war, sich da lange zu zweit aufzuhalten. Manchmal, wenn ich nicht rechtzeitig zurückkam und es schon hell wurde, wurde ich mit Granatwerfern beschossen. Es ging aber immer gut.

Als Weihnachten kam, ging ich zu meinem General und sagte: »Herr General, ich weiß zwar, es ist üblich, daß der Pfarrer an Weihnachten beim Stab Gottesdienst hält. Aber ich glaube, die Situation erfordert mich vorne. Erlauben Sie mir bitte, daß ich mich während der Weihnachtstage von Schützenloch zu Schützenloch vorarbeite, um den Leuten ein bißchen Ruhe, Bedächtigkeit und Verstand zu geben.« Der General sagte: »Ich mache nur eine einzige Einschränkung: Wenn Sie von der Front zurückkommen, dann kommen Sie erst einmal zu mir. Sie sind nämlich der einzige, der mir ein realistisches Bild von der Front bringt.« Das mußte ich ihm versprechen.

Ich kroch dann nächtens von Loch zu Loch. Die Leute beeindruckte das ungeheuer, daß sich da ein Pfarrer in so große Gefahr begab. Jedenfalls ließ ich nicht ein Loch aus. Ich bin auch zu den Panzern hin. Ich wurde gewarnt, die Russen könnten hier gut einsehen und würden mit Sprenggranaten schießen. Ich wurde nicht getroffen, Gott sei Dank. Eine Granate schlug zwar dicht hinter mir im Schnee ein, krepierte aber nicht.

Am Heiligabend kam ich in einen in die Erde eingegrabenen Unterstand. An der Wand hatten die Soldaten Silberpapiersternchen befestigt, die sie aus der Knäckebrotverpackung ausgeschnitten hatten. Zwölf Mann saßen auf den Lehmbänken, und der Leutnant las das Evangelium von der Geburt Christi. Mäuschenstill. Weihnachten in Stalingrad.

Dann ging es immer weiter zurück und zurück. Zuletzt lagen wir in Stalingrad im früheren GPU-Gefängnis. Täglich kamen Offiziere zu mir, die ja alle wußten, daß es zu Ende war. Auch die Illusion, daß wir entsetzt würden, war vorbei. Erstmals kam nun die Frage auf: Sollte man nicht Selbstmord begehen? Ich stand auf dem Standpunkt: Wenn man glaubt, könne man sich auf diesen Glauben auch verlassen und für diese Sache auch einstehen und nicht – das konnte man damals schon sagen – für den Herrn Hitler. Es wurden verhältnismäßig wenige Selbstmorde verübt.

Dann kamen Offiziere, die mich ja inzwischen alle kannten und sagten: »Herr Pfarrer, Sie sind der einzige, von dem wir glauben, daß Sie Einfluß auf unseren General ausüben können. Gehen Sie doch zu ihm und bitten Sie ihn, er soll doch das sinnlose Kämpfen aufhören. Das ist doch so, als schlüge man auf einen erbärmlichen, todkranken Hund mit Prügeln ein. Wir haben doch im ganzen Armeekorps nicht mehr eine Kanone, aus der wir einen Schuß abtun könnten.« Der General empfing mich sofort, und ich begann: »Herr General, Sie sind nicht nur General, sondern, wie ich weiß, auch Christ. Sie stehen hier vor einer Entscheidung, die der Christ fällen muß und nicht der General. Wissen Sie eigentlich, was da draußen los ist? Es gibt kein Verbandszeug mehr. Es gibt keine Medikamente mehr. Es gibt nur noch Gewehrmunition. Keine Granaten mehr, gar nichts. Das ist doch nicht mehr zu verantworten. Sie könnten, wenn Sie jetzt den Mittelabschnitt aufgeben, Tausende von Menschen retten.« Darauf sagte er: »Herr Pfarrer, ich habe mir das durch den Kopf gehen lassen. Aber ich bin deutscher Offizier.« Darauf sagte ich ihm: »Herr General, bedenken Sie doch einmal, einer, der da meilenweit entfernt ist«, und damit meinte ich Hitler, »der kann ja gar nicht wissen, was hier los ist. Und da muß einer den Mut haben, selbständig zu entscheiden. Hier gilt das Letzte, und das ist das Gewissen! Weder eine Berufung auf ›die anderen‹ noch auf irgendwelche Befehle.« Zuletzt sagte der General: »Ich bin preußischer General und kann so nicht handeln.« Den General hat das Gespräch offensichtlich so getroffen, daß er das Oberkommando am nächsten Tag abgab, um an die Front zu gehen. Er wollte sich wohl wegen der Bedenken, die ihm gekommen waren, den Todesschuß holen. Er kam später mit einem Beinschuß, am Stock gehend, zurück und übernahm wieder das Kommando.

Als wenig hilfreich empfand ich in dieser Zeit die Hirtenbriefe, die gelegentlich von unserem Feldbischof Rarkowski kamen. Der katholische Feldbischof war uns Priestern eigentlich ein Mann mit Fragezeichen. Wir verstanden ihn nicht, weil wir meinten und spürten, daß er mit dem Nationalsozialismus sehr gut zurechtkam. Wenn dagegen von dem damaligen Militärgeneralvikar Werthmann Schreiben kamen, war das etwas anderes. Der Mann sprach klar aus, daß wir nicht um des Nationalsozialismus willen beim Militär waren, sondern um unseres Glaubens willen.

Schließlich war für uns der Krieg vorbei. Am 29.1.1943 kamen wir in Gefangenschaft. Aus der ganzen Sowjetunion wurden in unser Lager westlich von Moskau Pfarrer herangekarrt. Dort gab es erstmals vernünftiges Essen, aber das wußte man immer: »Vorsicht, die wollen etwas.« Wir sollten vorbereitet werden, in einem Aufruf die Revolution gegen Hitler zu fordern. Im Hauptquartier des »Bundes deutscher Offiziere« und des »Nationalkomitees« erhoffte man sich, daß so etwas bei den gläubigen Deutschen ankommen würde, wenn der Aufruf von katholischen und evangelischen Pfarrern unterschrieben und in Millionen von Exemplaren über der Front und in Deutschland abgeworfen würde.

Ab 1945 waren wir in einem Lager mit 40 katholischen und evangelischen Pfarrern. Für die Russen war es ein Phänomen, daß diese 40 katholischen Pfarrer die einzigen waren, die nicht beim sogenannten »Nationalkomitee« und dem »Bund deutscher Offiziere« mitmachten. Das führte zu grotesken Situationen. Einer der Stabsoffiziere kam einmal zu mir und brachte seine Verwunderung darüber zum Ausdruck. Diese Geschlossenheit kam ihm merkwürdig vor: »Sagen Sie mal«, fragte er, »haben Sie hier einen Geheimempfänger, mit dem Sie von Rom aus Anweisungen bekommen?« Ich hätte mich totlachen können. »Nichts haben wir«, sagte ich, »Hunger haben wir. Es ist unsere Gewissensentscheidung, daß wir nicht mitmachen. Wir können nicht von einem Übel ins andere wechseln. Vorher sollten wir Freunde des Nationalsozialismus seien und jetzt sollen wir uns in die Propagandadienste der Russen stellen? Das können wir nicht mitmachen.«

Als wir zu einer schweren Sonntagsarbeit eingeteilt wurden, überlegten wir, ob wir das widerspruchslos mitmachen sollten. Mit dem Gebot, den Sonntag zu heiligen, ließ sich das ja schließlich nicht vereinbaren. Diese Ansicht setzte sich am Ende durch, und unser Sprecher, ein Berliner Pfarrer, fragte den für politische Fragen zuständigen Chef der Lagerleitung: »Stehen Sie noch dazu, daß Sie einmal sagten, daß wir auch in der Gefangenschaft Religionsfreiheit hätten? Das steht ja, wie Sie behaupteten, bei Ihnen in der Verfassung?« Da konnte er zwar nur »Ja« sagen, fing aber dann doch zu schimpfen an: »Sie Pfarrer sind mit dem Kreuz in der Hand den Truppen vorausgestürmt« und lauter so einen Blödsinn; wir seien die eigentlichen Frauenschänder und Kindermörder und was seiner Familie von deutschen Soldaten alles passiert sei. Sein Vater sei lebendig begraben worden, die Mutter am Scheunentor lebendig gekreuzigt. Das war so grauenhaft; ich wußte, das konnte gar nicht passiert sein. Da sagte ich zu ihm: »Herr Major, den Käse, den Sie uns da erzählen, den glauben Sie ja wohl selber nicht.« Ein betroffenes Schweigen, und jetzt passierte das, womit ich am allerwenigsten gerechnet hatte: Er fing an zu lachen und sagte: Nein, auch er glaube dies selbst nicht. Der Endeffekt war, daß wir am Sonntag die Schwerstarbeit tatsächlich nicht tun mußten.

In den Lagern, in denen ich 1944 war, hatte man – irrtümlicherweise – ein großes Interesse an mir. Man hielt mich wohl für eine Säule des Widerstands. Besonders bemühte sich ein russischer Psychologe, ein gewisser Dr. Saweljev, um mich. Es waren für mich schweißtreibende Unternehmungen. Er hat mich oft nachts bis drei Uhr bearbeitet, und es ging immer wieder um dieselben Dinge: »Sie waren nie Nationalsozialist. Sie haben getan, was Sie konnten, um von der Kanzel aus das zu sagen, was noch möglich war. Wir wollen Sie doch nicht zum Kommunisten machen. Wir wollen doch nur, daß Sie das in aller Öffentlichkeit wiederholen, was Sie damals in der Predigt andeutungsweise versucht haben. Daß Sie sagen, was mit diesem Hitler los ist.« Immer ging es um dasselbe Thema: Mitglied zu werden im »Bund deutscher Offiziere«, im »Nationalkomitee« und vor allem den Aufruf an das deutsche Volk mit zu unterschreiben. Ich habe immer und immer wieder mit ihm diskutiert: »Wissen Sie, Herr Doktor, Sie können das ja gar nicht verstehen. Wir haben ein Gewissen, und das sagt uns, was zu tun und was zu lassen ist. Und dieses Gewissen verbietet mir, hier einfach so Arm in Arm mit den Russen zu gehen.«

Das Ende vom Lied war schließlich, daß ich ihm sagte: »Sie wissen wohl nicht, was ein katholischer Priester ist. Das ist einer, der glaubt, berufen zu sein, für jeden dazusein und ihm zu helfen. Jetzt stellen Sie sich einmal vor, ich unterschreibe. Aber wenn ich wirklich nach Hause kommen sollte und auf der Kanzel stehe, hätte ich keine Ruhe mehr. Ich würde mir immer wieder sagen: ›Da stehst du als einer von 100000 und hast in der Gefangenschaft Vergünstigungen gehabt, weil du unterschrieben hast.‹ Nein, ich weiß nicht, ob Sie das verstehen. Ich will Gefangener sein wie jeder andere.« Dagegen konnte er nichts sagen.

Uns wurde ja immer gedroht: »Ihr kommt nicht mehr nach Hause, wenn ihr da nicht mitmacht.« Mir ist dabei klargeworden, was in solch einer Situation der Zölibat ausmacht. Der katholische Priester entscheidet für sich selbst, braucht auf niemanden Rücksicht zu nehmen. Die evangelischen Pfarrer waren da in einer viel schwierigeren Lage als wir. Viele waren verheiratet und hatten schon Kinder. Die mußten sich ja sagen: Was hat meine Familie davon, wenn ich hier den Märtyrertod sterbe. Ich möchte damit keinesfalls den Eindruck erwecken, mich über die evangelischen Brüder erheben zu wollen. Ich weiß wirklich nicht, wie ich an ihrer Stelle gehandelt hätte.

Rückblickend finde ich, man wurde in dieser Zeit durch all diese Erfahrungen reicher und reicher. Gewiß auch kleiner, weil man erfuhr, wie wenig man letztlich wußte vom Menschen und wie wenig berechtigt man war, über andere Urteile zu fällen. Die Menschen meinen, diese Zeit sei für mich verloren gewesen. Ich sage, diese Zeit war für mich notwendig und eine unendliche Bereicherung. Ich würde sie nie mehr erleben wollen, das ist sicher. Aber ich wollte sie auch nicht vermissen, weil sie mir so viel gab. Auch an religiöser Substanz.

Alois Krautwurst

*Geboren 1912 in Frankenstein (Schlesien).
In Breslau 1936 zum Priester geweiht.
Ab Mai 1940 im Sanitätsdienst in Lothringen und der Sowjetunion.
Teilnehmer am letzten Kriegspfarrerlehrgang 1942.
Ab 1942 Einsatz in der Ukraine, Schlesien und Böhmen.
1945 Kommandierung zur Sanitätsabteilung Prag.
In russischer Kriegsgefangenschaft bis Dezember 1949.
Geistlicher Rat Alois Krautwurst war bis 1952 Jugendseelsorger in der Erzdiözese Bamberg, dann Pfarrer bei den amerikanischen Dienstgruppen (Labor-Service) in Bayern. Ab 1956 Militärpfarrer, dann Religionslehrer an der Realschule in Sonthofen.*

Den Männern standen die Tränen in den Augen

Das Ende des Krieges habe ich am 7. Mai 1945, nachts um zwölf Uhr, am Radio mit der Rede Churchills erlebt. Es war in Königgrätz, dem letzten Einsatzort meiner Einheit, dem Reservelazarett 5/533, dem ich als Kriegspfarrer zugeteilt war. Am Nachmittag waren die letzten Verwundeten in den Lazarettzug verladen worden. Die Einheiten der Luftwaffe hatten sich schon am Vormittag nach Westen abgesetzt. Mein Kollege, Standortpfarrer Dr. Kühle, war auf mein Anraten mit ihnen gegangen. Mit den wenigen, die noch da waren, tranken wir die vorletzte Flasche Meßwein. Die letzte nahm ich mit. Meinen Meßkoffer mit den selbstbeschafften Gewändern stellte ich vor die Tür der Schwesternunterkunft mit einem Zettel: »Für die Kapelle.« Nur von meinem Brevier, dem Schott und dem Neuen Testament wollte ich mich nicht trennen.

Nach einer zweitägigen, abenteuerlichen Fahrt mit einem Auto voller Sanitätsschwestern war das Gefangenenlager in Tabor vorerst Endstation für uns. Wir hatten Glück: Wir wohnten im Lazarett, noch dazu in Steingebäuden. Die anderen, ca. 40000 Mann, wohnten in den noch übrigen Garagen der ehemaligen Kaserne und im Freien. Das Lagerleben lief ohne bemerkenswerte Härten ab. Wir konnten sogar Gottesdienste und Bibelstunden organisieren. Im Laufe des Sommers wurde das Lager langsam aufgelöst.

Transport auf Transport rollte nach Osten ab. Am 5.9.1945 schlug auch mir die Stunde. Im Fußmarsch nach Brünn, innerhalb von fünf Tagen. Von dort wurden wir Richtung Osten verladen. Es wurde die längste Zugfahrt meines Lebens. Sie dauerte vom 24.9. bis 25.10.1945. Es ging über Preßburg – Wien – Budapest – Focsani. Im Lager Focsani war mit Tausenden von Gefangenen Hochbetrieb. Am Abend wurden wir wieder eingeladen. Diesmal ging es in Breitspurwagen über Tarnopol – Winniza – Tula – Moskau – Gorki bis Oranki. Diese Fahrt war der Tiefpunkt der ganzen Gefangenschaft. Hunger, Durst, bis zur Apathie. Bei glühender Sonnenhitze in Brünn eingeladen – im Schnee kamen wir an. Vom Entladebahnhof bis Oranki waren es nur sechs Kilometer. Aber obwohl wir in der Frühe ankamen, standen wir erst um 17.00 Uhr in Oranki vor dem Tor – es ging einfach nicht mehr schneller.

Oranki war ein berühmtes Kloster: Eine große Wallfahrtskirche, typisch russischer Baustil, und eine sogenannte Winterkirche, die früher in der kalten Jahreszeit benutzt worden war. Dazwischen ein turmartiges, kleineres Gebäude, das alte Abtshaus. Dann die anderen Gebäude, und alles von hohen Mauern umgeben. Das Kloster war in der russischen Revolution liquidiert worden, d. h., die Roten hatten einfach das Tor besetzt, ließen niemanden mehr hinein und heraus und warteten, bis auch der letzte Mönch verhungert war. Von den Dorfbewohnern wurde erzählt, daß man tagelang das Schreien der Mönche hörte. Dann wurde das Kloster Gefängnis und im Krieg Gefangenenlager. Die große Kirche war ausgeplündert, die goldenen Kreuze auf den fünf Kuppeln waren heruntergerissen, das Dach war im Verfall. Im Inneren waren die Wände zwei Meter hoch, von unten weiß übertüncht. Die Kirche wurde, als luftigster und trockenster Raum, als Lebensmittelmagazin benutzt. Nur über der großen Eingangstür im Giebelfeld befand sich unbeschädigt ein Madonnenbild, dessen Gold bei Sonnenschein weit hineinstrahlte. Man sagte, daß der Russe das Bild weg haben wollte. Kein Gefangener stieg hinauf. Darauf kletterte ein russischer Soldat auf die Leiter. Er stürzte ab, und das Bild blieb. Die Winterkirche war als Unterkunft eingerichtet. Das Abtshaus beherbergte unten die Wäschebügelei und oben die Apotheke.

Das Lager Monastirka gehörte dazu, etwa vier Kilometer entfernt, ein sogenanntes Waldlager. Es sah von ferne aus wie ein Feld mit großen Mieten. Dazwischen lagen drei oder vier weißgetünchte Holzbauten, die sogenannten »Weißen Häuser«, das waren die Latrinen. Alles andere war in die Erde gebaut, so daß in den Unterkünften die Fenster gerade zu ebener Erde lagen. Im übrigen begann der »Giebel« auf dem Erdboden, wobei das Holz, mit dem die Unterkünfte abgedeckt waren, mit Erde bedeckt war. Das war unser Aufenthaltsort von Oktober 1945 bis Dezember 1949, wobei ich selbst von März 1946 bis Sommer 1947 in Monastirka war, die andere Zeit in Oranki selbst. Kurz vor unserer Ankunft war der erste katholische Pfarrer ins Lager gekommen, Pfarrer Feltmann aus Hamburg. Mit mir kam Pfarrer Hartmann, und 1947 kamen dann noch die Pfarrer Bader, Ludwig, Schölzel und Widenmann.

Bevor Pfarrer Feltmann ins Lager kam, war nur ein evangelischer Pfarrer Berendt aus Ostpreußen in Oranki. Er hielt an den Sonntagen für alle eine Bibellesung, Predigt und Gebet. Als unsere Quarantänezeit beendet war, waren wir also drei katholische Pfarrer. Was tun? Unsere »Pfarrerausstattung« bestand im Kriegspfarrerkreuz, das uns die Russen nicht weggenommen hatten, und einer Versehstola. Pfarrer Feltmann hatte ein »Kirchengebet«, ich ein Neues Testament und einen Schott II. Das war alles und doch viel. Ich hatte nie geglaubt, daß das Neue Testament und der Schott jahrelang die einzige Stoffquelle für Gottesdienst und Predigt sein könnten. Aber es ging, und es ging gut. An die Zelebration einer hl. Messe konnte vorerst nicht gedacht werden, es fehlte an Wein. So begannen wir an den Sonntagen erst nur mit dem Beten der Messe. Die Gestaltung war einfach: Eine Liedstrophe aus dem Anhang des »Kirchengebetes«. Dann die Aufforderung, daß wir uns in eine hl. Messe, die irgendwo daheim zelebriert wird, geistig einschließen. Mit den entsprechenden Hinweisen – »Der Priester betet jetzt das Stufengebet, er geht die Altarstufen hinauf und betet das Eingangsgebet« usw. – lasen und beteten wir die dazugehörigen Texte aus dem Schott. Nach dem Evangelium folgte die Predigt. Die Beteiligung war überraschend groß. So hielten wir es die erste Zeit.

Aber natürlich war unser Ziel die Zelebration. Die Beschaffung von Weizenbrot war anfangs nicht schwer. Zur Offiziersverpflegung gehörte auch Weißbrot. Es war zum größten Teil aus Weizenmehl, also als Materie verwendbar. Später wurde es nur noch für Kranke im Lagerlazarett ausgegeben. Aber solange wir in Monastirka waren, erhielten wir es von den Ungarn, die in der Bäckerei beschäftigt waren. Aber der Wein! Es bestand bis zu Beginn des Jahres 1949 das grundsätzliche Verbot der Russen, an Kriegsgefangene jegliche Art von Alkohol zu verkaufen. Also ging auf dem normalen Weg nichts. Eines Tages kam ein Landser vom Arbeitseinsatz zurück und erzählte uns, daß er bei einer Russin im Haus gearbeitet habe. Diese Frau erkundigte sich nach den Verhältnissen in Deutschland, unter anderem auch, ob es dort auch noch Kirchen und Pfarrer gäbe. Dabei erwähnte der Landser, daß ja auch hier im Lager Pfarrer seien. Darauf die Frau: »Halten Sie auch hier Gottesdiest?« Der Landser gab zur Antwort: »Nein, denn sie haben keinen Wein.« Da sagte die Frau: »Wenn ihr für mich beten wollt, besorge ich euch Wein!« Und tatsächlich fuhr die Frau ein paar Tage später die 60 Kilometer nach Gorki, was damals noch für die Russen von der Genehmigung des zuständigen Ortskommissars abhängig war. Wir hielten inzwischen im Lager eine Kollekte. Wir Pfarrer im Offiziersrang bekamen im Monat einen »Wehrsold« von 15 Rubel. Die Flasche kostete damals, soweit ich mich erinnere, 200 bis 300 Rubel. Wir hatten schnell das Geld beisammen. Nun warteten wir gespannt auf das Ergebnis. Eines Abends kam unser Landser voll Freude mit der Flasche zu uns, die er geschickt durch die Torwache geschmuggelt hatte. Unsere Freude war groß. Aber ... wir sahen uns die Flasche an, und was war es? Obstwein aus irgendwelchen Beeren, ich glaube, Johannisbeeren. Was tun? Wir kamen in ernstliche Schwierigkeiten. Auf der einen Seite: »vinum de vite« als »materia necessaria«, auf der anderen Seite: die Umstände und Schwierigkeiten hier. Nach langem Konzil, ob er nicht doch noch unter diesen Umständen mögliche Materie sei, kamen wir zu dem Schluß: Nein! Es war bitter, aber nichts zu machen. Mit hängendem Kopf brachte der Landser die Flasche zu der Russin zurück. Und die Russin fuhr ein zweites Mal nach Gorki und brachte eine Flasche Cognac, und sie fuhr ein drittes Mal und – am Karfreitag hielten wir eine Flasche echten Wein in den Händen!

Auch alles andere mußte improvisiert werden. Ein Holzkreuz war leicht zu fertigen. Mit den Kerzen war das schwieriger. Wir bogen alte Konservenbüchsen so zusammen, daß runde Hülsen mit Boden und Deckel etwa in Stärke einer Kerze entstanden. Die wurden mit Petroleum gefüllt, oben wurde ein Docht aus Wollfäden hineingesteckt, und der Kerzenersatz war fertig. Es qualmte zwar stark, aber es brannte. Als Patene dienten zwei runde Scheiben Birkenrinde, die ringsum zusammengenäht waren, damit sie etwas steifer wurden. Ein evangelischer Superintendent hatte bis ins Lager einen versilberten Becher gerettet, den er als Zuckergefäß benutzte. Er stellte ihn zur Verfügung, und wir hatten unseren Kelch.

So kam der Ostersonntag. An der Seitenfront einer Baracke stand der Altar und fast das ganze Lager im Halbkreis darum. Es war eine der ergreifendsten Messen, die ich je erlebt habe. Pfarrer Feltmann zelebrierte sie. Für viele war es die erste Messe nach Jahren. Vom einfachen Soldaten bis zum Oberst standen den Männern die Tränen in den Augen.

So feierten wir von diesem Tage an an allen Sonntagen die hl. Messe. Mit dem Wein sparten wir außerordentlich. Es gelang uns auf irgendeine Weise immer, eine neue Flasche zu organisieren, bevor unsere Vorräte zu Ende gingen. Meist halfen uns Landser, die im Dienst außerhalb des Lagers zu tun hatten. Die Gefahr einer Beschlagnahme bei einer der vielen Filzereien umgingen wir dadurch, daß wir den Wein in kleine Medizinfläschchen abfüllten, die wir unter uns aufteilten. So wäre nicht der gesamte Wein verlorengegangen, wenn bei einem von uns etwas gefunden worden wäre. Bei den turnusmäßigen Filzereien vor dem 1. Mai oder zum Jahrestag der Oktoberrevolution, die übrigens nicht nur bei uns im Lager, sondern auch bei den Zivilrussen am Orte vorgenommen wurden, versteckten oder vergruben wir die Fläschchen irgendwo im Lager. Jedenfalls fanden die Russen nie etwas.

Als wir wieder nach Oranki verlegt wurden, tauchte eine neue Schwierigkeit auf: die Hostienbeschaffung. Die Bäckerei in Oranki war mit Deutschen besetzt. Bei ihrer Genauigkeit – oder Angst – war es nicht mehr möglich, Weißbrot zu erhalten. Da tauchte als rettender Engel ein Landser auf, der Franziskanerbruder war. Er war außerhalb des Lagers als Heizer im Bad der Russen und außerdem als Gärtner beim Lagerkommandanten beschäftigt. So kam er an die Zivilbevölkerung heran. Es wurde also Weizenmehl auf schwarzem Weg besorgt. Man mußte allerdings aufpassen. Denn einmal stellte sich das Mehl als Gips heraus. Der gute Bruder ließ sich vom Lagerschmied eine eiserne Backzange anfertigen; zwei rechteckige Eisenscheiben mit zwei sich kreuzenden, geschwungenen Griffen. Gebacken hat er die Hostien in der Feuerung des Bades. Es wurde ja nur mit Holz gefeuert, und die Feuerlöscher waren so, daß man Meterstämme ohne weiteres hineinschieben konnte, daher auch die langen Griffe an der Backzange. Jedenfalls lieferte er uns Hostien recht guter Qualität. Leider kam er eines Tages weg. Nun mußten wir selbst ans Werk. Zuerst verrührten wir Mehl mit Wasser, so daß ein Teig entstand, der eben so vom Löffel lief. Inzwischen hatten wir auch richtige Kerzen. Die Zange wurde in der Glut erhitzt, dann mit Kerzenstearin bestrichen – und dann ein Löffel Teig drauf und hinein in die Glut! Das erste Mal riß der Teigfladen auseinander, als wir die Zange öffneten. Dann hielten wir die Zange zu lange oder in zu starke Glut. Aber mit der Zeit lernt man alles. Die gebackenen Teigfladen wurden dann in ein feuchtes Tuch geschlagen, damit sie etwas zäh wurden, und dann mit zurechtgeschliffenen Eisenringen ausgestochen. Die kleinen Hostien waren etwa in der Größe eines Zehnpfennigstückes, für die hl. Messe machten wir sie etwas größer, etwa Zweimarkstückgroß. Vom Juli 1948 bis zum Dezember 1949, als ich oberster Hostienbäcker war, habe ich 6665 kleine Hostien hergestellt. Die Zahl ist mir in Erinnerung. Alles natürlich ohne Wissen der Russen. Und die Hostien wurden verbraucht. Denn nach der Rückkehr nach Oranki begannen wir, auch zweimal während der Woche zu zelebrieren. Inzwischen waren ja noch mehr Pfarrer hinzugekommen. Später hielten wir auch an Sonntagen noch eine Frühmesse für das Küchenpersonal usw. Ja, wir durften so oft Gottesdienst halten, wie wir wollten, wenn wir nur die Lagerordnung nicht störten. So mußten wir wochentags vor dem Wecken die Messe ansetzen. Das erforderte natürlich einen gut organisierten und leisen Weckdienst, um die anderen nicht zu stören. Für den Hauptgottesdienst hatten wir den Speisesaal. Die anderen Messen fanden während des Sommers im Freien statt. Wir hatten auch meist mit dem Wetter Glück. Während eines Sommers, ich glaube 1948, fiel nur einmal die Messe wegen Regens aus. Und im Winter suchten wir uns einen Raum. Meist wurde ja eine Baracke renoviert, stand also leer. Das war dann unsere Kirche.

Mit der Zeit wurde die Altarausstattung vornehmer. Ein ehemaliger SA-Gruppenführer (!) schnitzte uns ein sehr schönes Kruzifix, dazu zwei dreiarmige Leuchter. Mit der Zeit konnte auch die Petroleumbeleuchtung durch Kerzen ersetzt werden, die man jetzt in der sogenannten Marketenderei vereinzelt kaufen konnte. Als Altar diente ein Tisch. 1947 fertigte dann einer der Lagerschreiner einen hölzernen Altaraufsatz in Form eines Klappaltars: Mit einem Mittelteil und links und rechts einem schmalen und niedrigeren Flügel. Oben in der Mitte war als Krönung das Kreuz angebracht. Die drei Altarteile wurden mit Papier ausgekleidet und von einem Gefangenen mit Motiven zum Kirchenjahr ausgemalt. Altartücher waren aus der Wäscherei »organisierte« Bettlaken.

Auch die Gewänder vervollständigten sich. Ein Handtuch mit zwei Bändern wurde Schultertuch. Die Albe bestand aus einem Hemd mit einem angenähten Laken. Alles natürlich auf gleiche Weise »organisiert«. Als Pfarrer Bader ins Lager kam, brachte er aus dem vorherigen Lager sogar ein Meßgewand mit. Das hatte der dortige Schneider fabriziert, auch aus Laken. Die Schwierigkeit war nur, dieses Gewand mit einer Verzierung zu versehen. Und diese Verzierung wurde von den im dortigen Lager sitzenden Generälen gestiftet. Sie bestand aus den roten Biesen der Generalshosen. Eine leuchtendrote Einfassung und ein großes PX strahlten auf dem Gewand. Pfarrer Ludwig brachte sogar ein richtiges Meßgewand mit, Stola und Manipel, das er von Russen erhalten hatte und das wahrscheinlich aus Polen stammte. Eine große Freude war es, daß Pfarrer Widenmann bei seinem Eintreffen in unserem Lager einen Kelch und eine Patene, beides in normaler Größe, mitbrachte. Widenmann hatte Kelch und Patene von den Ungarn zum Geschenk erhalten. Sie bestanden aus Bronze. Der Kelch war aus einem Stück gedreht. Ein Ungar hatte beides in einem Rüstungswerk aus »organisiertem« Material hergestellt.

Die Ausgestaltung der Gottesdienste wurde erweitert durch die Gründung eines Kirchenchores. Von den Ungarn hatten wir eine einstimmige Notenausgabe der Schubertmesse erhalten. Ein Major Scheiger, im Zivilberuf Musiklehrer, setzte sie vierstimmig, und dann ging's ans Proben unter seiner Leitung. Später kam eine zweite Singmesse dazu. Für Weihnachten 1947 hatte Scheiger eine eigene lateinische Messe komponiert, die beim Hochamt dieses Tages zum erstenmal gesungen wurde. Der Chor bestand bis zu unserer Heimfahrt. Leider wurden alle Noten von den Russen weggenommen.

Höhepunkt der gottesdienstlichen Veranstaltungen war zweifellos das Weihnachtsfest 1947. Die Russen hatten die sogenannte Winterkirche als Unterkunft geräumt und als Klub hergerichtet, d. h. vorn eine Bühne gebaut und Bänke hineingestellt. Die weitere Ausgestaltung blieb den Gefangenen überlassen. Nun hat ein Major Grosmann in monatelanger, mühsamer Arbeit mit selbstgefertigten Werkzeugen aus Eichenholz einen großen Kronleuchter geschnitzt. Dazu noch an den Seitenpfeilern Wandarme. Der Kronleuchter hing, die Wandarme waren befestigt, aber – wie üblich – es fehlte an elektrischen Glühbirnen. So wurde also zunächst die bereits bei unserem Altar betriebene Petroleumbeleuchtung angebracht. Nun kam Weihnachten. Wir hatten die Erlaubnis, abends Christnacht zu halten. Allerdings mußte sie bis 24.00 Uhr beendet sein. So begannen wir um 22.30 Uhr. Auf der Bühne der Altar. Er war eingerahmt von Fichtenbäumen, die die Arbeitskommandos mitgebracht hatten. Die Christbaumbeleuchtung war ein großes Problem für sich. Kerzen hatten wir damals noch nicht. Aber unser »Lagerbischof«, Pfarrer Feltmann, wußte Rat. Von den Ärzten sammelten wir die gläsernen Spritzampullen. Sie wurden mit Benzin gefüllt, ein Docht wurde hineingesteckt und mit Draht an den Zweigen befestigt; wenn sie auch nur ca. 30 Minuten brannten, war die Beleuchtung fertig. Es war das einzige Mal, daß der Kronleuchter und die Wandbeleuchtung brannten. Und in dieser geheimnisvollen Beleuchtung feierten wir mit fast dem ganzen Lager, ob katholisch oder evangelisch, noch dazu in einem echten Kirchenraum, die Christnacht in Oranki: Bei alten deutschen Weihnachtsliedern, ungefähr 3000 Kilometer von der Heimat entfernt. Es war einfach ergreifend.

Leider dauerte die Freude mit »unserer« Kirche nicht lange. Vielleicht steckte der Ärger des antifaschistischen Aktivs dahinter, daß die Gottesdienste so voll und die Aktivsitzungen so leer waren. – »Die Pfarrer brauchen nur einen Ton zu sagen, und alles läuft hin, und wir können größte Reklame machen, und es kommen so wenige.« – Jedenfalls kam kurz nach

Weihnachten eine Kommission und beanstandete die Feuergefährlichkeit der Beleuchtung. Kurze Zeit später wurde der Klubraum überhaupt für Gottesdienste gesperrt, und wir mußten wieder in den Speisesaal ziehen. Aber unser Weihnachten haben wir gehabt.

Es war im Sommer 1947, da kam eines Tages Pfarrer Feltmann zu mir und sagte: »Die Predigt am Sonntag ist doch eigentlich zuwenig für die Männer, wir brauchen eine Kirchenzeitung.« Ich erklärte den Gedanken für absurd; denn erstens fehlte es an Quellen. Vorhanden war ein Neues Testament, ein Schott, ein Kirchengebet; Pfarrer Ludwig hatte das deutsche Brevier bis ins Lager gerettet. Das war alles. Zudem war die praktische Durchführung in dieser primitiven Situation und bei der ewigen Papierknappheit eigentlich ein Ding der Unmöglichkeit. Aber Pfarrer Feltmann ließ nicht locker. Die erste Nummer des »Michael« wurde vorbereitet. Der Umfang war ein Doppelblatt aus einem Schreibheft. Der Kopf wurde von einem Baurat entworfen und gezeichnet: »Michael« – katholisches Kirchenblatt für das Lager Oranki-Monastirka. Auf die erste Seite kam ein Hymnus aus dem Brevier. Seite zwei und drei wurden ausgefüllt mit einem grundsätzlichen Artikel über das jeweilige Fest oder einen Heiligen der Woche oder über ein Thema aus Dogmatik oder Moraltheologie. Auf der vierten Seite waren kirchliche Nachrichten aus der Heimat, die der eine oder andere in seiner Post erhalten hatte und die für alle interessant waren, sowie die Bekanntgabe der Gottesdienste.

Am Montag und Dienstag stellte Pfarrer Feltmann immer das Probeexemplar zusammen und schrieb. Am Mittwoch wurde dieses Exemplar von Feltmann und mir in zwei Reinschriften in Druckschrift abgeschrieben und am Donnerstag nochmals von unseren »Laienhelfern« vervielfältigt. Alles handschriftlich, wie in Urzeiten. Am Freitagabend wurden die sieben Exemplare an die Baracken gegeben, je ein Exemplar für zwei Baracken. Der Erfolg war prächtig. Der »Michael« wurde praktisch von 90 Prozent des Lagers gelesen, gleich welcher Konfession. Aber Vorbereitung und Herausgabe waren eine ausgesprochene Schinderei. Dazu kam, daß wir das Probeexemplar vorher erst dem »Lageraktiv« vorlegen mußten. Allerdings ist nur in einem einzigen Fall etwas gestrichen worden. Aber die Sorge um die Artikel, um das Papier, um das Abschreiben, um die Verteilung! Und doch wurde es geschafft. Ein Jahr lang, vom 1. November 1947 bis zum Christkönigsfest 1948, erschien Sonntag für Sonntag der »Michael«. Wir hatten von vorneherein die Herausgabe für ein Jahr geplant. Mit dem 1.11.48 stellten wir die Herausgabe ein, trotz starken Protestes, weil wir Angst hatten, daß er mit der Zeit inhaltlich verflachen würde.

Ende November 1949 bemerkte man endlich Transportvorbereitungen. Am 3.12.1949 gingen Pfarrer Feltmann, Schölzel, Widenmann und ich durchs Tor. Leider blieb der größte Teil der Kameraden am Tor zurück, darunter Pfarrer Ludwig. Ihm hatten wir den gesamten Kirchenbesitz übergeben. Nur den Kelch mit Patene nahm Pfarrer Widenmann mit und brachte ihn auch durch alle Kontrollen. Wie ich erfuhr, verbrannte Pfarrer Ludwig vor seinem Abtransport ins Gefängnis alle kirchlichen Geräte. So endete die Zeit der Missionskirche im alten Kloster Oranki.

Fritz Andreae

*Geboren 1912 in Frankfurt/Main.
In Mainz 1938 zum Priester geweiht.
Divisionspfarrer der 181. Infanteriedivision in Fallingbostel (Niedersachsen). Einsatz als Kriegspfarrer in Narvik/Norwegen. 1943 Versetzung zur 6. Gebirgsdivision an die Eismeerfront nach Finnland. Kriegsgefangenschaft in Nordnorwegen und Darmstadt bis Februar 1946.
Prof. Fritz Andreae war Religionslehrer in Alzey und Mainz und fast 20 Jahre Dozent für katholische Theologie und Religionsdidaktik an der Pädagogischen Hochschule Koblenz.*

Kriegspfarrer – ein seltsamer Stand

Da sitzt man im Zug, ganz allein. Ein letzter Blick zu den alten Türmen der Stadt, dem Dom. Auf Wiedersehen, Freunde! Einberufen zum Kriegspfarrer ohne die geringste Einsicht in die neue Lebensform. Ohne einen Tag Dienst bei der Truppe. Ein Zivilist durch und durch. – Ein Kriegspfarrer müßte selbst gedient haben, um diese eigenartige Männergesellschaft zu verstehen, um in ihr leben zu können, ohne am Rande zu stehen.

Kriegspfarrer, ein seltsamer Stand! Nicht Militär, nicht Zivilist. Aber was ist dazwischen? Wohl nur das, was man menschlich einzubringen vermag. Kriegspfarrer: Kein Vorgesetzter. Ohne Dienstrang. Nicht einmal Schulterstücke auf dem Rock. Wie ein Degradierter? Eine kuriose Erscheinung in dieser Pyramide der Ränge! Das war nicht einfach für junge Männer! Warum nicht mittendrin sein? Warum nicht eine Stufe, einen Rang höher kommen? Das wäre doch etwas! Aber immer anders sein, das ist schwierig zu leben. Erst später kam die Einsicht, daß das ja gerade den Pfarrer ausmacht: Was *er* zu sagen und zu bringen hat, ist anderer Art.

Zum Dienst als Kriegspfarrer kam ich mehr zufällig. Nach meiner Priesterweihe und einer kurzen Stippvisite als Vize-Heimleiter der Marienschule in Mainz und als zweiter Kaplan in St. Bonifatius in Mainz geriet ich zur 181. Infanteriedivision in Fallingbostel. Ein mir bekannter hauptamtlicher Wehrmachtpfarrer im Wehrkreiskommando Hannover ließ mich telefonisch fragen, ob ich nicht Kriegspfarrer werden wolle. Ich wollte. Bereits zwei Wochen später wurde ich einberufen und der 181. Division zugeteilt, die gerade neu aufgestellt wurde. Einen speziellen Lehrgang habe ich nie besucht. Ohne jegliche Vorbereitung trat ich meinen Dienst an und ohne die leiseste Vorstellung, was mich erwarten würde, denn von der katholischen Militärseelsorge wußte ich nichts. Ich hatte nur die Motivation, den Menschen helfen zu wollen.

Truppenübungsplatz in der Heide. Der ungediente Kriegspfarrer bemüht sich, sein Volk zu sammeln. Aber wie soll das gehen? Wie gut, daß es einen zugeteilten Helfer gab, den »Burschen«. Es war nur darauf zu achten, daß dieser nicht gerade wegen seiner Tolpatschigkeit zum Pfarrer abgeordnet wurde.

So ging es los! Zunächst sollten die führenden Leute der Division den Kriegspfarrer kennenlernen. Menschliche Kontakte versuchten die Erkenntnis zu vermitteln, daß ein Pfarrer ein ganz normaler Mensch ist, mit dem man freundschaftlich umgehen kann. Da es ja auch in der brüderlichen Kirche nicht nur Brüder, sondern auch Würdenträger gibt, war es nicht neu, darauf zu achten, daß die Reihenfolge dieser Besuche entsprechend dem Dienstgrad eingehalten wurde: zuerst der Divisionsstab, dann die Regimentskommandeure. Von ihrer Einstellung zur Feldseelsorge, noch mehr zur Person des Kriegspfarrers, hing es ab, ob der Seelsorgedienst ungehindert geschehen konnte. Die positive oder negative Einstellung des Kommandeurs erfaßte ja die Offiziere und Unteroffiziere wie ein Virus. Machte gar der Kommandeur selbst bei Gottesdiensten mit, konnte man immer mit vollem Haus rechnen. Andererseits hatte er viele Möglichkeiten, durch unverhofft angesetzte Dienste die Arbeit des Pfarrers zu erschweren. Dasselbe galt in vielleicht noch gesteigertem Maße für die Einstellung des Kompaniechefs. Zweifellos war aber der wichtigste Mann der Hauptfeldwebel. Er konnte dem Kriegspfarrer den Zugang zu den Soldaten ermöglichen. Ihn auf seiner Seite zu haben, war von großem Nutzen für den Seelsorgedienst.

Eine kleine Episode fällt mir ein: Bei einer Batterie wurde der Gottesdienst angekündigt und genehmigt. Beim Appell gab der Hauptfeldwebel die Feier der Messe auf seine eigene Weise bekannt: »Jetzt ist Gottesdienst! Katholiken rechts, Evangelische links raustreten«, kommandierte er. Drei Soldaten ordneten sich weder links noch rechts ein. »Wat sind Sie?« brüllte der Hauptfeldwebel. »Wir glauben nicht an ein höheres Wesen«, sagte einer. »Wat denn, wat denn! Sie glauben an kein höheres Wesen? Det merken Sie sich: Det höhere Wesen, det bin ick!« Sprach's und kommandierte die drei

Mann zum Holzmachen. Den Soldaten war es freigestellt, zum Gottesdienst zu gehen oder nicht. In der Regel hielt man sich auch daran.

Wie war das Verhältnis zu den Truppenführern? Von meinen militärischen Vorgesetzten wurde ich gut aufgenommen. Es waren überwiegend ältere Leute, Reaktivierte, die noch den Stil des alten Offizierskorps pflegten. Mit ihnen gab es kaum Schwierigkeiten, obwohl es dort auch, je weiter man in der Hierarchie nach unten ging, viele überzeugte Nazis gab. Man konnte mit ihnen auf menschlicher Basis auskommen – und auch seine eigene Überzeugung mit Nachdruck vertreten. In diesen Offizierskreisen gab es offenen Meinungsaustausch. Es waren meist ältere Herren, zum großen Teil christlich gesinnt. Anfeindungen gab es nur von Fall zu Fall, etwa wenn versucht wurde, die Soldaten vom Gottesdienst oder von den Gesprächen mit mir abzuhalten. Dies geschah selten! Persönlich diffamiert wurde ich kein einziges Mal.

Nicht leicht war es, an die Soldaten heranzukommen. In meiner Division gab es etwa 30 % Katholiken. Anfangs kamen etwa hundert zum Gottesdienst, diese aber regelmäßig. Wer in diesen schwierigen Zeiten zur Religion stand, der hatte sich seine Überzeugung gebildet und war in seinem Glauben gefestigt.

An hohen Feiertagen, besonders an Weihnachten, kam eine stattliche Zahl zum Gottesdienst. Es waren eher nostalgische Impulse, die zum Besuch bewogen: die alten Melodien, die heimatlichen Erinnerungen, vielleicht auch das naturhaft vorhandene religiöse Gefühl, das sich regte. Die Frage tauchte auf, ob man nicht bei solchem Andrang zunächst einen ökumenischen Gottesdienst mit der Regimentsmusik, Liedern, Gebet, Predigt und Segen anbieten und anschließend mit einer kleinen Gruppe die Eucharistie feiern sollte.

Wie wenig katholische Soldaten trotz der daheim absolvierten, vielen Katechismusstunden zu einer sinnvollen Mitfeier der Liturgie fähig waren, zeigt folgende Episode: An einem Weihnachtsgottesdienst beteiligte sich mein Fahrer, ein guter, aber religiös nicht stark interessierter Mensch. Ich sah, wie er in der hintersten Reihe saß und kräftig die alten Lieder mitsang. Auf der Heimfahrt fragte ich ihn: »Nun, hat es Ihnen gefallen?« Darauf die Antwort: »Ja, wissen Sie, Herr Pfarrer, was Sie da gesagt haben, war ja ganz gut, aber die Fisimatenten, die dann kamen, habe ich nicht verstanden.« Damit waren die liturgischen Handlungen gemeint!

Die Routen und Zeiten der Truppenbesuche stellte ich selbst zusammen. Ich hatte ein Auto der Fahrbereitschaft zur Verfügung und war so völlig unabhängig. Mit den verschiedenen evangelischen Amtsbrüdern, mit denen ich in Norwegen nach und nach unterwegs war, kam ich sehr gut aus. Der erste war ein Professor aus Halle, der im Ersten Weltkrieg ein Bein verloren hatte. Er war ein liebenswerter Mann, mit dem ich lange und intensive Gespräche hatte. Ihm folgte ein Bayer, der geriet sehr leicht in Rage. Aber von der Sache her waren wir uns einig. Bis auf zwei, drei große Beerdigungen haben wir allerdings keine gemeinsamen Gottesdienste gefeiert.

Ganz anders wurde meine Tätigkeit, als ich für vier Wochen nach Narvik abkommandiert wurde und später an die Eismeerfront bei der 6. Gebirgsdivision. Dort oben gab es meist feste Stellungen, keine wandernden Fronten. Wenn ich dort in die Gräben und Bunker kam, versammelte ich alle, die mich hören wollten – ganz gleich, ob katholisch oder evangelisch. Dann haben wir uns zusammengesetzt und geredet; Gespräche entwickelten sich völlig unkompliziert. Meistens waren es die Themen: das Zuhause, die Kinder und die Frauen. Wenn möglich, ging ich auch in die vordersten Stellungen und nahm den Soldaten teilweise liegend die Beichte ab, reichte ihnen die Kommunion, die ich immer dabeihatte, oder sprach nur mit ihnen.

Das Gebiet, das ich in Norwegen zu betreuen hatte, war etwa so groß wie Belgien! Eine richtige Betreuung war da nicht möglich. Von den 60000 bis 70000 Soldaten, die ich an der Eismeerfront seelsorgerisch zu betreuen hatte, waren nie alle zu erreichen. Außerhalb der Gottesdienste bot ich zusätzlich Seelsorgestunden an; das Thema war offen und doch klar: Es wurde fast immer über Frauen geredet. Dies lag wohl an der unnatürlichen Situation. Darauf mußte ich eingehen – und das habe ich als junger Mensch ohne Erfahrung so gut wie möglich versucht. Biblische oder andere theologische Themen hätten da doch eh niemanden interessiert.

Zu diesen Gesprächen kamen sehr viele Soldaten allein schon deshalb, weil es mal etwas anderes war, und nicht, weil dort ein Pfarrer mit den Leuten sprach. Das war, als ob sie sich sagten: »Ich hab' jetzt die Schnauze voll. Ich muß mich mal ablenken.« Für die Soldaten in ihrer Situation war das wichtig.

Die Indoktrination der NS-Führungsoffiziere war vielen Soldaten ein Dorn im Auge. Für mich waren diese Funktionäre schwierige Kumpane, äußerlich zwar korrekt – man konnte auch mit ihnen reden –, machten sie mit ihren Vorschriften nicht selten antikirchliche Propaganda. Ich hatte immer den Eindruck, als wollten sie verhindern, daß wir allzu oft, allzu nahe an die Soldaten herankämen. Zum Glück ist ihnen ihr Vorhaben durch die Besonnenheit der Kompanieführer meist vereitelt worden. Wir Militärpfarrer, so vermute ich, genossen bei vielen Soldaten wesentlich mehr Vertrauen als die NS-Führungsoffiziere, die die Ideologie der Partei zu verbreiten suchten.

Für die engagierten Vertreter des politischen Systems war der Kriegspfarrer als solcher wohl stets ein Fremdkörper. Allein durch seine Anwesenheit, erst recht durch seine Tätigkeit streute er ja in ihren Augen Sand ins Getriebe der ideologischen Präparierung. Im Kriegspfarrer sahen sie den personifizierten Widerspruch zu ihrer Ideologie. Für viele andere Soldaten, die meist im stillen ihrer alten Lebenslinie aus Überzeugung oder Tradition treu geblieben waren, war der Kriegspfarrer so etwas wie eine letzte Bastion. Offiziell gehörte er ja dazu, und mit ihm war, wenn auch für Funktionäre als Dorn im Fleisch, ihre Welt anwesend.

Auf dem Truppenübungsplatz hatte die Arbeit des Kriegspfarrers noch viel Ähnlichkeit mit der Arbeit in einer Pfarrei. Feldseelsorge war dagegen schon anders! Wer bürokratisch erfaßbare Tätigkeiten liebte, kam kaum auf seine Rechnung. Hier lief, außer in Ruhestellung, nichts mehr nach festgelegten Riten und Programmen.

Da die Luftwaffe keine eigenen Pfarrer hatte, gehörten die im Bereich der Division liegenden Luftwaffeneinheiten zum Arbeitsgebiet des Divisionspfarrers. Dazu kamen, wenigstens in Norwegen und Finnland, Marineeinheiten, Hafenbesatzungen, Marineartillerie, Funkstationen und auch Schiffsbesatzungen. Nun lagen die Verbände meist in kleinen Gruppen über das weite Land verteilt: zur Sicherung, zur Nachrichtenvermittlung, zur Fliegerabwehr etc. Alle zu erreichen war nicht möglich.

So war das Kriegspfarrerdasein ein Vagabundenleben, ein ständiges Unterwegssein, ein Abenteuer in einem fremden Land, fast immer spannend, voller angenehmer und unangenehmer Überraschungen. Wie viele Gleichgesinnte und Freunde traf man unterwegs! Aber man begegnete auch dem Widerspruch, dem Unverständnis, der Ablehnung.

Die Situation war schon schwierig! Herausgerissen aus den tragenden Traditionen der Familie und des Dorfes, zeigte sich, daß das naturhaft Religiöse in vielen Prägungen – gesunden und ungesunden – in den Menschen vorhanden war. Das eigentlich Christliche aber hatte nicht so tief den Menschen erfaßt, daß es ohne die tragenden Elemente einer gemeinsam gelebten Ordnung lebendig blieb! War die Weise christlicher Glaubensvermittlung, die sich vor allem auf Mitteilung und Festigung christlicher Lehren bezog, in solchen Extremsituationen noch imstande, die Menschen, denen unsere Seelsorge galt, in eigene Verantwortung und eigene Entscheidungen zu stellen?

Waren diese Menschen – abgesehen von einigen wenigen – überhaupt in der Lage, solch ungewöhnliche Situationen in eigener personaler Entscheidung längere Zeit durchzustehen? Gehört nicht auch das Getragensein durch Ordnungen, Traditionen und Gewohnheiten dazu? Nicht immer sind die Menschen dem Anspruch des Augenblicks gewachsen.

Das eucharistische Brot hatte ich immer bei mir. Sitzend, stehend, selbst im Graben liegend, durfte ich es spenden. Lag die betreffende Einheit in Ruhestellung, versuchte ich meist, die Feier der Eucharistie anzubieten. Die Gottesdienste waren mit allerlei Aufwand verbunden. Bei den katholischen Gebirgsjägern, die aus Tirol kamen, aus Kärnten, der Steiermark und aus dem Elsaß, war noch die alte Anschauung lebendig, man könne nur nach vorangehender Beichte zur Kommunion gehen. Wenn ich dann einen Gottesdienst ansetzte und sie zur Kommunion gehen wollten, bot ich die Möglichkeit zu beichten an. Aber wie sollte das gehen? Ich kündigte an: »Die Stunde vor dem Gottesdienst stehe ich für die Beichte zur Verfügung.« Natürlich kamen die Leute erst fünf Minuten vor dem Gottesdienst anmarschiert, und dann auch gleich zu Dutzenden. Deshalb mußten die Soldaten dann manchmal über eine Stunde warten, bis der Gottesdienst anfangen konnte. Von der Möglichkeit, Generalabsolution zu erteilen, machte ich selten Gebrauch. Später an der Front war dann alles anders; da konnte ich die Beichte nur noch im Schützengraben abnehmen.

Wie bald erkannte ich, daß mein Wirken als Pfarrer zwar nicht sinnlos, aber doch nur ein Tropfen auf dem heißen Stein war! Nicht selten gab mir allein der Glaube die Möglichkeit, in all dem sinnlosen Geschehen doch noch einen Sinn zu sehen. Wer glaubt, der sieht immer einen Sinn. Ja, und wer nicht glaubt, der rettet sich in eine Ideologie oder er verzweifelt. Letzteres habe ich aber sehr selten erlebt.

Man könnte fragen: Ist Krieg überhaupt eine Möglichkeit menschlicher Auseinandersetzung für den Christen? Konkret: Willigte man in dieses zerstörende Tun nicht ein durch die Bereitschaft, als Kriegspfarrer mitzuziehen? Im Vorfeld des Krieges wurde in kleinen Kreisen still und offen dieses Problem diskutiert, aber es blieb eine theoretische Frage. Die Entscheidung fiel auf recht praktische Weise: Die Männer wurden eingezogen. Durfte man sich da als junger, gesunder Mann entziehen? – In diesem zerstörerischen Geschehen, in diesem Chaos stellte sich nur die Frage: Wo kann man am ehesten als Priester dem Menschen Hilfe sein? Meine Antwort: Als Kriegspfarrer oder Sanitäter!

Heute scheint mir der intensivere Dienst der des Sanitäters zu sein: am Hauptverbandsplatz, in Feldlazaretten. An diesen Orten wurde von Priestersoldaten in aller Stille Bewundernswertes getan. Ihr Dienst an den Verwundeten und Sterbenden war gerade dadurch, daß sie ständig an einem Ort waren, geordneter, nachdrücklicher, intensiver. Dagegen war der

Dienst des Kriegspfarrers schweifender. Seine Begegnungen mit den Menschen, denen er Hilfe sein konnte, war eben mehr von zufälliger Art. War die Division im Einsatz, gab es gestaffelte Stellungen vom Regimentsstab bis zum vorgeschobenen Posten. Im Norden gab es viele ausgebaute Bunkerstellungen, aber auch eingeigelte, kleine Einheiten in der Tundra. Je weiter man nach vorne kam, um so geringer wurde die Zahl der Soldaten, aber um so freundlicher wurde man empfangen. Hier gab es doch ab und zu wirklich persönliche Begegnungen. Es war nicht immer leicht, einen unabhörbaren Ort für ein Gespräch zu finden, besonders nicht für ein Beichtgespräch oder für den Empfang der Eucharistie, wenn dies gewünscht wurde. Es konnte vorkommen, daß diese Tätigkeiten von allzu nazistischen Einheitsführern zu unterlaufen versucht wurden, aber meist war es nicht so. Viele Einheitsführer, Offiziere und Unteroffiziere, waren für die Begegnung des Kriegspfarrers mit ihren Soldaten dankbar.

Ich habe öfters die Lazarette besucht. Man erlebte hier schlimme Augenblicke, sah all die jungen, verwundeten Kerle liegen, denen nicht mehr zu helfen war. Die Krankensalbung wurde meist von den Priestern unter den Sanitätern auf den Verbandsplätzen gespendet. Wenn jemand starb, dann nahm ich, wenn möglich, mit den Angehörigen Kontakt auf. Die Menschen, die wir verständigten, waren dafür dankbar.

Gegen Kriegsende kam es in der allgemeinen Torschlußpanik sogar einmal zu einer großen Theologen-Verhaftungswelle. In unserer Division wurden eines Nachts sämtliche Geistliche, die Soldatendienst taten, verhaftet. Irgendwelche hundertprozentigen Nazis innerhalb der Division hatten Angst, die Pfarrer, die ja nicht in der Partei waren, könnten die Truppe gegen sie aufhetzen – völlig unbegründet allerdings. Ohne Anlaß ließen sie also alle Pfarrer außer den Kriegspfarrern verhaften. Ich unterrichtete sofort den Kriegsgerichtsrat, den ich kannte, und schilderte ihm den Vorfall. Der sorgte auch sofort dafür, daß gegen Mittag alle Kollegen wieder auf freiem Fuß waren.

Persönlich betroffen wurde ich in der Zeit des Dienstes als Kriegspfarrer besonders stark durch die Begegnung mit – meist wegen Fahnenflucht – zum Tode verurteilten Soldaten. Noch heute, nach über 40 Jahren, kommen ab und zu diese Bilder im Traum wieder. In der Nacht vor der Exekution durfte der Pfarrer bei ihnen sein. Manchmal lag zwischen Urteil und Bestätigung eine beträchtliche Zeit, die zu häufigen Besuchen Gelegenheit gab. Es waren ernste, ganz ins Persönliche gehende Gespräche, so daß man am Ende eines langen Miteinander-Ringens zusammengewachsen war wie in einer guten Freundschaft. Und dann stand man als einziger und letzter

Mensch vor dem an den Pfahl Gebundenen. Ich denke noch oft an einen jungen, zum Tode verurteilten Soldaten, mit dem ich vier Wochen lang an manchem Abend im Gefängnis zusammen war und über das Leben nach dem Tod gesprochen hatte, so wie die Botschaft des Neuen Testaments davon spricht. Schon angebunden am Todespfahl, fragte er mich: »Herr Pfarrer, stimmt es wirklich?« Und ich konnte nur stammeln: »Ich glaube IHM!«, und er: »Danke, Herr Pfarrer!« Wenige Minuten später *wußte* er es.

Meine Gefühle waren in solchen Stunden sehr diffus. Einerseits waren das Glücksgefühle, weil man wußte, man ist dem Betreffenden doch sehr verbunden, man ist dessen einziger Bezugspunkt in der Not, man hat ihm Kraft gegeben, mit der Situation fertig zu werden. Andererseits war da abgrundtiefer Zorn gegen die Menschen, die so ein Urteil fällen konnten, die einfach einen Menschen opferten, aber auch Zorn auf mich selbst, weil ich nichts tun konnte, weil ich den Tod des Kameraden nicht verhindern konnte. Das war erschütternd.

In Norwegen desertierte kurz vor Kriegsende einmal eine ganze Batterie, die unmittelbar an der schwedischen Grenze lag. Die Soldaten waren nachts aufgestanden und hatten die Parole weitergegeben: »Die Russen kommen!« Dann brachten sie ihren Kompaniechef um und versuchten, über die Grenze zu flüchten. Doch nur die Hälfte kam durch, der Rest, zehn, zwölf Mann, wurde geschnappt, in ein Lager gebracht und standrechtlich zum Tode verurteilt. Diese Soldaten konnte ich nicht mehr betreuen. In der bis zur Hinrichtung verbleibenden Zeit konnte ich mit ihnen nur noch ein paar Worte wechseln.

Das war eine für mich aufschlußreiche Situation: Einige waren glücklich, trotz der tiefen Betroffenheit über das Bevorstehende, daß da ein Pfarrer war, der ihnen wenigstens die Hoffnung geben konnte, daß ihr Leben jetzt nicht einfach beendet war. Nicht alle waren von meiner Anwesenheit derart angetan. Es gab auch welche, die sagten: »Ich freue mich, daß Sie da sind, aber bitte, Herr Pfarrer, vom Glauben möchte ich jetzt kein Wort hören.« Und es gab welche, die blieben Nazis bis zum Schluß. Sie sagten: »Bleiben Sie bei mir, beten Sie ruhig für mich, wenn Sie meinen, daß das hilft. Ich verachte zwar die Brut, die mich gleich erschießt, verachte die Brut, die das befohlen hat, aber der Sache selbst bleibe ich treu!« Sie akzeptierten mich lediglich als einen Menschen, der ihnen zur Seite steht, damit sie nicht einsam sterben müssen.

Den Verurteilten, die es wünschten, habe ich die Kommunion ausgeteilt und versucht, sie mit Worten zu beruhigen. Das hat auch meist geholfen. Oft mußte ich auch versuchen, die Soldaten des Erschießungskommandos zu beruhigen; die waren manchmal genauso bedrückt, wenn ihnen befohlen wurde, ihre eigenen Kameraden zu exekutieren.

Im Pfarrer, der unter den Uniformierten als Scheinuniformierter lebt, begleitete das andere zum Leben notwendig Dazugehörende die Menschen: die Sinnfrage, die Frage nach dem Ziel! Aber auch die Sorge: wie man hier leben muß, um Mensch zu bleiben, um sich selbst und denen, die einem besonders nahestanden, treu zu bleiben. Nicht zuletzt die Frage: Wie kann man in dieser Situation vor Gott bestehen? Das Gebot menschlicher und christlicher Nächstenliebe war im Krieg ein besonderes Problem. War es hier überhaupt lebbar? Es heißt nicht: »Liebet eure Freunde!« Das ist eine Selbstverständlichkeit! Es heißt: »Liebet eure Feinde!« Doch wie soll man im Krieg seine Feinde lieben? Ich habe damals selten von Nächstenliebe gesprochen, weil mir da das Wort im Hals steckengeblieben wäre.

Ich hatte immer die Hoffnung, daß der Krieg schnell aufhört. Es gibt wohl keinen gerechten Krieg! Über die politischen und militärischen Zusammenhänge wußten wir anfangs rein gar nichts. Sicher ist das, was im Krieg als Krieg geschieht, immer ungerecht. Doch erst lange nach dem Krieg habe ich darüber reflektiert. Damals war ich »nur« für die Menschen da. Und dieses »Nur« war schon eine Menge! Es gibt Situationen, in denen nicht alles gesagt und getan werden kann, was geschehen müßte aus menschlicher und christlicher Verantwortung. Das Mögliche *tun* ist dann doch besser als nichts tun.

Friede, nicht Krieg! Liebe, nicht Haß! Bruder-Mensch, nicht Feind-Mensch. Botschaft von einem neuen Miteinander! Hoffnung auf eine neue, nicht von uns machbare Welt, an der Lebende und Tote beteiligt sind. Botschaft, in eine Wirklichkeit hineingesprochen, die extrem deutlich zeigt, wie die Welt ist, in der wir leben: gefährlich zerrissen, zerstörend, feindlich, tödlich. Kriegspfarrer: Propheten einer anderen Welt! Der Anspruch war zu groß! Da mußte manches danebengehen. Wenn es doch einige Male gutging, sollte man dafür danken und zufrieden sein.

Es besteht kein Anlaß, die Tätigkeit des Kriegspfarrers hochzustilisieren. Da gab es auch viel menschliches Versagen, falsches Pathos, Überforderungen. Und wenn im Endeffekt ein eher klägliches Ergebnis herauskam, so war es doch gut, daß er dabei war. Das andere oder der andere begleitet, wenn auch in armseliger menschlicher Gestalt und Hilfe, die Menschen.

Nachwort

Im Frühjahr 1989 wandte sich Karl G. Peschke an das Katholische Militärbischofsamt mit der Bitte, ihm bei den Recherchen zu einem Film über die Feldseelsorger im Zweiten Weltkrieg behilflich zu sein. Er war vom Norddeutschen Rundfunk beauftragt, katholische und evangelische Feldgeistliche zu interviewen.[1)] Das Katholische Militärbischofsamt und das Evangelische Kirchenamt für die Bundeswehr haben Karl G. Peschke für die Erstellung dieses Dokumentarfilms alle benötigten Dokumente zugänglich gemacht, die als Inserts in dieser Filmdokumentation Verwendung fanden. Auf die Auswahl der interviewten Pfarrer und auf die Durchführung der Gespräche hatte das Katholische Militärbischofsamt keinen Einfluß.

Eine Untersuchung über die Feldseelsorge auf der Basis einer Befragung der betroffenen Feldgeistlichen lag bislang nicht vor.[2)] Die Befragung von vier evangelischen und vier katholischen Feldseelsorgern im Zweiten Weltkrieg – der evangelischen Pfarrer Dietrich Baedeker, Wilhelm Czekay, Albrecht Goes, Dr. Hermann Kunst und der katholischen Pfarrer Josef Kaul, Rudolf Peifer, Josef Perau, Franz Vogt – belegte, daß Feldgeistliche im Zweiten Weltkrieg in erster Linie ihrem seelsorglichen Auftrag verbunden waren und in ihrer Dienstausübung nicht der Verordnung entsprachen, wonach sie die Kampfkraft der Truppe zu stärken hatten.[3)]

Der Ansatz dieser Filmdokumentation veranlaßte das Katholische Militärbischofsamt, bei der DOC-Film- und Verlags-GmbH eine umfassendere Befragung der katholischen Feldgeistlichen in Auftrag zu geben. Das Ergebnis liegt mit diesem Buch vor. Von den 650 im Zweiten Weltkrieg insgesamt im Einsatz befindlichen katholischen Feldseelsorgern lebten 1991 noch etwa 140, ohne die österreichischen Feldgeistlichen. Einige von ihnen waren aufgrund ihres gesundheitlichen Befindens nicht mehr in der Lage, ihre Erinnerungen zu Protokoll zu geben. Kriterium für die Auswahl der Feldseelsorger war also einerseits die bekannte Adresse, zum anderen der Gesundheitszustand.

Aus den veröffentlichten Beiträgen wird deutlich, daß sich der Herausgeber hinsichtlich der Gesinnung der ehemaligen Feldseelsorger kein Urteil anmaßte. Die Beiträge sind aus einem Gespräch zwischen ehemaligen Feldgeistlichen und Journalistinnen und Journalisten entstanden. Diese Gespräche dauerten bei dem einen eine Stunde, bei dem anderen vielleicht drei Stunden. Aber die Dauer des Gesprächs sagt nichts über die Intensität und die Ergiebigkeit. Von allen Gesprächen existiert eine wörtliche Abschrift.

Diese Abschriften wurden im Hinblick auf eine Buchpublikation redigiert und den Gesprächspartnern zur Korrektur und Ergänzung zugeschickt. Herr Prof. Dr. Manfred Messerschmidt, langjähriger Leitender Historiker des Militärgeschichtlichen Forschungsamtes in Freiburg, und Herr Dipl.-Theol. Hans-Peter Aug, Leiter des Kirchlichen Archivs im Katholischen Militärbischofsamt, haben die Beiträge dankenswerterweise auf sachliche Richtigkeit durchgesehen.

Bei dieser Vorgehensweise ließen wir uns von der Überlegung leiten, daß Feldseelsorger wie alle Priester ihre Ausdruckskraft vor allem im gesprochenen Wort entwickeln. Hätte der Herausgeber sich darauf beschränkt, die Feldgeistlichen zu bitten, ihre Erfahrungen schriftlich einzureichen, wären Spontaneität und Ausdruckskraft möglicherweise verlorengegangen. Das Anliegen dieses Buches ist es, die Erfahrungen der Militärpfarrer in namentlich gekennzeichneten Beiträgen zu dokumentieren und im Gedächtnis von Kirche und Gesellschaft lebendig zu halten. Den ehemaligen Feldgeistlichen, die zu dieser Kooperation bereit waren, gebührt unser Dank. Sie haben ihre oftmals leidvollen und vergrabenen Erinnerungen zur Dokumentation preisgegeben. Diese Dokumentation will nicht Sensation, sondern erschütternde Wirklichkeit und den Dienst in der Kirche in einer mehr als schwierigen Situation aus eigener Erfahrung festhalten.

Aus eigenem Antrieb haben bisher Josef Perau, Weihbischof Dr. Ernst Tewes, Prof. Anton Vögtle, Rudolf Gschöpf, Andreas Hausen, Hans Steffens, Emil Weis, Bernhard Z. M. Schmidt, Prof. Franz M. Eich, Dr. Alois Beck und Johannes Kessels ihre Erfahrungen als katholische Feldgeistliche publiziert.[4)] Dietrich Baedeker hat als evangelischer Kriegspfarrer einen Bericht vorgelegt.[5)] Daneben gibt es die von Albrecht Schübel herausgegebene Sammlung »300 Jahre evangelische Militärseelsorge«.[6)] Auch das von Hans Ludwig Schabel herausgegebene Buch »Herr in Deine Hände« muß erwähnt werden, in dem »die Tätigkeit der Seelsorger an der Front und in den Lagern« gewürdigt wird.[7)] Diese Beiträge erheben nicht den Anspruch, die Erfahrungen der Feldseelsorger in ihrem Kontext zu erfassen. Deshalb führten die Interviewer dieser Publikation ihre Gespräche mit den ehemaligen Feldseelsorgern anhand eines Leitfadens, der von Karl G. Peschke in Zusammenarbeit mit Prof. Hans Jürgen Brandt erstellt wurde.

Die Gesprächspartner wurden gefragt, welche Tätigkeit sie vor dem Krieg ausübten, welche Erwartungen sie an ihren Dienst als Kriegspfarrer hatten, welche Erinnerungen mit der Ausbildung zum Kriegspfarrer verbunden waren. Sie wurden befragt, wie sie bei der Truppe aufgenommen wurden, wie ihr Verhältnis zu den Vorgesetzten war, wie sie mit ihren evangelischen

Amtsbrüdern den Dienst teilten. Sie wurden gebeten, über die Umstände und die Gestaltung der Feldgottesdienste zu erzählen, ob sie Waffen gesegnet haben und in vorderster Front die Sakramente spendeten. Sie wurden gefragt, wie sie im Lazarett Dienst taten, ob sie versuchten, gegen den Strom zu schwimmen, und ob sie zum Tode Verurteilte betreuten. Nach ihren Begegnungen mit Christen in den besetzten Gebieten wurden sie gefragt, nach ihren Erlebnissen in der Gefangenschaft und darüber, wie sie in christlicher Verantwortung im Krieg Priester sein konnten. Sie haben dargelegt, was sie von der offiziellen Feldseelsorge wußten, welchen politischen Standpunkt sie einnahmen und welchen Stellenwert sie aus heutiger Sicht ihrer Tätigkeit als Kriegspfarrer beimessen.

In der Redaktion der einzelnen Berichte waren Wiederholungen beabsichtigt. Es ist eines, allen Feldseelsorgern gemeinsame Erfahrungen zu verifizieren oder ein Vorurteil wie das der Waffensegnung zu falsifizieren. Ein anderes ist es, die jedem eigene Erfahrung deutlich werden zu lassen. Darüber hinaus wurde versucht, die Eigenart des Ausdrucks zu wahren. Selbstverständlich hat die Redaktion thematisch geordnet und, wo es nötig schien, inhaltlich gestrafft. In jedem Fall hat der Interviewpartner zu dem redigierten Bericht sein Einverständnis gegeben.

Der Herausgeber ist sich darüber im klaren, daß damit nicht alles, was die Feldseelsorge im Zweiten Weltkrieg ausgemacht hat, erfaßt wurde. Darum soll in einer weiteren Befragung der Beitrag der Küster und der als Sanitätssoldaten eingezogenen Priester, Ordensleute und Theologiestudenten zusammengetragen werden. Für diesbezügliche Hinweise ist der Herausgeber dankbar.

Unberücksichtigt bleibt in diesem Buch auch die Perspektive der Soldaten, denen die Feldseelsorge galt. Von der ursprünglichen Absicht, wenigstens einige wenige Soldaten des Zweiten Weltkrieges in einem eigenen Beitrag zu Wort kommen zu lassen, wurde Abstand genommen. Eine Beschreibung, wie Feldseelsorge auf die Soldaten wirkte, darf nicht auf vereinzelte, wenn auch noch so seriöse Äußerungen beschränkt bleiben. In den persönlichen Unterlagen einiger Feldgeistlicher sind viele Briefe von Angehörigen gefallener Soldaten zu finden, die sich für Trost und seelischen Beistand bedanken. Solche Briefe, die etwa bei Weihbischof Dr. Ernst Tewes dokumentiert werden, belegen den Dienst der Kriegspfarrer an den Sterbenden und Gefallenen. Eine Umfrage unter den noch lebenden Kriegsteilnehmern müßte ergeben, in welchem Ausmaß Soldaten mit der Feldseelsorge überhaupt in Berührung kamen. Die Berichte der Feldseelsorger können auf diese Fragen nur indirekt Aufschluß geben.

Im Archiv des Katholischen Militärbischofsamtes werden Fotos und Materialien über die Feldseelsorge gesammelt. Die in diesem Buch publizierten Bilder stammen aus diesem Archiv und aus dem Privatbesitz der ehemaligen Feldseelsorger, die sie uns zur Veröffentlichung gaben. Erstmalig kann nun in diesem Umfang auch Bildmaterial über die Feldseelsorge im Zweiten Weltkrieg dokumentiert werden. Für weitere Publikationen und zur Dokumentation ist das Archiv des Katholischen Militärbischofsamtes an entsprechendem Bildmaterial interessiert.

Die Gespräche mit den Feldseelsorgern führten Andrea Schulze-Jung, Beate Preuschoff, Christian Demand und Karl G. Peschke. Redigiert wurden die Texte von Karl Forster, Mathias Immel, Christoph Lang und Stephan Lebert. Für die Textverarbeitung war Anna Maria Baron verantwortlich. Die Drucklegung besorgten Andrea Schulze-Jung und Dorothee Luther. Ihnen und allen anderen, die am Zustandekommen dieses Buches beteiligt waren, sei auf diese Weise herzlich gedankt.

Heinz-Gerhard Justenhoven

Anmerkungen:

1) Eine Langfassung dieser NDR-Produktion ist über das Katholische Filmwerk unter dem Titel »Pfarrer im Heere Hitlers« ausleihbar.
2) Die von Historikern zu diesem Thema vorgelegten Arbeiten gingen im wesentlichen von den verfügbaren Dokumenten aus, so Georg May, Interkonfessionalismus in der deutschen Militärseelsorge von 1933 bis 1945, Amsterdam 1978 (= Kanonistische Studien und Texte, Bd. 30), und Manfred Messerschmidt, Aspekte der Militärseelsorgepolitik in nationalsozialistischer Zeit, 1969 (Sonderdruck aus: Militärgeschichtliche Mitteilungen, 1/1968 und 1/1969).
3) Im »Merkblatt über Feldseelsorge« vom 21.08.1939, herausgegeben vom Oberkommando des Heeres, heißt es in Ziffer 1: »Die Feldseelsorge ist daher ein wichtiges Mittel zur Stärkung der Schlagkraft des Heeres.« (Erster Satz der »Merkschrift«: »Alle Kriegserfahrungen haben gelehrt, daß die seelische Kraft eines Heeres seine beste Waffe ist.«)
4) J. Perau, Priester im Heere Hitlers, 2. Auflage, Essen 1963
E. Tewes, Seelsorger bei den Soldaten 1940–1945, in: Das Erzbistum München und Freising in der Zeit der nationalsozialistischen Herrschaft, hrsg. v. Georg Schwaiger, München 1984, 244–287.
A. Vögtle, Kriegspfarrer im Rußlandfeldzug, in: Militärseelsorge Jg. 31, 1989, H. 2, 284–300.
Rudolf Gschöpf, Mein Weg mit der 45. Infanterie-Division, Linz a. d. Donau 1955.
Andreas Hausen (Pseud. für Andreas Bader), Von Gott verlassen? ... an allen Orten traf ich Seine Kirche, St. Ottilien 1955.
Emil Weis, Aus dem Tagebuch eines Wehrmachtpfarrers, Mannheim 1958.
Bernhard J. M. Schmidt, Roter Schnee. Zeugnis eines Frontseelsorgers, Lüdenscheid 1981.
Franz Maria Eich, Auf verlorenem Posten? Als Marinepfarrer im Zweiten Weltkrieg, Stein am Rhein 1979.
Alois Beck (Hrsg.), Bis Stalingrad ... 3. Aufl., Ulm 1983.
Johannes Kessels, Reinhold Schneider und die Herausgabe der Sammlung »Das Gottesreich in der Zeit«. Ein Beitrag zum Zusammenwirken zwischen der Katholischen Feldseelsorge und der Kirchlichen Kriegshilfe im Zweiten Weltkrieg, in: Caritas. Jahrbuch des Deutschen Caritasverbandes, Jg. 1983.
5) Dietrich Baedeker, Das Volk, das im finstern wandelt. Stationen eines Militärpfarrers 1938–1946, Hannover 1987; ferner: Ernst Ufer, Männer im Feuerofen. Tageserlebnisse eines Kriegspfarrers 1939–1945, Düsseldorf o. J.
6) Albrecht Schübel, 300 Jahre evangelische Soldatenseelsorge, München 1964.
7) Wilhelm Schabel (Hrsg.), Herr, in Deine Hände, Stuttgart 1963.

QUELLEN UND LITERATUR ZUR EINLEITUNG: »Zwischen Weltflucht und Anpassung«

HARNACK Adolf von, Militia Christi (Tübingen 1905), KRIEG Julius, Militärseelsorge, in: LThK 7 (1935) 186–189; PERAU Josef, Priester im Heere Hitlers. Erinnerungen 1940–1945 (Essen 1962); HOFMEISTER Philipp/GRITZ Martin, Militärseelsorge, in: LThK 7 (21962) 416–419; ALBRECHT Dieter (Hg.), Katholische Kirche im Dritten Reich. Eine Aufsatzsammlung zum Verhältnis von Papsttum, Episkopat und deutschen Katholiken zum Nationalsozialismus 1933–1945 (Mainz 1976); SCHOLDER Klaus, Vorgeschichte und Zeit der Illusionen 1918–1934 (= Die Kirchen und das Dritte Reich 1) (Frankfurt a.M./Berlin/Wien 1977); MAY Georg, Interkonfessionalismus in der deutschen Militärseelsorge von 1933 bis 1945 (= Kanonistische Studien und Texte 30) (Amsterdam 1978); MISSALLA Heinrich, Für Volk und Vaterland. Die Kirchliche Kriegshilfe im Zweiten Weltkrieg (Königstein/Ts 1978); ZIEGLER Adolf Wilhelm, Ein Werk des Friedens. Erinnerungen an die Militärseelsorge 1939–1945 in einem Gefangenenlager (München 1979); GOTTO Klaus/REPGEN Konrad, Kirche, Katholiken und Nationalsozialismus (Mainz 1980); BRANDT Hans Jürgen, »Wem die Stunde schlägt« – Abbé Franz Stock (1904–1948) unter dem Anspruch seiner Zeit, in: ThGl 73 (1980) 1–24; Ders., Franz Stock, in: POTTIER Joel (Hg.), Christen im Widerstand gegen das Dritte Reich (Stuttgart/Bonn 1988) 273– 286; Ders., Feldpropst Heinrich Joeppen (1853–1927), Feldbischof Franz Justus Rarkowski (1873–1950), Militärgeneralvikar Paul Anton Josef Schwamborn (1874–1944) und Feldgeneralvikar Georg Werthmann, in: GATZ Erwin (Hg.), Die Bischöfe der deutschsprachigen Länder 1785/1803 bis 1945 (Berlin 1983) 352f., 594f., 685f. u. 808f.; VOGT Arnold, Religion im Militär. Seelsorge zwischen Kriegsverherrlichung und Humanität. Eine militärgeschichtliche Studie (= Europäische Hochschulschriften III/253) (Frankfurt a.M./Bonn/New York 1984); GÜSGEN Johannes, Die Katholische Militärseelsorge in Deutschland zwischen 1920 und 1945 (= Bonner Beiträge 15) (Köln/Wien 1989).

BILDNACHWEIS

Altenhofer (18); Andreae (1); Archiv Katholisches Militärbischofsamt (14); Beck (2); Eich (4); Gantert (5); Hoser (11); Kaspar (1); Kloidt (1); Leuchter (1); Paulus (16); Schmitt (1); Vennemann (5); Lutherisches Verlagshaus (1).

Die Porträtfotos sind aus dem Besitz des jeweiligen Autors.

Namens- und Ortsregister

I

J

K

L

M

N

O

P

T

U

V

W

Y/Z